Georg Theodor Strobel

Miscellaneen literarischen Innhalts - größstenteils aus

ungedruckten Quellen

Georg Theodor Strobel

Miscellaneen literarischen Innhalts - größstenteils aus ungedruckten Quellen

ISBN/EAN: 9783743497993

Hergestellt in Europa, USA, Kanada, Australien, Japan

Cover: Foto ©ninafisch / pixelio.de

Weitere Bücher finden Sie auf **www.hansebooks.com**

I. Nachricht von D. Jacob Straußens Leben und Schriften.

Da nirgends noch von Straußens Leben und Schriften, [*] die gewiß für damalige Zeiten nicht unwichtig waren, Nachricht gegeben worden ist, so hoffe ich um so viel gewisser, den Freunden der Reformationsgeschichte einen angenehmen Dienst zu erweisen, wenn ich hier alles, was ich mit vieler Mühe zur nähern Kenntnis seiner merkwürdigen, gröstentheils unbekannten Schicksale gesammlet habe, abdrucken lasse, und zugleich eine so viel möglich vollständige Anzeige aller seiner Schriften, die ich selbst vor mir hatte, liefere.

[*] Der Artickel von ihm im Jöcherischen Gelehrten Lexicon ist äusserst mager und unrichtig.

Dieser Mann (der auch öfters Struthio genennt wird) hatte mit Johann Eberlin, von dem ich im Altdorfischen litterarischen Museum B. I. S. 363. ff. Nachricht*) gegeben habe, fast gleiche Schickſaale. Beede kamen ſehr frühzeitig zur Erkenntnis der Evangeliſchen Warheit, verkündigten ſie unerſchrocken, und predigten und ſchrieben öffentlich wider die Irrthümer der Römiſchen Kirche. Beede wurden gezwungen die Flucht zu ergreifen, und nahmen ihren Weg nach Sachſen. Beede drangen ſehr auf ein frommes und heiliges Leben, und eiferten in ihren Predigten ſehr wider die, ſo Luthers Lehre vom Glauben und der Evangeliſchen Freiheit übel verſtanden und mißbrauchten. Beede kamen daher in Verdacht als Irrlehrer und wurden als Mitgenoſſen des damals entſtandenen Bauernaufruhrs ausgeſchrieen und muſten Sachſen wieder verlaſſen. Selbſt ihre Schriften haben viel Aehnliches. Von einem ieden wurden 18 Schriften,

*) Ich habe daſelbſt S. 372. gemeldet, daß Eberlin zu Erfurt 1524. mit einer zwar armen aber doch Adelichen in den Eheſtand getretten ſey, aber von da an ſonſt keine weitere Nachricht finden können. Im erſten Band *Scriptorum publice propoſ. Vit.* p. 309. iſt ein Leichenanſchlag auf einen Studioſum Johann Eberlin, der gar wol ſein Sohn ſeyn könnte; und nach dieſem wäre der alte Eberlin noch Prediger zu Wertheim geweſen. Die Worte lauten alſo: Extinctus eſt hac nocte inter uota et inuocationem noncitus adoleſcens, Iohannes Eberlin Francus, natus patre uiro honeſto et erudito, qui fideliter rexit Eccleſiam in oppido inclyti Comitis Wertheim. Et ſcimus eum magna certamina et pericula propter Euangelium ſuſtinuiſſe. Mater etiam huius adoleſcentis nata ſuit nobili familia, cui nomen eſt ab Aurach, cuius matronae excellens uirtus ſuit.

ter, so viel ich weiß, verfertigt. Beede schrieben in deut-
scher, keiner in lateinischer Sprache, vermuthlich weil ihr
Inhalt blos dem gemeinen Mann gewidmet war.

Lange konnte ich den Ort seiner Geburt nicht entde-
cken. Doch schon seine freyen Schriften machten mir es
wahrscheinlich, daß er ein Schweizer seyn könne, und end-
lich fand ich, daß er zu Basel gebohren sey. Er sagt dieß
selbst in seiner unten num. XVIII. angezeigten Schrift Bo-
gen K i j. „ich wolte gern gen Basel, da ich geboren, mich
verfügen, und mit ihm (Oecolampadio) vom Abendmal re-
den.„ Aber wann er gebohren, wer seine Eltern gewesen,
wo er studirt, und alles andere, was seine Jugendgeschich-
te betrift, ist mir, alles Nachforschens ungeachtet, unbe-
kannt geblieben.

Der erste Auftritt, bey dem sich Strauß auf eine rühm-
liche Weise dem Publico bekannt machte, war in Tyrol zu
Halle im Inthal. Hier zeigte er sich schon im Jahr 1521
als einen Evangelischen Prediger. Beweise hievon sind
seine ersten drey Schriften, welche ich unten im Schriften-
verzeichnis kürzlich recensiret habe. Man siehet daraus,
daß nicht nur die Gemeine, sondern auch der Rath da-
selbst nach der Evangelischen Lehre sehr begierig gewesen,
aber auch dieß, daß leider Strauß gar bald durch das
Wüten der Clerisey mit grossem Verdruß der Inwohner
von da vertrieben worden sey. Ich will einige Stellen
aus denselben anführen. „Als die götlich Warheit unü-
berwintlich mich gezwungen das h. Evangelium offenbar,
vnd on all menschlich forcht vor etlich tausent frommen
Christen zu Hall zm Intall das vorgangen jar zu predi-
gen, vnd hernach aus dem grausamen wüten, das die für-

A 3　　　　　　　　　sten

sten der priester vnd der pharisäer wider got vnd seinen
geliebten sen Christum das h. Euangelium zuuertilgen, kleg-
lich vnd erbermlich erhebt, vnd mit hilff herodis vnd py-
lati nachuolger (yhrs gedancks) in etlich maß volstreckt,
ich vertrieben vnd verjagt bin worden — — Im beschluß
ist mein bitt an euer liebe, ir wolt euch nit irren lassen, ob
die feind des h. Euangeliums vnd meine mißgünner schen-
den vnd schreyen nach mir, auch die groß iniuri so mir
dieselbigen zuruck wider alle christliche vnd menschliche ge-
rechtigkait auffgelegt haben.   Dann niewol sie mich in
offne gefärlichaiten meines lebens geeylet vnd getrungen
haben, der pfashait vnd jren zutittlern zu gefallen, vnd ich
kaum mit dem leben hindurch bin kommen, so lebt doch Chri-
stus noch vnd sein h. Wort ist noch vngebunden, mit dem
ich euch noch offt haimsuchen auß der gnad Christi verhoff.,,

    Wie wenig er zum Aufruhr und Ungehorsam gegen
die Obrigkeit geneigt gewesen, und daß er vielmehr zur
Liebe und zum Frieden gerathen habe, zeugen folgende
Worte: „Ist auch mein allerhöchst beger an eur lieb vnd
andacht, das kainer in schelten oder Zorn sich laß mercken
gegen vnsern feinden vnd tyrannen, aber got fleissigklich
bitten, das der ellenden menschen freuden nit lang weren,
als sie mainen, das h. Euangelium gar zuuerleschen, damit
das die vnmilten, gottlosen, verlognen zutittler nit weiter
erfreuet werden, vnd vns achten für aufrürig vnd vnge-
horsam, vnd seyt vngezweyfelt, vnser fürnemen in gedult
sol in Christo mer vermügen, dann der närrischen affen pund,
den Annas Cayphas vnd die Pharisäer mit Herodes vnd
Pylato haben beschlossen, es wirdt die warhait ir verfech-
tung nitt lang enthalten.

Een-

Sonderbar iſt es, daß die Stadt Halle, der man die
Verkündigung des reinen Evangelii nicht geſtatten wolte,
nach Verjagung Straußens doch wieder einen evangeliſch-
geſinnten Prediger bekam. Es war dieß der nachher ſo be-
rühmt gewordene Urban Regius. Ich habe von ihm drey
gedruckte Predigten, die er im J. 1522. und 23. zu Halle
gehalten, auf deren Titel er ſich ausdrücklich Prediger da-
ſelbſt nennet. Beſonders merkwürdig iſt die Sermon von
dem dritten Gebot. Wie man chriſtlich feyern ſol mit
anzeigung etlicher myßbreych 1522. 4. Hierinn legt er ein
öffentliches Bekenntnis der Liebe ſeiner Gemeine zu der Ev-
angeliſchen Religion ab, wenn er ſagt: „Nun bin ich an
dem ort, da ſolch Fabel (von denen er vorher redet) vnd
merlin als chriſtlicher leer widerwertig verworfen, vnd bil-
lig verſpottet werden. Derhalb mir nit noth iſt, das volck
alſo am narrenſeil zu füren. Gott der Herr hat euch in
rechter Erkenntnus ſeines liebſten Sons J. C. durch das
Euangelium vbergnediglich heimgeſucht, vnd angehebt zu
erleuchten, alſo das jr zu dem Euangelio im rechten Ver-
ſtand geprediget ſo begirlich lauffen als ain genagter hirſch
zu dem kuelm Brunnenwaſſer, man darf ohne forcht frelich
euch fürhalten das Euangelium nit wie es mit dem vnflat
menſchlicher gloſſen verdunckelt iſt, ſondern in ſeinem na-
türlichen ſchein vnd geſchmack. „ Solche geäuſſerte Geſin-
nungen und ſolche Predigten waren nun denen zu Halle be-
findlichen Catholicken nicht anſtändig. Die Mönche ruhe-
ten nicht eher, als bis auch dieſer Lehrer, wie ſein Vor-
gänger, Strauß, vertrieben wurde. Unbegreiflich iſt es
mir, daß weder Regius in ſeinen Schriften des Straußens,
noch dieſer jenes gedenket.

A 4 Strauß

Strauß nahm hierauf seinen Weg nach Sachsen, den
fast allgemeinen Zufluchtsort für alle damals der evange-
lischen Religion wegen vertriebenen. Ohne Zweifel wird er
sich zu Wittenberg mit Luther und Melanchthon unterredet
haben, wo nicht ersterer noch zu Wartburg damals seinen
Aufenthalt gehabt hat, wohin er nach seiner Abreise von
Worms durch Churfürst Friedrichs Anstalt gebracht wur-
de. Lange konnte er aber nicht in Wittenberg gewesen seyn.
Denn seine zweite Schrift ist zu Kemberg den 4 August
1522 unterzeichnet.   Dieser Ort ist nur eine Meile von
Wittenberg, wo damals Bernhard Feldkirch (Velcurio)
Probst war, der am ersten unter den Evangelischen Geist-
lichen eine Frau genommen hat.

Noch gegen das Ende des Jahrs 1522 fand er in Ei-
senach seine Beförderung. In der Vorrede zu seiner dritten
Schrift, die den 9 Februar 1523 datirt ist, nennt er sich,
wie fast in allen folgenden Schriften, zuerst Ecclesiastes zu
Eisenach. In Führung seines Amtes war er in Bestrafung
der Laster sehr scharf und streng, und predigte nach der
Meinung anderer viel zu eifrig und ungestümm. Er
schafte hier die lateinische Messe ab, that die Bilder aus der
Kirche, und verdammte das Fegfeuer und andere bisher
beobachtete kirchliche Gebräuche. Hier muß er anfangs in
grossem Ansehen gestanden seyn, denn er reformirte mit
Bewilligung des Fürsten verschiedene benachbarte Kirchen,
und versorgte Salzungen, Waltershausen und andere Orte
mit Evangelischgesinnten Predigern, auch der bekannte und
nachher zu den Catholicken wider übergetrettene Witzel
wurde als Pfarrer nach Wenigen-Lubeniz durch Strauß
befördert. Daher sagt Jonas von ihm: Er regierte nicht
allein

allein in der Kirchen, sondern war auch Amtmann, Schult-
heiß, Rath und alles. Worauf aber Witzel versetzet: Weß
du hie diesen Doctor schuldigest, das kündt einer deinem
Luter wider in Busem stossen, welcher nicht allein Ampt-
mann, Schösser vnd Rabt, sondern selbdürstig Fürst, Thun
vnd Lassen im gantzen Lande ist. Da um diese Zeit auch
Carlstadt zu Wittenberg verschiedene Neuerungen dieser
Art vornahm, so kam Strauß hierüber in Verdacht, daß
erd mit ihm hielte. Ja der dasige Dechant und das Capitel
verklagte ihn sogar bey Herzog Johann, dem Bruder des
Churfürsten. Er scheint auch mit Luthern, der nicht haben
wolte, daß man alle Ceremonien so schnell abschaffen solte,
in keinem guten Vernehmen gestanden zu seyn; und daher
mag es auch rühren, daß Strauß in keiner seiner Schrif-
ten desselbigen gedenket, auch wenige derselben in Wittenberg
drucken ließ.

Er wurde auch des Irrthums beschuldiget, daß er nebst
Wolfgang Stein, Hofprediger zu Weimar, und einigen
Rechtsgelehrten das Kayserliche Recht, als von Heiden ge-
stellt, und das geistliche Recht, als von den Päbsten her-
rührend, abgeschaffet, und dagegen die Mosaische Policey-
gesetze, als allein gültig, eingeführet wissen wolte. Se-
ckendorf in der Historie des Luthert. S. 641. beruft sich
auf zwey Briefe Luthers, worinn er Straussen von seiner
deshalb gebrauchten Heftigkeit abzurathen und auf bessere
Gedanken zu bringen sucht. In den Straußischen Schrif-
ten selbst aber finde ich wenig hiervon. Hätte aber dieß
Strauß würklich gelehret, so war dieß mehr ein Fehler
seiner Zeit, den er mit mehrern gemein hatte. Selbst Me-
lanchthon schreibt in der ersten Ausgabe seiner locorum:

Optarim etiam uti Christianos ea forma iudiciorum, quam
Moses prodidit, item plerisque ceremoniis.   Praestaret
enim, quandoquidem iudiciis carere necessitas huius uitae
non potest, nec, ut opinor; ceremoniis, uti Mosaicis illis,
quam tum gentilibus, tum papisticis ceremoniis. — —
Optarim pro gentilibus et saepe stultis legibus Mosaicas
recipi. Sumus enim oleae illi inserti.   Et uerbum Dei de-
cebat praeferre humanis constitutionibus.   Nec hodie
alius fere Romani illius iuris usus est, quam in litigando,
ut habeant, unde se alant rabulae forenses.   Zu solchen
Meinungen mochte wol auch selbst Luther durch die Ver-
brennung des Canonischen Rechts Veranlassung gegeben
haben.

Am meisten aber machte sich Strauß verhaßt durch
seine Lehre vom Zins und Wucher.   Auch dieß war, wie die
vorhergehende, eine Lehre, über die damals viel gestritten
wurde.   Das harte und übertriebene, wodurch besonders
der Landmann bey seinen eben so übertriebenen Steuern
und Anlagen fast ganz ruinirt wurde, war Ursache, daß man
che alle und iede Arten von Zinsen als unchristlich ansahen
und verboten, und die Mosaischen Gesetze vom Wucher auf
alle Völker und Nationen zu ieder Zeit verbindlich hielten.
Auch Melanchthon verdammte sie in der ersten Ausgabe
seiner Locorum, und spricht: Huc pertinet, quod de foe-
nore decretum est, exteris foenerandum, non cognatis.
Nunc cum nulli sint exteri, omnes cognati, in uniuersum
interdictum est foenus.   Doch in den folgenden Jahren
war man hierin schon vorsichtiger, wie aus den im J. 1528
gestellten und von mir herausgegebenen Visitationsartickeln
S. 32 ff. zu sehen ist.

Die

Die in dieser Sache vom Strauß in Druck gegebenen Artickel wider den unchristlichen Wucher machten grosses Aufsehen und viele Bewegung. Luther muste hierüber mit Zuziehung Melanchthons auf Erfordern Herzog Johann Friedrichs sein Bedenken stellen, das sich T. II. Oper. Altenb. p. 815 befindet. Er erklärt sich vom Wucher hierin also, daß er dieß allgemeine Uebel, als der Liebe zuwider, freilich sehr beklaget, doch nicht ieglichem gestattet, seines Gefallens sich dessen zu entschütten, oder zu Zahlung desselben mit Gewalt zwingen zu lassen, wie Strauß haben wolte. Vielmehr solte man dem Gewissen der Gläubigen überlassen, ob sie Wucher fordern oder annehmen wollen, wenn sie nur nicht vom hundert mehr als 4 oder 5 fl. nähmen, und es nicht ein unabläßlicher Zinß werde. Vielleicht hat auch dieser Streit dem D. Luther Ursach gegeben, das Buch von Kauffshandlung und Wucher (Witt. 1524. 4. 6 B.) zu schreiben. Noch weit schärfer ist die nach 16 Jahren im Druck erschienene Vermanung Luthers an die Pfarherrn wider den Wucher zu predigen, Wittenb. 1540. 4. 12 B.

Um aber Straußens eigentliche Meinung vom Zinß und Wucher zu erfahren, will ich die hierinn herausgekommene kleine aber höchst seltene Schrift hier abdrucken lassen. Die Aufschrift derselben ist diese:

Haubtstück vnd artickel Christenlicher leer, wider den vnchristlichen wucher, darumb etlich pfaffen zu Eißnach so gar vnruwig vnd bemüet seind, Geprediget zu Eysenach durch D. Jacob Straussen. 1523. 4. ein Bogen.

Jhesus.

1. Gottes gebot seind alle vnüberwindtlich, bezwingen, vnd

mag

mag nyemand erledigt darven werden, dann durch gotes barmhertzigkait in Christe.

2. Kain dispensierung, kaines Conciliumbs bestätigung, auch kain beschepffter gewalt mag verprechung des gesetzes zugeben.

3. Grausamlich ketzer seind die, die beschreiben, der Bapst müg vber die siben gebot der andern tafel dispensiren.

4. Das gebot gotes Deuteron. am 15. vnd Luce am 6. das ain yeglicher seinem nechsten in der not frey vnd willig sol leihen, on allen besuch, Ist allen Christen bey ewiger Verdamnuß not zu halten.

5. Ain pfenning über die haubtsum außgeliehen, eingenommen, ist wucher.

6. Wucher ist in seiner natur, als wider die liebe des nächsten, vnd das verbot gotes ain schwärwichtig vnd offenbar todsünd.

7. Alle, die bewilligen in todsünd, noch vil meer, die hilf, schutz, schirm zur todsünd thund, seind des todes wirdig.

8. Die Zinß im Concilio zu Costniß, wie man sagt, nachgelassen, auf hundert fünff gulden, seind wissentlich wucherzinß.

9. Indem sich befindt, das die Concilia nit blößlich geirt haben, aber ketzerliche irrung für gut geschetzt vnd bestätigt.

10. Das Concilium zu Costniß hat Hieronymum vnd Johannem Huß verprent, wären etlich des prinenden fewers wirdig gewesen.

11. Hie hat sich der wucher eintrungen, das sich die Juden vnder den Christen nit meer neren mügen.

12. Der

12. Der wucher ist ain starcker grund des vnerseťlichen geitzes der pfaffen vnd münchen.

13. Er ist auch der recht musterherr über den gemalten erkaufften Adel der ritterspiel hinderm ofen, den armen gemainen man zuuerderben in gebrauch hat.

14. Der geborn Adel, vnd die gemain Burgerschafft haben auch im wucherzinß ires müssiggons vom Bapst ain vergnüssung.

15. Es volget leichtlich der lay dem Antichrist im wucher nach, dañ die strick der reichthumb wöllen verblümbt sein.

16. Der herr Christus hat alle reichtumb vnrechtfertig genennet, muß vonnöten der Christen güter auß dem wucher herfliessen, geraubt, gestolen, vnd aller vnere gemeß erkant werden.

17. Vnselig vnd des glaubens gar entsetzt ist der, der in seiner armut wucher zu raichen bewilliget.

18. Es soll ayn yeder fromer Christ den zusagenden worten Christi sonder zweyfel anhangen, wirt jm nicht abgeen an seiner narung.

19. Wie ain yeder glaubt vnd hoffet in got, also hat er auch hilff von got.

20. Got speyset die vögel in lüfften, die visch im wasser, vnd beklaydet die plümlein auff der haid.

21. Wer got nit getrawet, muß mit wucher vnd andrer gefar geängstiget sein.

22. Ain yeder Christ sol hunger, durst, marter, tod, hell vnd alles übel ee erleiden, dañ er Christum vnd seines worts verlaugne.

23. Wer

23. Wer wissentlich wider das Euangelium zu thun sich verpflicht, verlaugnet Christum vnd sein lebendigs wort.

24. Wucher nemen vnd geben, ist offenbar wider das Euangelium Jesu Christi.

25. Alle geding, ayd, gelübd, verhaissung, versprechen, geschrifftlich oder mündtlich, beschehen wider gotes gebot, raichen mit gotes lesterung, got vnd sein wort zuerlangnen.

26. Die verschreibung wucher zu bezalen lauten in der warhait also.

27. Ich versprich vnd gelob zu bezalen järlich den wucher wider got vnd sein gebot, als ain verzagter an gottes hilff, ich will auch in armut mit Got nit für gut haben.

28. All wucher handlung verwirffet gantz gröblich das creutz vnd das leben vnsers herrn Christi.

29. Der arm einfältig vnwissend des Euangeliums von des Antichrists vnd aller Widerchristen pfaffen, Doctoren, vnd münchen exempel vnd leer verfürt, so er yetz der warhait erkantnuß gewint, soll er vmb kain gebot noch gewalt den wucher bezalen.

30. Hie muß man got meer gehorsam sein dann den menschen.

31. Hie sol auch dein glaub im Euangelio bewert werden.

32. So mit gewalt der wucher außtrungen wirdt von dir, laß faren auch den Mantel dem, der dir den rock zucket.

33. Du must leib, gut, seel vnd eer verlieren, das du Christum mit seinem wort erhalten mügest.

34. Die

34. Die gwalt die auffgeladen wider gots wort, besteet nit lang, muß mit dem ersten Tyrannen wider Christum mit dem gaist seines munds erlegt werden.

35. Hiet dich frommer Christ das du nit gedenckest, gewalt mit gewalt zu verdempffen.

36. Du hast hie kain wör, dañ gotes wort mit gedult.

37. Es soll billich all Christenlich König, Fürsten vnd herren, auch ir hochlöbl. Rät im wort gotes beherzigen, das sy ire vnderthonen zu dem wucher nit zwingen, beschützen, oder handthaben, sy wollen dañ offenbar (da got vor sey) tyrañen wider den glauben vnd gotes wort erfunden werden.

38. Die Juristen, die auß den beschribnen Rechten wucher zu bezalen leren, vnd raten, versteend ir grob vnchristenlich hirn nit, wissen auch nit was ir aigen facultet ist.

39. In vnzymlichen verhayssen vnd gelübten soll nyemand glauben halten.

40. Du hast dich got gelobt vnd seinem wort, mag kain verschreibung deiner eltern oder von dir beschehen den wucher zu bezalen dich bezwingen.

41. Aller gwalt, al rechtsprecher, die den wucher gezwang auff den gemainen man tringen, mügen gotes reich nit besitzen, sy erstatten dañ gnugsam den schaden jrem nächsten auffgeladen.

42. Es haben etwan die Christlichen Fürsten, landsherrn vnd cõmun den wucher bey den Juden abgelegt.

43. Detz handthabet man auch priester vnd Münich auch kirchen beym wucher.

44. Wir

44. Wir sagen all vil vom Euangelion, aber die haubtstuck wider das Göttlich Euangelion darff nyemandt an greiffen.

45. Es ist aller wucherer vnd derselben handthaber gemain sinn, wer wider wucher prediget, der ist auffrürig.

46. Das Euangelium geduldet kainen friden oder ainigkait wider got vnd sein gebot, daß Christus denselben friden nit gesandt hat in die welt, aber am schwert.

47. Desselbig schwert schlecht nitt leiblich wunden, aber trennet vnd schaydet alles was von got abwendet.

48. Wem diese haubtartickel wider den wucher nit gefallen, der zaig mir an ain besser Euangelium, möchte denselben vnder augen gern anschen.

49. Es wirt weder Doctor noch all gelerten der welt das 15. cap. Deuteron. auch das 6. Luce mit erdichten glosen verdempffen.

50. Got hat ainmal geredt vnd gestect des ewigklich.

51. Jr solt ainander leiben vnd nichts dagegen verhoffen.

* * *

In einer andern unten n. XIV. angezeigten Schrift, in welcher diese Materie weitläuftiger ausgeführt ist, redet Strauß etwas vorsichtiger, wie einige Auszüge aus derselben einen ieden belehren können. Luthers Urtheil hierüber ist dieses: Sermo Straußii placet plus quam antea libellus eiusdem. Nam mitigauit hic locum de soluendis etiam usurariis censibus. Hoc solum deest, quod census redemtionis sine discrimine damnat usurae uniuersos. Nam si in ordinem redigerentur, (licet sint passim in abusu) inculpabiles essent. Tom. III. Epp. Lutheri a Buddeo edito p. 38.

Zu

Zu Anfang des Jahrs 1525. entstund der leidige Bauern-
Aufruhr, der für manche Gegenden Deutschlands äusserst
verwüstend war. In der Nähe von Eisenach waren ver-
schiedene Orte, deren Einwohner begierig waren, das harte
Joch der Knechtschaft abzuwerfen, und durch die grossen
Versprechungen Müntzers, zur gänzlichen Freyheit zu ge-
langen, gereitzt, rotteten sich hie und da ganze Hauffen zu-
sammen. Selbst zu Eisenach, und in den nahgelegenen
Ortschaften sahe es sehr mißlich aus. Hier suchte nun
Strauß eine Mittelsperson abzugeben, und die aufrührischen
Bauern zu besänftigen, aber seine Bemühungen blieben
fruchtlos. Ja er wurde sogar beschuldiget, daß er durch
seine Predigten die Leute zum Ungehorsam wider die Obrig-
keit aufgewiegelt habe. Und bisher steht er noch immer
unter der Classe derer, die Veranlassung zu diesem Bauern-
krieg gegeben haben. Justus Jonas in seiner Schrift,
Wilch die rechte Kirche, und dagegen wilch die falsche Kirch
ist — wider das Pharisäisch gewäsch Georg Witzeld, Witt.
1534. 4. sagt: „auch wissen viele Leute zu sagen, wie D.
Strauß den Witzel als seinen Rath und lieben getreuen
sampt etlichen zugeordneten zu den Bawern hat ausschicken
wollen, und ihnen zusagen lassen, sie solten sich nur recht
halten, er wolt so viel schaffen, und zuwegen bringen, das
ihr zwelf artickel angenommen und bewilliget werden,
odder wolt nicht widderkomen, Und hat damit eben auch
war gesagt, ob er sonst sein lebenlang gelogen hatt, deñ
es auch also gangen, das die artickel nicht bewilligt, und
er auch gottlob nicht widderumb komen ist. „ Erasmus
Alberus in seinem buch wider die verfluchte Lere der
Carlstader — Neubrandenb. 1565. 8. (einem Buch voller

Lit. Miscell. 3. Samml. B unge-

ungegründeten und lieblosen Erdichtungen) erzählet, da er
von Luthers Fürbitte für Carlstadt beim Churfürsten schreibt,
Bogen E e 5 b. folgendes, das nirgends Bestättigung be-
kommt: „ Desgleichen hatte er zuvor dem Schwermer, Ja-
cob Straußen genade bey dem Churfürsten erlangt, daß ihm
nicht der Kopf abgehauen ward, weil er den Bauern in der
Aufruhr beygestanden war, vnd ob wol dieser Strauß wi-
der D. Martinum greulich declamirt vnd bebachiert hatte,
(auch hievon findet man nirgends die geringste Anzeige)
noch erhielt ihm D. Martinus sein Leben. „

Ohne Zweifel entstund diese Beschuldigung Straußens
blos daraus, daß er in seinen Predigten den Fürsten und
Obrigkeiten nicht schmeichelte, sondern ihnen und ihren
Ministern und Amtleuten die Wahrheit sagte, und zur ge-
wissenhaften Beobachtung ihrer wichtigen Pflichten und
vätterlichen Regierung ihrer Unterthanen aufforderte. In
der unten n. XVI. angezeigten Schrift ist eine sehr schöne
Stelle, die ich hier abdrucken lasse.

„ Solches ist widerfahren allen denen Fürsten vnd re-
gierenden herren, die ihre hohe gepurt, vernunft vnd wol-
lust dem gemeinen nutz vnd wolfart ihrer land vnd leuthen
vorgesetzet haben vnd also die Füß d. i. die armen arbeiter,
die das haubt vnd ganzen leib tragen müssen, verachtet vnd
ganz gering geschätzet.

Aber die Augen vnd hende an diesen heubtern, d. i. die
weltgelehrten vnd gewaltigen bey den Fürsten, die künnens
alles verblümen vnd verbedigen, was zu verderben land
vnd leuth offenbar vnd wissentlich reichet. Dañ allein ihr
eigen nutz zwingt dieselben verplenten leuth, daß sie nur
trachten, wie ihnen das regiment vnd aller gewalt zu han-

den

den gestellt werde vnd das die Fürsten darzwischen ihren zarten alten Adam wol pflegen vnd nach vberflüßigem pracht vnd wolluſt leben, Bancketen halten, ſtechen, prechen, ja, gen, vnd gleich einen guten muth haben, vnd ſo iſt land vnd leuth wol außgericht vnd verſehen. Wenn man die Fürſten dahin geführt hat, daß ſie das wunderbarlich töſt, lich vnd edel ampt Fürſtlicher regierung mit dem geringſten finger grundtlichen vnd ſtattlich nit anregen, vnd wirt denen befohlen, die allein, wie gewonlich am tag liegt, jren aygennutz bedencken, es ſtee vmb den Fürſten oder vmb die armen vnderthanen wie es mag, Sie werden vol, des Fürſten Camergut wirt geringert, vnd daß ſie es verplümen, So ſuchen ſie vrſach vnd raten, wie man die arme landſchaft mit neuen beſchwerden vberleſtige, mit vngepreuchlichen ſchatzungen vnd dienſten. Damit werden die füß vnd bein an der fürſtl. glidmaß verſchmerziget vnd verwundt, Ja auch gantz glidprechig vnd verderbt, So geet es dan alles auff ſtelzen vnd fremben füſſen, vnd haben die knecht in kurtzen jarn, ſich ſo vil gepeſſert, daß jnen offt die groß, mechtigen fürſten in die hend müſſen ſehen vnd ſchlechtiglich thun, was ſie wollen. Vnd dan ſo muß nach der ewigen weißheit leer ein yeglich reich zertrent vnd durch die Aygennützigen zu grund geen. Dan wen ſich die Fürſten jres gotthaften ampts begeben, vnd laſſen ſich dahin weiſen, daß ſie das ſchwert der getreuen milten vnd Fürſtlichen regierung jrer armen einfeltigen vnterthonen auß der hand laſſen, ſo ſpaltet ſich auch fribſame einigkeit, wie dan ſtt kan außbleiben, die Fürſten werden durch ſolche leuth zu vngenad gegen die armen vnterthanen mehr gereitzt, vnd ergrimmet, demnach auch die armen verlaßnen vnterthonen durch die ay,

B 2   gen,

gemützigen allenthalben betrübt in unwillen und wider-
spenstigkeit geführt.,,

Auch selbst Luther lies sich durch das Gerücht hinreis-
sen, ihn für schuldig zu erklären. Er schreibt s. 2. post
Psalm. 1525. an Spalatin: ,, Valde uellem D. Strauß suæ
quoque regnæ quaerenti per Principes inhiberi. Non deest
homini furor, sed locus et tempus. Iamdudum licet oc-
culte nos ei parum probamur, qui Rusticum *) illum sedi-
tiosum totum Carlstadiensem nobis longe praesert, quem tu
Norimbergae mirabaris, sed nequam inuentus est, et ut di-
citur, Monachus simulato rustici uultu (i. habitû.) ,,

Georg Witzel aber sucht ihn von der ihm ohne
Grund aufgebürdeten Theilnehmung an dem Aufruhr der
Bauern zu vertheidigen, versichert vielmehr, daß ihn die
Bauern, weil er mit ihrem Wesen nicht zufrieden war, so
gar in den Fluß Werra werfen wolten. Da Witzels Schrif-
ten sehr selten angetroffen werden, so will ich aus denselben
zwey hieher gehörige Stellen selbst beysetzen. In seiner
Schrift von der Christlichen Kyrchen wider Jodocum Koch,
der sich nennet Justum Jonam. Leipz. 1534. 4. Bogen
G iij. schreibt er: ,,Auch ists erlogen daß mir also wol war
mit D. Jacobo Straussen umbzihen, Gott ist bewust, daß
ich begert, der Doctor neme einen andern gehülffen in der-
selbigen Visitation, welche ihm zu thun der durchl. Chur-
fürst

---

*) Luther zielt hier ganz gewiß auf den Bauern zu Wöhrd,
der daselbst, zu Nürnberg, Kitzingen und andern Or-
ten geprediget, und grosses Aufsehen gemacht hat.
Man vergleiche des seel. D. Riederers Beantwortung
einer Anfrage: wer der Bauer zu Wöhrd gewesen?
im zweiten Band seiner Nachrichten S. 71. ff.

fürſt zu Sachſen die Zeit wiſſentlich befohlen hat, und das
mit Fürſtlichen offenbaren brieuen, wiewol ich wenig nutz
dazu war, noch wolt er mich bey ſich haben, welches ich
ihm auch nicht füglich hett abſchlagen mögen, weil er ſolchs
nicht von ihm ſelbs thete, ſondern hatt darüber Churf. be-
ſehle, wie die Amptleute im kreis Eiſenach noch wol wiſſen,
Vnd iſt bey allem geweſen Burckart Hund, als ein verord-
neter Conviſitator. Nu gieng dieſe Viſitation auff kein an-
ders, denn worauff eure jetzt gehet, nemlich das, was Kir-
chiſch war, Sectiſch würde. Dazu gedencke ich noch das
derſelbig, Doctor burger und baur, ſo allzuſehr bereit Lute-
riſch worden, ſtraffet, das ſie alles den neuen predigern vnd
zren alten pfarrern nichts geben wolten, vnd ſcherffet ſeine
Viſitirpredigt alſo, das er bey dem pöbel wenig Danck
verdienet. Iſts aber nicht ein jamer, das dieſe leute nu
an D. Strauſſen auch ſchelten, das ſie ſelbs thun? deñ
nichts iſt das dieſer gethan, welches ſie nicht thun, ausge-
nommen, das er die ſünde mehr ſtraffet, deñ dieſe ereukre-
wer. Sonſt war er wol zu herren hoff, ſie beſſer, er hatte
gewalt, ſie mehr, er lebte wol in ſeinem hauß, ſie beſſer,
er war dem Clero feind, ſie mehr, kürzlich, er that Luteriſche
gebüre, wie ihm Luther gelert hat, wie es Luter begert,
allein das hat ihm Luter nicht gelert, noch von ihm begert,
das er die Laſter hart ſtraffen ſolt, in welchem Stück Strauch
kyrchiſch für allen andern war. Luters fürnemen war nicht,
und iſt noch nicht, das man ſeiner burger laſter angreiffe,
ſondern ſchlecht der Pfaffen und Münche, wiſſend, das ſein
ſpiel mit ſolchem liſt erhalten wirt. Ob aber dieſer Doctor
Fürſten und herren ſchos rent vnd Zins zu geben bey ſünde
verboten habe (gedenke hier ſchier an die ſchuldigung wider

Chriſtum

Chriſtum Luc. 23.) weis ich nicht, wer es dem verſtorbenen
man nachſagen darf, dem ſtehet es für Chriſto zu verant-
worten.   Das weis ich aber wol, das er den wucher zur
ſünde machet wie vor ihm die propheten, Apoſteln und hei-
lige Biſchoue und Doctores der Chriſtl. kyrchen, ia wie er
aus Luters büchlin ſelbs zeuget, und zeiget.   Es iſt auch
ein ſchalcksſtück, das mich Koch dieſes Doctors radt neüet,
Er hett das alter, er wiſſet zu thun und thete on mich,
wie er es für dem Churfürſten verantworten kundt, Eins
war ich mit ihm, aber nichts heimlichs hat er mir ye ver-
traut, habe ſolches vom ihm oder keinem   auch nie
begeret.   Vber alles iſt erſtuncken und erlogen, das mich D.
Strauß ſolt zun bauern haben ausſchicken wollen, ſie jrer
zwelf artickel zu vertrüſten.   Mein Gott wie gar iſt der
Koch aller ſchame vnd erbarkeit beraubt.   Es ſage hans
Oſwalt hierüber, der da ſtets dieſe tage vmb den Doctor
war, vnd zugleich, was in ihnen war, ſorgfeltiglich ver-
hüteten, das der lermen entweder vergieng oder nicht grö-
ſer würde.   Dieſe zween lieſen mich in die ſtadt mit einem
eigenen boten holen mit bitte, das ich mich wolt brauchen
laſſen im amgt Eiſennach mit zweien burgern vmbzihen, und
den bauern zu friede predigen, hetten ſie beſchwerung, Churf.
Durchl. würde ihnen wol gleiches aus gnaden erzeigen.   Da
iſt nicht gedacht worden, das der Doctor ſo uil zuwege brin-
gen wolt, das der bauern artickel ſolten angenomen werden,
oder wolt nicht widerkomen, das ſind eitel ſtarke lügen, ſon-
dern wie geſagt, oder helfe mir Gott nicht. Nu ich hetts auff
Oſwalts vnd des Doctors bitten gethan, möcht auch in den-
ſelbigen groſſen nöten kein böſer radt geweſen ſeyn, Eint-
mal alle landsherren vber dem ſpiel beſtürtzt waren, aber

es

es verbliebe, und war vielleicht für mich, deñ etliche meine-
ten, würde ich der Fürsten zum besten gedenken, von frid
vnd gehorsam vil sagen, so müste ich des Backenschlags war-
ten, weil dasmal sonst niemand im krange (dieß wort ver-
stehe ich nicht) daselbst dem neuen Reich widerstundt, und
alle bauern zugleich einen kopff hatten, und der war nicht
gar gut. Siehe vmb dise Wolthat des gemeinen nutzes
welchen zu helffen ich mich nie gemeidet, erlange ich dis
congiarium, also sol man die leut bezahlen.„

Er sucht ihn auch zu vertheidigen in Confutat. calum-
niosissimae resp. Iusti Ionae una cum assertione bonorum ope-
rum (edit. Colon. 1549. 8.) wo er p. 31. also schreibt:
„At quid de Doctore Strusio commemorem, cuius cineres
a probitate tua quiescere non possunt? Quid ita allatras mor-
tuos? Parum erat, uirum istum, dum uiueret, a nobis di-
uexatum non ob aliud quam quod nollet uestros exoscu-
lari pedes? Antequam de usura is scriberet, et mores tum
uestros tum euangelici populi argueret, habebatur nobis
euangelista non in postremis, sed dein despectus ut nemo.
Vtebatur me ille familiariter non eo inficiar. Num ideo est,
quod a te traducar? Si ille plus minusue dixit aut fecit
quam oportuit, sine fraude mea iure est, quippe cuius ne-
que suasu neque dissuasu quicquam aut dixisse aut fecisse eum
constat. Homo fortiter Luteranus erat, hoc est ecclesiae
Romanae impugnator acerrimus, (ad quam ante obitum
rediisse dicitur) quod tum rectissimum nobis omnibus esse
uidebatur. Praeterea, uel dispeream, nihil reprehensum in
eo uidi. Exorto motu rusticorum uidi eum unacum magi-
stratibus pro uirili obsistere, uidi eum in concione flere, ut
uel lachrymis cohiberet ciues, quos oratione non poterat.

Si

Si quid mali uspiam egit, non uidi. Audiui rusticos cum in Guerram fluuium proiicere uoluisse, eo quod illorum rabiem improbaret.

Ist gleich Wißel ein von der Lutherischen zur Catholischen Kirche übergetrettener, der in seinen Schriften oft viele Unwahrheiten zur Kränkung der Evangelischen gantz ohne Grund auftischet, so halte ich doch diese zur Vertheidigung Straußens vorgebrachte Erzählung nicht gantz der Wahrheit entgegen zu seyn; da besonders sonst Straußens Character sehr unbescholten ist, und er in seinen Schriften sein Misfallen am Aufruhr zu erkennen gibt.

Bey seiner Gemeine in Eisenach muß er sich viele Liebe und Hochachtung durch seinen Eifer in Führung seines Amtes erworben haben. Sie sahe es daher nicht gern, daß er sie verließ; und lange nachdem er weg war, gab es daselbst noch Anhänger von ihm.*) Thomas Neuenhagen, Prediger daselbst, merkte dieses gar wol. Luther schrieb den 3. Sept. 1526. an ihn: Placet, ut libertatem euangelicam uerbo tractes, tum ceremoniis prorfus libere utaris, contempto Sathana cum fuis contentiosis, sciens quoniam Sathan est, denique malo te in despectum Sraußii, Straußianorumque excedere in hanc partem, quam uno digito illis in fuam partem cedere. Quod fi in te multa blaterent, tu fortiter contemne, ac neque audias, neque noris eos. Imparem te et longe Sraußio inferiorem iactabunt, hoc tu pro laude ducas, et Deo gratias age, quod pernitioso, contentiofoque denique feditiofo diffimilis traducaris. Tu feruito Christo,

*) Myconius in Hist. reform. sagt daher S. 61. von Justo Menio: er hatte grosse Mühe, des D. Straußen hinter sich gelassene Eyer und Stank auszukehren.

Chriſto, ille Sathanae ſeruiit, tantum uerbo conſcientias liberas ſerua, et id diligenter. Indignae ſunt ceremoniae, ut propter eas contendamus. Tamen ne contentiosis ſubiiciamur fortiter contra eos ſunt ſeruandae. *Luth. Epp.* ✓ T. II. ſ. 318 b.

Da ſich nun Strauß wegen der auf ihn gefallenen Beſchuldigungen in Sachſen nicht ſicher hielte, auch vom Luther und den übrigen Wittenbergiſchen Theologen, mit denen er nie vielen Umgang gehabt, keine Fürſprache weder verlangen noch erwarten konnte, ſo verließ er Sachſen.

In ſeinem Exilio hielt er ſich einige Zeit zu Nürnberg auf, wo er krank gelegen, und während ſeines Aufenthalts daſelbſt mit Oecolampadio wegen der Lehre vom Abendmal etliche Briefe gewechſelt. Vielleicht kam er hier in die Bekantſchaft Wilibald Pirkheimers, der damals gleichfalls in einigen gedruckten Büchern mit Oecolampadio wegen der Abendmalslehre ſehr ſcharf ſtritte, und die leibliche Gegenwart des Leibs und Bluts Chriſti behauptete. Vielleicht ſuchte er auch hier Dienſte, die er aber nicht erhielte, weil er von 'den Wittenbergern keine Empfehlungsſchreiben aufweiſen konnte, ohne welche es damals ſchwer war, Beförderung zu erhalten.

In Anfang des Jahrs 1526. war er aber doch ſchon wieder glücklich bedienſtet. Er wurde nemlich Prediger zu Baden in der Markgrafſchaft dieſes Namens. Auch hier zeigte er ſich als einen ächten Lutheraner in Beſtreitung der Schweizeriſchen Lehre vom Abendmal. Je näher Baden an der Schweiz lag, deſto mehr glaubte er Urſache zu haben, nach allen Kräften die fernere Ausbreitung dieſer Lehre, die er der Schrift entgegen hielte, zu verhindern.

B 5   Er

Er thet dieses auch in seinen Predigten, und warnte seine Gemeine besonders vor den giftigen Schriften Oecolampabii. Bucer schrieb daher an Zwingel: Vsque Badam Sueuorum et Wittenbergensium stupor et supercilium, ne dicam peruicacia et arrogans fastidium fratrum nos premit. *Strußqnid m*, de quo fortasse antea audiuisti, praedicauit primum Halis prope pontem Oeni, inde Isenaci Thuringiae, homo, ut scilicet apparet, sibi confidens, et non tam humanus, quam uult uideri Christianus. Est is nunc Badae; dicitur palam pro suggestu Oecolampadium nostrum proscindere, atque ut a primo toxico omniumque praesentissimo, caueant Christiani plenis buccis inhortari. Est illic Matrona, primi aulae Praefecti uxor, pia admodum et nostrae sententiae, quae potissimum causa extitit, ut illic haeserit Struthio. Huic hanc refert gratiam, ut cuius illam nouit sententiae, palam pronuntiet haereticam, et prae caeteris nocentissimam. Vide ut referant isti Spiritum Christi, quem sibi solis arrogant! Unius diei iter est inter nos, et salutatus non dignatur nos resalutare. (S. Hottingeri Hist. Eccles. Saeculi XVI. Part. II. p. 424.)

Er schrieb auch selbst wider Oecolampad und Zwingel, welche Schriften ich unten n. XVII. und XVIII. angezeigt habe. Ob ihm Oecolampad geantwortet habe, weiß ich nicht. Zwingel aber hat ihm in einer Schrift von acht Bogen sehr grob und spöttisch geantwortet. Er sagt D. Strauß sey ihm in allweg unbekannt, es sey denn der, der vor etwas Jahren die gar aufrührischen Schlußreden vom zeitlichen Gut und Zinsen hat lassen zu Eisenach ausgehen. Er nennt ihn einen guten deutschen Schulmeister, (vielleicht weil er nie etwas lateinisches geschrieben?) elensanjere

ßer, u. a. Da Strauß das Schwäbische Epigramm lobt
und billiget, so nennt selbiges Zwingel ein narracht büch-
lin, dergleichen in viel Jahren nicht außgangen, und deren
Verfasser Zürlimürler, Tenebriones ꝛc.

Ja Zwingel überschickte sogar seine wider Straußen
gedruckte Antwort dem Markgraf Philipp zu Baden selbst
mit einem Schreiben vom 9 Jenner 1526. das ich in der
äusserst seltenen Briefsammlung Zwingels und Oecolam-
padii, Basel, 1592. 4. p. 906. gefunden habe. Er schreibt
unter andern: Cum Iacobus Struthio, homo fortasse au-
dentior quam doctior, loquentior, quam circumspectior,
libellum in ros ediderit, se quidem non magnopere, te
uero Illustriss. ac opt. Principe indignissimum, quo et Eu-
charistiae ueritatem subruere, et quam in Euangelii sui
ministerio autoritatem Dominus dedit, contaminare ex
professo etiam nititur: nihil cessandum esse duxi, quo mi-
nus istius impudentiae responderemus, propterea quod
esset a sacris concionibus tuis. Certus enim sum, quod
quicquid tandem in considerationem ueniat, ubi ueritas
eius singulari prudentiae tuae planius exponatur, nullate-
nus offensum iri posse. Est ergo Eucharistiae causa nobis
hoc libello denuo tractata. Faxit Deus, ut omnia in glo-
riam suam cedant: non hercle quasi prius non sint affa-
tim omnia prodita, sed ut qui contentiosi sunt, plane ui-
deant, uerborum figmentis ueri faciem obscurare nequire;
semperque futuros esse, qui illius amore non modo silere,
sed non in discrimen quoque uenire nolint. Lege ergo,
si licet ac decet, eum libellum: neque hic quicquam di-
ctum puta in sacrosanctam pietatem tuam. Videbis haud
dubie indigne facere, qui rem minime compertam sic
apud

apud indoctam plebem traducunt.   Boni facito pro tua
bonitate omnia : et ut Euangelio eiusque ministris hacte-
nus tanquam Abdias patrocinatus es , perge.

Wie lange er hier in Diensten gestanden, und wenn
er gestorben, ist mir unbekannt. Doch aus der oben an-
geführten Stelle Witzels erhellet so viel, daß er bereits
1534. im Reich der Todten gewesen, aber ungegründet ist
gewiß sein anderes Vorgeben, daß er noch vor seinem Tod
zur catholischen Religion übergetretten sey.

Verzeichnis seiner Schriften.

I.

Unterricht, warzu die Bruderschafften nütz seyen,
wie man sy bißher gehalten hat, und nu füro-
hin halten sol. M. D. XXII. in 4. 1 Bogen.

Eben diese Schrift erschien auch unter diesem Titel : Ein
kurz christenlich untherricht von den besondern
erdichten pruderschafften denen von Hal, im in-
tal zugesant —— am Ende steht hier : gebea tzue
Haßlach am XVI tag May im XXII. auch ein Bo-
gen in 4.

Er zeigt hierinn ganz kurz den Unterschied zwischen wah-
rer, christlicher, dem Evangelio gemäßer Brüderschaft und
der falschen, unrechten und von Pfaffen und Mönchen ein-
geführten Brüderschaft, und setzt einige Säße gegen einan-
der, von welchen ich einige anführen will:

Christus will haben gemainschafft im glauben und allen
guten wercken.

Die

Die erdichten bruderschafften wollen haben abgesundert
　　Gotsdienst, darinn niemandt tail hab, dann die mit
　　angenomnen werden von menschen.

Christus wil in der gemainschafft der hailigen haben kain
　　gelt, aber glauben, hoffnung und liebe.

Die Bruderschafften nemen niemant an dann vmb sein
　　zinß oder handtreichung.

Christus will, man soll den armen hungerigen speysen.

Die bruderschafften wollen gemainklich an den tagen irer
　　Patronen vnd begängtnussen ain überflüssigen praß
　　halten, also, das maniger armer handtwercker auff
　　ain tag, souil onwirt vnd verzert, er möcht ain gantze
　　wochen weib vnd kind daruon onderhalten.

II.

Ein verstendige tröstlich Leer, über das wort S.
　　Paulus, der mensch sol sich selbs probieren, vnd
　　also von dem brot essen, vnd von dem Kelch
　　trincken. Zu Hall im Inntal geprediget in dem
　　1522 Jar. Kauffs vnd ließ, es wirt dir gefallen.
　　in 4. 2½ B.

Hievon habe ich noch drey Ausgaben gesehen, eine ohne
Ort und Jahr von 3, und eine andere von 3½ Bogen, und ei-
ne dritte von 4 Bogen, da am Ende Wyttenberg 1522.
stehet.

Straussens Vorrede an alle Liebhaber des heiligen
Evangelii ist unterschrieben Kemburg in Sachsen am Frey-
tag Augusti 1522. die andern Ausgaben haben den fierten
tag Augusti. Er hat diese kurze Form von dem Sacra-
ment des Leibs und Bluts Christi am hohen Pfingstag
1522 zu Halle in Tyrol gehalten, und dem dasigen Rath,
　　　　　　　　　　　　　　　　　　　　Gemei-

Gemeine und Nachbarschaft zu gefallen auf ihr Begehren
dem Druck übergeben.

Unter andern redet er hierinn von dem grossen Beicht-
zwang alles umständlich zu bekennen: Die Pfaffen wissen
die rechten griff, all winckel deines hertzens zu ergründen,
und mag nichts unerfragt bleiben, das der teufel und solch
schalckhafftig münch in aller subtiler boßheit erdencken mö-
gen, und was du in aller boßheit nit gewißt hast, must
du in der ellenden beicht erst lernen.   Da sitzen dann die
andechtigen heiligen vätter an gottes statt wie Lucifer,
und herschen gewaltigtlich über dem gewissen, haben auch
jren wollust nach irem unschamhafftigen hertzen, die armen
weiblin, junckfrawen und süngling zu fragen, das sie in
irem fleisch noch geyst nie befunden und erkant haben.
Demnach seind sie getrewe beichtvätter, die dem armen
Sünder mit seinen sünden auff die pan helffen.   Ja wo
nit sünd ist, lernen sie und machen sünd.   Das zeigen auch
wol an bey etlichen iren clöstern die beichtwinckel on zwei-
fel unreiner und schadhaffter dann kein hurenwinckel in der
gantzen welt.   „Er bestreitet auch noch andere Mißbräu-
che, die in der Römischen Kirche bey der Beicht eingerissen.
Hierauf handelt er über die Worte 1Cor. XI. vom h. Abend-
mal und der dazu nöthigen Vorbereitung und würdigen Ge-
nuß desselben, da er denn auch ein schönes Gebet vor dem
Gebrauch des h. Abendmals beifüget, das sehr erbaulich
und auf eine solche Art eingerichtet ist, daß es bey dieser
Gemeine vielen Nutzen wird geschaffet haben.

Am Ende ist noch beygefügt Vnderricht wie sich der
frumb Christ bey den messen, so ytz gehalten werden, wenn
er sich mit gutem fug nit daruon absundern kan, halten

sol,

ſol, das er ſich nit verſünde, und die Zeit nit unnützlich
verlier.

III.

Eyn newes wunderbarlichs Beichtpüchlein, in dem
    die warhafft gerecht beycht vnd pueſſertigkeit
    Chriſtenlichen gelert vnd angezeygt wirt, vnd
    kürtzlichen alle Tyranney ertichter menſchlicher
    beycht auffgehaben, zu ſeliger rew, frid vnd
    frewd der armen betrübten vnd gefangen ge-
    wiſſen. Ohne Anzeige des Orts und Jahrs, in 4.
    4 Bögen.

Hier nennt ſich Strauß auf dem Titel zuerſt Eccleſia-
ſtes zu Eyſennach in Thüringen.

Die Vorrede iſt datirt zu Eiſenach den 9. Februarii,
    1523.

In dieſem Büchlein handelt er von dem unerträglichen
Gewiſſenszwang bey der Päbſtl. Ohrenbeicht, vom Ablaß
und andern dergleichen wider Gottes Wort lauffenden
Mißbräuchen. Ertheilet einen recht evangeliſchen Unter-
richt von der wahren Buſſe, Gott gefälligen Beicht, und
wie die Vergebung der Sünden zu erlangen. Er beruft
ſich einmal auf ſeine 16. Predigten, die er in der Faſten
zu Halle gehalten.

Faſt auf die nemliche Art, wie in der vorhergehenden
Schrift, redet Strauß von der Liſt und Bosheit einiger
Beichtväter: Sie wollen auch wiſſen von den tugendhaff-
tigen züchtigen eeweibern alle vmbſtende jrer eelichen werck,
vnd wie jre Eemenner die ſach volbringen, wie offt, wie
groſſen luſt ſie darinnen haben, zu welcher Zeit vnd der-
gleichen, vnd das muß gar klerlich angezeygt werden, da-

mit

mit das schwach geblüt erweckt, in newe begirde und lust
fall. Vnd dann so lernent sie die armen weible jren man-
nen nit zu aller Zeit gehorsam zu sein, die heiligen tage,
den Advent, die Fasten für augen haben, jren leib ca-
steyen 2c. 2c.

Von der Thorheit und Aberglauben einiger Grossen,
die nach ihrem Tod sich Barfüsser Kutten anziehen ließen,
um desto gewisser in den Himmel zu kommen, sagt er: Die
allerdemüthigsten gleysner die barfüsser haben so manchen
fürsten und herren also genarret, nach ihrem tode die laus-
sigt kutten anzuziehen, vnd ein strick vmbzulegen, alsdann
wer in der stinckenden kutten begraben wirt, der hat von
vier Bepsten ablaß vnd vergebung aller seiner sünt vnd
wirt gleich einem newgebornen kind auß mutter leib fürt
auch gen Hymmel wie ein kow in ein maußloch.

IV.

Ein kurtz Christenlich vnterricht des grossen irr-
thumbs, so im heiligthum zu eren gehalten,
das dan nach gemainem gebrauch der abgötte-
rey gantz gleich ist. Ohne Ort und Jahr, in 4. 2 B.

Die Vorrede ist geschrieben am 26 Martii 1523. Im
Buch selbst zeigt er, daß die Heiligen selbst an dieser Ver-
ehrung kein Wolgefallen haben können, daß es eine Ab-
götterey und wider die Liebe des Nächsten sey. Denn, sagt
er, Fürsten und Landsherren wenden ans Heiligthum zu
eren zwey drey tausend gülden, ja viel ein merers, vnd solte
er die armen seine vnderthanen in eim jerlichen zins, ge-
schoß oder steur begnaden, so kunt er nit mer ein fürst
seyn. Der arm mann muß bezalen vnd solt er und sein
weib vnd kind hunger vnd not leiden. Ja das manch
arm

arm schwanger weib der frucht vnter irem Hertzen entsetzt
wirt, so der arm Arbaiter durch ongewechß vnd andern on-
fall nit betzalung thun mag, darumb gestöckt, gepflöckt
vnd geängstiget wirt, das on Zweifel im himel vmb rach
schreyet. Es wirt auch freilich dasselb rach nit lang aus-
bleiben, denn Gott wirts nit lenger mögen erleiden. Aber
die grossen hansen gedenken solches nit, es geet sie gottes
wort vnd gepot nichts an, habent gleich genug, wen sie
die erschunden reichtumb auß jren armen onderthanen nach
radt der münchen vnd pfaffen, die jren pauch auch barob
füllen, zum tail ans heiligthum, götzen, vnd puppenwerck
geben, so müssen sie denn gen hymmel vnd solt sie der
teuffel hinauff tragen.

Hierauf kommt er auf den offenbaren Betrug, der mit
den Heiligthümern getrieben wird, da man von keinem ein-
zigen vollkommene Gewißheit habe. Merck erstlich, schreibt
er, mit dem h. Creutz, des so vil tail bey allen kirchen
angezaigt werden; das so ainige warheit hie solt annemlich
sein, wer es vonnöthen so groß vnd so lang gewesen, man
möcht ein zimlichs hauß darauß pawen.

Item die beschneidung vnsers herrn weist man an
zweien oder dreien enden, ist lesterlich zu gedencken, das von
dem klainen wintzigen kindlin Jesu seiner Gelidlins vmb on-
sert willen an sich genommen, souil überflüssigs abgeschnit-
ten sey, vnd Christus zu dem onsterblichen leben aufer-
standen seiner leiblichen gelieder vnd pluts etwas hie in die-
ser welt hett mögen lassen.

Item bey vnseglich vil kirchen weist man v ser frawen
milch, das schmeelich der jungfrawen Marien zugelegt wirt,
dan es ist kain kue in schweitz, wenn du hörtest sagen, das

ir milch so weit außgetailt wer, du sprechst ongezwüffelt, es
wer erlegen.

Vnd wenn sant Antonius part als zötter wer, als ein
holländisch schaff, so wer sein doch vil mer, das man in
kirchen weiset.   Item wie müsten die Hosen S. Josephs
so lang vnd weit seyn gewesen, das die fleckeln alle davon
werent kommen, die man in den kirchen außschreiet.

V.

„Ain Sermon In der deutlich aygezeygt vnd geleert,,
    „ist die pfaffen Ee, in Euangelischer leer nit,,
„zu der freyhayt des flaysche, vnnd zu bekreff,,
„tigen des alten Adam, wie etlich flayschlich,,
„Pfaffen das Eelich wesen mit aller pomp,,
„Hoffart, vnd ander Teuffels werck anheben,,
„gefundiert, aber das Gottes werck vnd wort,,
.   „allein angesehen mit forcht vnd Christl. be,,
„schaydenhayt auch die wirtschafft vollenbracht,,
„damit die feind des Ewangeliums vnns zu,;
„schelten, vnnd Gottes wort zu lestern nit ge,,
„ursacht werden. 1523. 4. 1½ B. Eine andere,,
„Ausgabe Erffurdt ynn der Permenter gaßzen,,
„zum ferbefaß 1523. 4. 2 B.

Es war dieß eine Predigt, die Strauß am Sonntag
vor Himmelfahrt zu Eisenach hielte, und wozu ihm das
allzuheftige Eilen der Pfaffen und Geistlichen zur Ehe und
die Unordnung bey ihren Hochzeiten Veranlassung gab.
Gegen das Ende schreibt er: Ich wolt daß die priester ir
eelich wesen im anfang dem layen zu ainem schönen exem-
pel gantz dem wort Gottes gemeß mit ir stillen züchtigen
wirtschafft anfiengen, wie dann etlich hie gethan haben,
got

got hab lob, da nyemants ergernus oder args erbotten ist,
Dargegen habens aber nun etlich meer als weltlich ange-
haben, wie newlich hie beschehen, das umb den unseligen
freudigen tantz das göttliche wort zur gebreuchlicher stundt
in ains pfaffen hochzeit niderlegt ward, das etlich auch,
die es fürnemlich berürt, gar klain behertziget haben.

VI.

Von dem ynnerlichen unnd ausserlichem Tauff eyn
Christlich begründt leer. am Ende: Erffurdt ynn
der Permenter gassen zum ferbefaß 1523. 4. 2 B.

Hierinn ist sehr vieles gute gesagt wider diejenigen,
die der äusserlichen Taufe fast zauberische Kraft beilegen.
Den Glauben der kleinen Kinder läugnet er, und hält dafür,
daß ihnen der Glaube der Eltern und der Pathen zu gut komme.

VII.

Wider den symoneischen tauff und erkausten ertich-
ten Krysem und oel, auch warin die recht christ-
lich tauff (allain von Christo auffgesetzt) be-
griffen sey, ein genötige sermon, 1523. 4. 2 B. eine
andere Ausgabe, ohne Ort, 1523, 3 B. und 1524. 2¼ B.

Strauß mit einigen andern fiengen an zu taufen mit
Weglassung einiger unnöthigen Gebräuche, besonders des
Oels und Chrysams, und umsonst. Darüber ärgerten sich
manche in Eisenach, und, durch die Mönche aufgehetzt, als
ob ihre Kinder nicht recht getauft wären, ließen sie solche
anderwärts taufen. Strauß wolte also auch hier den
Schwachen noch in etwas nachgeben, und schickte einen
Boten nach Salza, um von den dortigen Pfaffen Chrysam
und Oel um Gottes willen und umsonst zu begehren, der
aber ohne Geld nichts erhielt. Dieß gab Straußen Gele-

genheit diese Sermon zu halten, worinn er die Taufe mit
Chrysam und Oel, die noch überdieß ums Geld und in ei-
ner fremden Sprache geschieht, für unchristlich erklärt.

VIII.

Das nit Herren aber diener eyner yedenn Christli-
d en versamlung zugestelt werdenn beschlußre-
den vnd hauptartickel, wen gelüstet, mag sich
dargegen hören lassen, wirt im sunder zweyffel
auff Evangelischer leer Christlich vnd brüderlich
gut bescheyd vnnd bewerung widerfaren. 1523.
4 1½ B.

Es sind 50 Schlußreden, die er dem Herzog Friedrich
in Sachsen (dat. Eisenach Sonntag vor Joh. Bapt.) dedi-
cirte, den er wegen angenommen Evangelii lobet vnd auf
die letzte sagt er: ist meyn vnterthenig demuettig pyt E.
F. G. wöll meyn anbringen nicht in vngnaden fassen, dye-
weil vnuerborn, das das heil Euangelium so gar mannig-
feltig bey mir armen Diener angriffen vnd ich ohnuerhörth
vnd onüberwunden offt villeycht dargegeben wirbt, wie-
woll ich weyß vnd vngetzweyffelt bynn, das E. F. G. die-
selben fliegenden meren in kein glauben oder auffmercken
stellet — —

IX.

Eyn Sermon vber das Euangelium Luce am XIX.
Als Jesus dye stat Jerusalem ansach do wey-
net ehr vber sy, wydder die vndanckbarkeit al-
ler menschen Gepredigt zu Eyssenach 1523. 4.
1½ B.

X.

Kurtz vnd verstendig leer vber das Wort S. Pauli
zu den Romern, der todt ist, der ist von sünden
gerecht gemacht, fast dienstlich der gemeynen
wochen, so yn etlichen kirchen, in Francken vnd
Dürin-

Düringen jerlich für die selen gehalten. Darynnen das fegfeur gar verleschet, auch der Pfaffen und München heyliger geytz getziert und rechtgeschaffen abgemalt ist. am Ende: geprediget zu Eysenach off dne gemein Seelenwochen gehalten nach E. Michaelstag 1523. 4. 3 B.

Eine andere Ausgabe Eulenburg, durch Nicolaus Widebytzt, 1523. 4.

Nur eine einzige Stelle aus dieser Schrift will ich auszeichnen:

O wie liegt es so offenbar an tage, daß sie so mit grossen unschetzlichen kosten den erdichten selendienst unterhalten, ganz keines mitleidens bewegt werden in armut und not der lebendigen, und wenn sie das tausende theil hausarmen leuten solten schenken oder fürsetzen, sie würden achten, es treff sie an ihr verderben, es befindet sich je, daß mancher dreyssig oder vierzig gulden um ein messgewandt oder dergleichen darf ausgeben, zu den selen ämptern dienend, der seinem nächsten ein gulden oder noch weniger in seinen nöthen, und solt er blut vor ihm weinen, nicht würde leihen oder vorsetzen.

Dergleichen sind wenig ausgenommen, die nicht so eines harten herzens sind, und in dem zeitlichen gut so gar gefangen, daß sie weder vater noch mutter, schwester noch bruder noch aller ihrer freunde, im leben nichts achten, aber nach ihrem tode da erst thun sie den beutel auf, und helfen dann anfüllen pfaffen und münch mit dem, das sie wider got und bruderliche lieb auch der natürlichen billigkeit entgegen an ihren eltern und freunden im leben ersparet haben.

E 2   XL.

XI.

Ob das allerhochwürdigst Sacrament des leibs vnd
bluts Christi anders benennt möge werden denn
ein getrew Testament bestettigt mit dem blut=
vergiessen vnd sterben Christi. ein new Disputa=
tion schrifftlich gehalten zwischen den Barfüssern
zu Weimar vnd M. Wolffgang Stein. mit einer
Vorrede D. Jac. Strauß an Stein. in 4. (1523.)

Diese Schrift ist mir blos aus Hermann von der Hardt
Autograph. P. II. p. 110. bekannt.

XII.

Ernstliche handlung wider ein freventlichen wider=
sprecher des worts gottes beschehen in St. Jör=
gen Kirche zu Eysennach. Aduersus Senatorem
Pontificium Straussio concionanti publice contradicen=
tem. anno circiter 1523. in 4.

Diese Schrift ist mir blos aus der Bibliotheca Cypria-
nica p. 238 bekannt.

XIII.

Haubtstück vnd artickel Christenlicher leer wider den
vnchristlichen wucher, darumb etlich pfaffen zu
Eysnach so gar vnruwig vnd bemüet seind.
Geprediget zu Eysenach durch D. Jacob Straussen,
1523. 4. 1 R

Ist öfters gedruckt worden.

XIV.

Das wucher zu nemen vnd geben. vnserm Christli=
chem glauben. vnd brüderlicher lieb (als zu
ewiger verdamnyß reichent) entgegen yß, vnu=
bei wintlich leer, vnnd geschrifft. In dem auch
die

die gemolten Euangelisten erkennet werden.
Auch wo das gemein geschrey auffrur, auffrur,
außgehe, am ende mit kurtzem guttem unter-
scheidt angezeigt — D. Jac. Strauß Ecclesiastes zu
Isennach, 1524. 4. 7 B.

Dieß ist eine weitläuftigere Ausführung der vorher-
gehenden Schrift. Da damals der Wucher äuserst über-
trieben wurde, so war es kein Wunder, daß Strauß, auch
andere, dagegen heftig redten und schrieben und bisweilen
sich sehr unvorsichtig und unbestimmt ausdruckten. Man
thut ihm aber unrecht, wenn man ihn beschuldigt, als
hätte er alle Zinse verboten. Das Gegentheil wird aus
einigen merkwürdigen Stellen, die ich hier aus dieser
Schrift will abdrucken lassen, erhellen.

„Ich rede hie vill, vnd laß mich villeicht ynn gefar.
Ich kun seiner aber nit achten, warhait ist warhait. Wenn
ich vnd meins gleichen würden schweygen, so werden doch
die zain des göttlichen Zorns gar bald ausschreien. Wy
mag es verschwygen bleiben, das so ein König, Fürst oder
Landsherr yn seinen nöten, auch betreffend land vnd leut,
von seinen natürlichen vnterthanen gelt auffnimpt, vnd sol
ym schloß, pfleg, Dörffer oder gericht darumb verpfenden
vnd yerlichen gesuch darumb bezalen. „

„Es ist yetzt darzu komen yn der Christenhait gewon-
lich yn allen kongreichen vnd yn vil Fürstenthumen. So
du durch die Land wanderst, so frag weß ist die stadt, schloß
oder gegnet, vnd so du dy herschafft erkennest, frag weiter,
was mag es doch yerlich der herschaft yn yr kamergut
erraichen. Da wirstu gar oft hören, das man sagen wirt,
die herschaft hat nicht vil davon. Es ist versetzt vnd ver-

pfendt dem kauffman , dem edelman, auch zu zeiten den
pfaffen, vnd faisten München. Vnd also haben die herren
den titel, vnd yhre knecht vnd vnterthanen den nutze. „

„Ich waiß gar wol was ich hie sage, dan es befyndet
sich hie leider, das vil grosser mechtiger fürstenthum, des-
gleichen auch zu dieser zeit beschwerd seynd , das wo der
Fürst einen pfenning nerlich einnimpt, da nimpt darneben
ein wichtiger ertzwucherer zehen ein. Ich nenne denselben
landtverderber mit seinem namen nicht, er ist aber der
gantzen welt wol bekant. „

„Es haben sich die wuchersüchtigen yn grossem ge-
schray erhebt, vnd schämen sich nit so vnhöflich zu lügen,
das sie sagen, wir leren hie zu Eisenach, Man sol nie-
mants nicht meer bezalen, auch kain erbzins raychen. Den-
selben hab ich nit groß neu zu antworten. Sie werden
yhre vnd-cristenliche lügen klerlich anschauen, so sie diß
büchlein lesen biß an das ende. Es ist freylich niemants
so ainfeltig, der mein predigen gehört hat, vnd diß büchlein
lesen wirdt, der nit verstehe, was wucher zinß oder erbzinß
sey, so ich doch so offt mit lauterm verstand den wucher-
handel entdecket hab. „

Ich hab hie geleret yn dem namen vnsers lieben herrn
J. C. man sol yedermann geben was man göttlich vnd
redlich schuldig ist. Wucherzinß williglich vnd ohne gezwang
auch on bruderliche vermanung vnd protestation des vnpil-
ligen anforderers zu geben, ist wider Got, vnd das gantz
christenlich wesen, das allain im glauben vnd bruderlicher
liebe fruchtba rlich würckt. Vnd so ich solchs auß Christenli-
cher pflicht getrewlich geleret habe, so schreyen die vnverscham-
ten Lugener , vnd sullen allen menschen die eren an vnd

sagen:

sagen : Jch hab verbotten alle zinß vnd bezalung. Das
sich Gott vber die elenden lügener wolle erbarmen, vnd
gebe yhnen die warhait zu erkennen.

„Wiltu rumoren toben vnd wüten, schlahen stürmen
vnd würgen, vnd also vermuten, das Euangelium eynzu-
füren, so weren die mörder vnd Kriegsgurgeln die ge-
schicktesten Aposteln vnd die krefftigsten predyger, wenn hie
das blutvergiessen schwert Cayn des ersten mördero ver-
standen solt werden.„

„Darumb laß pfaffen vnd münnich faren, auch beküm-
mer dich nichts vmb yren anhang, sterck sie nur nicht yn
jrer boßhait, vnd thu yhnen kainen furschub mit einiger
zeitlicher hülff. Bistu yhnen aber etwas zu thun, als die
erbzinß vnd dergleichen, so bezal nach allem deinem ver-
mögen, vnd gib yhnen kain vrsach zu gots lesterung vnd
seines hailigen worttes. Laß dich auch nichts yrren, daß
sie derselben erbzinß wir recht besitzer seind gewesen. Sey
du nicht dein selbs aigner richter, dan es gehört Kunigen
vnd Landsfürsten zu, so sie wollen gutt Christen seyn, das
sie der pfaffheit vnd der Müncheyt yn yre vberflüssige
reichtumb greyffen, vnd dieselbigen güter, die pfaffen vnd
mönnich mit yhrer erlognen scheynenden heyligkeit Köni-
gen, fürsten vnd herren, auch dem gemeynen man abge-
wendet haben, widerumb zu yren henden nemen, vnd den
rechten erben zustellen. Auch den gemeynen nutz damit
fordern, vnd wo die rechten erben nicht vorhanden, mit sol-
lichen vnschetzlichen reichtumm arme leut yhre vnterthanen
trösten, vnd vnterhalten, vnd yhre königreich vnd Fürsten-
tumb schützen vnd steuern.

C 5   XV.

XV.

Ain schöne liepliche Vnnderricht, zu bedencken vnnd empfahenn den kostbarlichen hayligsten leib Christi vnd sein roßenfarbes plut zu nyessen, 1524. 8. 2 B.

Gegen das Ende befindet sich noch Vnderricht wie sich der fromme Christ bey dem Messen wenn er sich nicht mit guttem fug daruon absündern kan, halten soll, daß er sich nicht versündige.

XVI.

Aufftrur, Zwitracht vnd Vneinigkeyt zwischen woren Euangelischen Christen fürzukomen kurtz auch vnüberwintlich leer, Einem jeden erkenner Gottes, besunder Allen frommen Christlichen Fürsten vnd Landsherren notturfftig vor ergangner auffruhr. Etlichen großmechtigen Herren geprediget vnd auß ansinnen frommer Christen (wie nach folgt) in truck bracht. D. Jac. Strauß Jesu Christi vnd aller Christen diener. 1525. 4. 3 B.

In der Verrede an alle fromme Christen schreibt er: Nachdem er bis in das dritte Jahr im Fürstenthum Thüringen den Christen Glauben geprediget, und schriftlich und mündlich ermahnet habe, so sey doch bey vielen Gottes Stimme unfruchtbar geblieben. Ob er sich gleich über dem Aergerniß bey der höllischen Aufruhr den Tod gewünscht, so hätten doch die wütenden Häubter und Ursacher aller Aufruhr ihr Laster ihm wider Gott und alle Wahrheit fälschlich aufgeladen, daher er ihrem unvermeidlichen Haß entwichen, und sich aus dem Land begeben. Aber ihr unsinnig Geschrey sey ihm zu rücken nachgeeilet, und in viele Land erschollen. Hiedurch bewogen hätte er diese Apologie geschrieben.

Große Herren und ihre Minister finden hierinn gute Lectionen.

XVII.

XVII.

Wider den vnmilten Jrrthum Maister Vlrichs Zwinglins, So er verneunet die wahrhaffte gegenwirtigkait deß allerheiligsten Leybs vnd bluts Christi im Sacrament. D. Jac. Strauß — ablenung vnd erklärung — im jar 1526 mense Iunii Marggraffen Baden. am Ende vnterschreibt er sich: Jesu Christi Diener, prediger zu Baden in 4. 4B.

Strauß meldet hierinn, daß er schon vor einem halben Jahr die Kirche vor diesem Jrrthum schriftlich habe warnen wollen, aber andere hätten ihm noch abgerathen, weil sie glaubten, die Sacramentirer würden selbst widerruffen. Einige der neuen Propheten hätten ihn auch gebeten, nichts wider sie zu schreiben. Allein da sie ihr Gift in lateinischen und deutschen Schriften ausbreiten, so könne er zum Besten des Fürstenthums Baden, da er ein Lehrer des Evangeliums sey, nicht länger schweigen. Die Obrigkeit habe zwar verboten, der Gegner Schriften feil zu haben, aber dem vngeachtet hätte er erst vor kurzem am Markt zu Baden ein neuaußgegangenes büchlein des Zwinglins gesehen — — Wider diese Schrift Straußens erschien

Antwurt Huldrichen Zwinglins vber Doctor Straußen büchlin wider jnn geschriben das Nachtmal Christi betreffende. s. l. et a. 8 Bögen.

XVIII.

Das der war leyb Christi vnd seyn heiliges blut im Sacrament gegenwertig sey, richtige erklerung auff das new büchleyn D. Johannes Haußscheyn, diesem zuwider außgangen. Jesu Christi vnd aller glaubigen diener Jacobus Strauß zu Markgraff Baden, 1527. 4. 10 Bögen.

Diese Streitschriften Straußens vom Abendmal müssen sehr selten seyn, da selbst Löscher in Historia motuum derselben nicht gedenket. In dieser letztern Schrift wider den Haußschein oder Oecolampadium sagt Strauß, Oecolam-

pabit

cf. Panz. I, 453. padii Fürfechter, Johann Schnöwill habe wider ihn etwas geschrieben, darinn er nichts thue, denn schelten, schänden, spotten, dräuen. Die Schrift aber kunnte ich nirgends ausfindig machen; und eben so wenig kenne ich derselben Verfasser. Eine andere Schrift von ihm, da er sich seiner gnedigen Herrn von Straßburg armen vnterthenigen Burger nennt, ist mir blos aus Hirschens Millen. I. n. 468 mit dieser Aufschrift bekannt:

> Der blinden Führer bin ich genennt dem der sich selbst
>   blind erkennt.
> Wer blind ist wils nit verston, der mag mein wol
>   müßig gon.
> Ausgang der ding die Witz nimm wahr, Vrsach des
>   Buchs am End erfahr.

von Johann Schnöwyl, s. l. 1526. 4.

Da Strauß vom J. 1522 an so fleissig geschrieben, und nach dem Jahr 1527 keine Schrift von ihm mehr aufzufinden ist, so ist es sehr wahrscheinlich, daß er vielleicht um diese Zeit den Weg alles Fleisches gegangen ist.

Ehe ich diese Nachricht beschliese, so bemerke ich noch, daß auch Bernhard Lutzenburg in seinem seltenen Catalogo Hereticorum, der Ausgabe vom J. 1526. in 8. des Straussens also gedenket.

Iacobus Strauß, doctor lutheranus, qui prius hallis apud oenum, et in werthen apud moginum (ohne Zweifel Wertheim am Mayn, s. oben S. 4.) lutheranam et seditiosam doctrinam disseminauerat, et nouissime ad Isenachum thuringie, per cuius conciones et falsas literas presbiteri et monachi et moniales expulsi sunt. Et hunc Iacobum duces saxonie et philippus lantgrauius hassie et Erichius dux Bruynsuicensis ceperunt, cum essent in expeditione contra ysenacenses.

II.

II.

Von dem Streit

der

Nürnbergischen Pröbste

mit dem

Bischof zu Bamberg

im Jahr 1524.

II.

Von dem Streit der Nürnbergischen Pröbste mit dem Bischof zu Bamberg im J. 1524.

Die Stadt Nürnberg ist sehr frühzeitig *) zur Erkenntnis der Evangelischen Wahrheit gekommen. Aber auch hier gieng es, wie an andern Orten langsam zu, und nur nach und nach wurden die in den finstern Zeiten in die Kirche und Lehre sich eingeschlichenen Fehler, Irrthümer und Mis-

---

*) Beweise hievon habe ich in der zwoten Sammlung dieser Miscellaneen S. 9. gegeben. Hier liefere ich einen neuen, der augenscheinlich zeigt, wie wenig man mit den päbstlichen Ablässen in Nürnberg zufrieden gewesen sey, und daß man sie schon vor Luthern für eine Verführung des gemeinen Volks gehalten habe.

Burgermeister vund Rat zu Nürmberg.

Vnser Freundschafft zuvor lieber Grolandt. Dise tag sind etliche Walhen die sich für gesätzte Commissarier bäbstlicher heyligkait angeben, vund begert haben Sy mit Iren Ablas zum Spital zw Rom darumb sy aufgefertigt sein In vnser Stadt zuzelassen bey vns erschinen. Als wir vns aber zu den Bullen darynn solcher Ablas vnd Ir habender gewalt bestimbt erschawt haben wir mer dann In ainem Artickel allerlay mangels, vnd darzu dieselben Articckel zum tayl aneinander widerwertig vnd also befunden, das wir solch furnemen mer für ain verfürung des gemainen ainfeltigen Volcks dann ainiche genießliche fürderung jrer selen achten vnd halten. Darumb wir auch den angezaigten Ablas, wo wir das füglich thun möchten, gern verhindern wolten. Dieweyl wir dañ bericht sein, das die

Misbräuche eingesehen, abgestellt, und mit bessern, dem Geist des Christenthums angemesseneren, und die Erbauung befördernden Vorschriften verwechselt.   Man gieng auch selbst schon bey besserer Erkenntnis in dieser wichtigen Sache, als die Reformation war, sehr behutsam zu Werk. Man wolte die erkannte Lehre niemand aufdringen. Voreiliges Verfahren, besonders in Gewissenssachen, wäre mehr sträflich als löblich gewesen.   Man fürchtete sich auch noch damals theils vor dem Bischof zu Bamberg, in dessen geist-lichem

die gemelten Anwälde hievor zu Augspurg gleicherweise erschinen, vnd mit jrem fürnemen vnd gesynnen, So sy an die von Augspurg vmb zulassung angezaigts Ablas gethan, von den kayserlichen Reten abgewysen seyen, So ist vnser begern dir befelhend, das du dich solcher handlung vnd wie es damit allenthalb ergangen vnd gestalt sey, bey Jheronymus Imhof erkundigst, vnd wo du des also, wie es durch bericht an vns komen ist, grundt erfindest, Alßdan bey den kayserlichen Reten arbaytest, vmb zwo schrifften, aine an vns, vnd die andere an die gesatzten vnd verordneten Babstlicher hayligkait Comissarien vnd Anwald berurts Ablas darynn vns gepotten werd, den Ablas bey vns nit zu-zulassen, vnd jnen solchs Ablas nit auffzurichten, Mit anzaig der vrsachen damit die kayserlichen Rete Inen zu Augspurg angezaigten Ablas abgelaint haben, vnd vns alßdan solche schrifften zum fürderlichsten das ymer müglich dieweyl die harr hierynn nachtaylich ist, zuzuschicken.   Daran thustu vnser maynung vnd gut gefallen, jnn freundschafft gegen dir zu bedencken. Datum Pfintztag nach dem Sontag Reminiscere Anno rc. xvj.

Auffschrift: Dem Erbern vnserm Ratsfreundt
Leenhardten Grolandt.

lichem Sprengel Nürnberg lag , theils vor dem Kaiser Carl V. selbst , der dem Pabst zu Gefallen Luthern und dessen Anhänger in den Bann that , und dessen Ungnade man sich nicht zuziehen wolte.

Doch dem allen ungeachtet brach auch in dieser Stadt das Licht des Evangelii durch , und alle Bemühungen der Gegner , die Catholische Religion in einer so reichen und mächtigen Stadt aufrecht zu erhalten , blieben fruchtlos. Ich übergehe aber hier die ersten Bewegungen , welche die Reformation in Nürnberg verursachte , und rede blos von den unerschrockenen Unternehmungen der beeden Pröbste bey St. Sebald und Lorenzen und des Augustiner Priors , welche sie ohne Vorwissen ihres Bischofs zu Bamberg vorgenommen , und mit ihm hierüber in Streit geriethen.

Die in dieser Sache im Druck erschienenen Schriften sind äusserst selten , auch bey uns in Nürnberg. Daher will ich diese Denkmäler , die allerdings verdienen , daß man für derselben Aufbewahrung alle Sorge trägt , den dankbaren Nachkommen zum Besten , ehe sie ganz verlohren gehen , hier zugleich abdrucken lassen , da sie ohnedem nicht weitläuftig sind , und zu besserm Verstand derselben eine kleine Erleuterung beyfügen.

Der damalige Probst bey St. Sebald hieß Georg Beyler (oder Peßler) aus einer adelichen bey uns noch blühenden Familie. Er war zugleich beider Rechten Doctor , und wurde nicht 1516 , wie es im Nürnb. Gelehrten Lexico hieß , sondern 1521 an Melchior Pfinzings Stelle Probst bey St. Sebald. Resignirte seine Probstey im Merz 1533 gegen ein jährliches Gehalt von 300 Gulden , heurathete ,

Lit. Miscell. 3. Samml.   D   wurde

wurde kleinmüthig, starb endlich 1536 und wurde den 22 August in der alten Pfarr Poppenreuth begraben.

Der Probst bey St. Lorenzen war Hector Pömer aus einer gleichfalls noch blühenden patricischen Familie. Studirte zu Heidelberg und Wittenberg, ward daselbst der Rechten Doctor, und Probst zu Nürnberg an statt des verstorbenen Georg Behaims 1521. Er starb 1541 im 46sten Jahr seines Alters.

Der Prior bey den Augustinern, der sich mit den beeden Pröbsten bey vorgenommener Reformation vereinigte, war Wolfgang Volprecht aus Sachsen gebürtig. Er zog 1525 nebst allen seinen Mönchen die Kutte aus, übergab sein Kloster dem Magistrat und starb bald darauf 1528.

Diese vortreflichen Männer waren nun besonders die gesegneten Werkzeuge der zu Nürnberg muthig vorgenommenen und glücklich hinausgeführten Kirchenverbesserung. Schon vom Jahr 1522 fiengen sie an sich die reine Verkündigung des göttlichen Worts ernstlich angelegen seyn zu lassen, wozu vorzüglich der berühmte Andreas Osiander, der in diesem Jahr vom Probst Pömer zum Prediger bey St. Lorenzen bestellet wurde, sehr vieles beygetragen, und vielleicht auch die in diesem Streit herausgekommenen Schriften verfertiget hat.

Im Jahr 1523 gieng man schon merklich weiter. Gegen die Charwoche wurden nemlich die beeden Pröbste durch eine Schrift im Namen ihrer Gemeine ersucht, ihr das heilige Abendmal unter zweyerley Gestalt nach der Einsetzung des Stifters in bevorstehender heiliger Zeit zu reichen. Da sie dieses nicht ohne Vorwissen des Raths thun wolten, so liesen sie dieß Begehren an denselben gelangen. Al-

lein dieser ertheilte ihnen zur Antwort; Es möchte dieß
Begehren von Bürgern herrühren, die noch nicht recht im
Glauben unterrichtet wären, oder wol gar aus Vorwitz
und andern unlautern Ursachen: es könnte auch die Will-
fahrung hierin wol mehr zu einer Zerrüttung und Erweckung
allerley Widerwillens, als zu einer christlichen Einigkeit ge-
reichen.   Da nun der Rath sich schuldig erkenne, Aufruhr
nebst andern Zerrüttungen und Beschwehrungen bey den
ihrigen so viel möglich zu verhüten, auch diese Verände-
rung etlichen Churfürsten und Ständen des Reichs, auch
dem Kayserlichen Regiment und Cammergericht, das noch
in der Stadt wäre, entgegen und zuwider seyn würde, so sey
ihr gütliches Ermahnen an beede Pröbste, noch zur Zeit
diese Neuerung zu unterlassen, und das Volk dahin anzu-
weisen, sich nach der hergebrachten christlichen Gewohnheit
zu richten.   Sie könnten auch überdieß solches Begehren
ihrer Gemeine an den Bischof zu Bamberg, als ihren Or-
dinarium, gelangen lassen, und was ihnen daselbst zur Ant-
wort hierauf ertheilt würde, möchten sie dem Rath wieder
anzeigen.

Allein man kan leicht erachten, daß sie von daher we-
nig Trost erhielten.   Die Antwort war, sie solten schlech-
terdings keine Aenderung und Neuerung vornehmen, und
auf ein künftiges Concilium warten.   Mit diesem Bescheid
waren nun weder sie noch die Gemeine, die die Schriften
Lutheri und anderer Reformatoren fleißig las, und manchen
Greuel des Pabstthums einsah, zufrieden.   Sie glaubten,
in dieser Sache Gott mehr, als Menschen Gehorsam schul-
dig zu seyn.

D 2

Selbst

Selbst der Rath befahl, weil der Ablaß für eine lautere unchristliche Verführung der Menschen anzusehen sey, die Fasten über keine Ablaßfahne aufzurichten, das Passionsspiel am Charfreitag und in der Ostermetten, weil es ein Affenspiel, abzustellen, mit dem Palmesel nicht mehr in der Stadt herumzuziehen, und die Weihung des Weins am Johannis Tag, als eine Gelegenheit zu vieler Unzucht, zu unterlassen.

Im Jahr 1524 kam die Reformation großentheils zu Stande. Da die gemeldeten ersten Reformatoren gar wohl einsahen, daß sich's mit dem Concilio noch lange verziehen möchte, so haben sie selbst für sich verschiedene Kirchenveränderungen, wozu sie sich ihrem Gewissen nach verpflichtet hielten, vorgenommen.

Wolfgang Volprecht, Prior des Augustiner Klosters, machte hiezu den Anfang in der Charwoche. Er schafte in seiner Klosterkirche die Messe ab, fieng an, deutsch zu singen und zu lesen, und reichte den Layen bey der Austheilung des h. Abendmals den Kelch. Ich will diese Sache Spalatinum erzählen lassen, der in seinem Diario, welches zuerst der seel. Schelhorn im vierten Band seiner Amoenit. litter. bekannt gemacht hat, beim J. 1524 p. 413 folgendes schreibt: Augustiniani Nurmbergenses die resurrectionis dominicae, ut mihi Prior eorum Volfgangus Vulprechtus scripsit, ultra 3000 homines toto sacramento communicauerunt, utcunque frenent Iu Ferdinando, Episcopis, Cardinale Legato, Pharisaeis. Ex Ferdinandi aulicis plus minus 30 uel 40 et ipsi totum sacramentum ab Augustinianis acceperunt. Nurmbergae mandatum emissum. Palmae non consecratae. Crucifixi effigies sepulchro non est imposita. Nec positum sepulchrum.

Ne-

Neque azyma neque ignes confecrati. Sed ne afinus quidem palmarius circumuectus et Nurmbergae, quamuis Episcopo Bambergenfi ut loci ordinario iubente, ut nihil antiquae confuetudinis contemneretur. Nonnulli etiam ex Regimine imperiali fub utraque fpecie communicauerunt. Euangeliftae Nurmbergenfes multo fortius pro corcione detonant praefentibus quam abfentibus Papae creaturis, Legato Cardinale Campegio, Io. Fabro Conftant. Io. Eccio, Cocleo.

Minoritanus concionator Nurmbergae Senatus autoritate iuffus eft tacere pofthac, ut aufus in Quadragefima praedicare Chriftum pro originali et auctualibus tantum ante fe patratis paffum. Nam peccata poft paffionem Chrifti facta bonis operibus noftris redimenda effe. Item, confeffionem auricularem ab Apoftolis inftitutam effe.

Nihil promouit Legatus Senatui de Euangeliftis conqueftus.

Reliquias fuas Nurmbergenfes non amplius ut hactenus oftentabunt. Dominicus Sleupnerus Euangelifta Sebaldinus Nurmbergae ad me fcribens addidit: ex Coenobio Huffitarum S. Auguftini.

Eben fo muthig, alß biefer Auguftiner Prior, bezeigten fich auch die beeden Pröbfte in den Pfarrfirchen, Georg Beßler und Hector Pömer. Diefe haben nemlich an Pfingften Aenderung mit der Meffe vorgenommen, den Canonem außgelaffen, die Seelmeffen und Jahrtäge der Verftorbenen nebft dem Salue Regina *) abgefchaft, das geweihte Waf

D 3 fer

*) Der ganze Gefang deffen Verfaffer Hermannus Contractus feyn foll, lautete alfo: Salue Regina, Mater mifericordiae, uita, dulcedo et fpes noftra, falue. Ad te clamamus exules filii Euae. Ad te fufpiramus gementes

ſer und Salz ausgemuſtert, und die Metten und Complet
unterlaſſen. Man hat auch auſſerdem manche Feſte der Hei-
ligen aufgehoben, und angefangen die Kinder deutſch zu
taufen, **) und bey dem Gottesdienſte das Evangelium
Mat-

mentes et flentes, in hac lacrymarum ualle. Eia ergo,
Aduocata noſtra, illos tuos miſericordes oculos ad
nos conuerte, et Ieſum, benedictum fructum uentris
tui, nobis poſt hoc exilium oſtende. o clemens, o pia,
o dulcis uirgo Maria. Sebald Heyden, Rector an der
Sebalder Schule in Nürnberg, brachte ihn in eine an-
dere Form, und richtete ihn auf Chriſtum. Dieſe Ver-
änderung lautet alſo: Salue Ieſu Chriſte, Rex Miſe-
ricordiae: Vita, dulcedo et ſpes noſtra, ſalue: Ad te
clamamus exules filii Heuae. Ad te ſuſpiramus ge-
mentes et flentes ex hac miſeriarum ualle. Eia ergo
Mediator noſter, illos tuos miſericordes oculos ad
nos conuerte. O Ieſu benedicte, faciem Patris tui
nobis poſt hoc exilium oſtende. O clemens, o pie, o
dulcis Ieſu Chriſte! Die Gründe zu dieſer Verände-
rung und die Vertheidigung gegen ſeine Gegner findet
man in folgender ſehr ſeltenen Schrift Heydens: Ad-
uerſus hypocritas calumniatores ſuper falſo ſibi inu-
ſtam haereſos notam de inuerſa cantilena, quae ſalue
regina incipit, Sebaldi Heiden defenſio. am Ende:
Norenb. ap. Io. Perreium 1524. 8. 3 B. Zeltner im
Leben Heydens führt dieſe nemliche Schrift, aber eine
andere Ausgabe mit einem veränderten Titel an, daher
im Nbgl. Gel. Lexico Th. II. S. 117. zwey Schriften
hieraus gemacht werden.

**) Dieſe deutſche Taufformel erſchien mit dieſer Auf-
ſchrift: Ordnung wie man Tauffet, bißher im Latein
gehalten, verteutſcht. Hierin iſt, auß etlichen urſa-
chen, was die andern, als überflüſſig, veracht haben,

Matthäi und die Epistel an die Römer in deutscher Spra-
che zu lesen.

Ob nun wol der Rath, bis auf einige wenige Glie-
der, mit den vorgenommenen Veränderungen gar wol zu-
frieden war, auch einige derselben selbst befohlen hatte, so
hat derselbe dem ungeachtet aus guten Gründen für nöthig
gehalten, einige aus ihren Mitteln an die Pröbste abzuschi-
cken, und sie zu befragen, warum sie ohne ihr Vorwissen
mit den Ceremonien in der Kirche eine Aenderung vorgenom-
men hätten? Sie trügen aus vielen erheblichen Ursachen,
sonderlich in Ansehung des kayserlichen Mandats, das ihnen
zugekommen, keinen Gefallen daran, daß sie damit so sehr
geeilet. Es wäre auch zu besorgen, diese Veränderung, die
ausser Wittenberg sonst noch an keinem Ort vorgenommen
werden, möchte der Stadt bey dem Kayser zu grossem Nach-
theil gereichen.   Ueberdieß wären unter den abgeschaften
Dingen manche, daran der Menschen Seeligkeit nichts ge-
legen, sie geschähen gleich oder nicht. Es wäre daher ihre
Meinung, man solle einen Theil der abgestellten Ceremo-
nien wieder in den alten Stand richten, bis man sähe, wie
sich die Läuften in diesem Fall erzeigten. Unterdessen könn-
ten sie bey dem rechten Weg der Evangelischen Wahrheit be-
harren, unter der Meß die Episteln und Evangelia deutsch
lesen, und das Abendmal unter zweyerley Gestalt reichen.
Allein die Pröbste, die gar wol wusten, daß dieser Befehl
nicht ganz ernstlich sey, erklärten sich, daß sie des Raths

D 4

Be-

nicht ausgelassen. Andreas Osiander. Nürnberg 1524.
in 4. 2 Bögen. Ohne die geringste Aenderung wurde
sie wieder aufgelegt 1529. Der Exorcismen hierinn
sind viele, und äusserst grob und anstössig.

Begehren dermalen nicht folgen könnten, weil sie wider ihr Gewissen handeln würden. Dadurch wurde der Rath veranlasset, bey so bedenklichen Umständen eine eigene Botschaft abzuschicken, und bey dem Erzherzog Ferdinand und dem Kayserlichen Regiment zu Eßlingen Entschuldigung zu thun, andern ungleichen Berichten vorzubauen.

So gut sind aber diese muthigen Reformatoren bey dem Bischof zu Bamberg nicht davon gekommen, der sie auf den 12 September dieses 1524sten Jahrs nach Bamberg citirt hat. Sie hatten Freudigkeit genug, auf den bestimmten Tag mit Beystand einer ziemlichen Anzahl Nürnbergischer Bürger zu erscheinen. Sie wurden daselbst von Paul Neidecker, Procuratore fisci angeklagt, und sie solten um ihre Uebelthat und Uebertretung nach vermög der Rechten gestraffet werden. Dagegen protestirten die Pröbste und der Prior, daß sie den Bischof zu Bamberg in dieser Sache, welche die Gemeine zu Nürnberg mehr, als ihre Person betrafe, für keinen Richter erkennen, zumal weil er selbst in dieser Sache begriffen wäre. Sie wolten auch allein die heilige Schrift in ihrem rechten Verstand zum Richter annehmen und leiden. Darauf wurden ihnen 16 Fragen vorgehalten, auf welche sie unerschrocken ohne Zurückhaltung antworteten, sich auch erboten, ihrer vorgenommenen Aenderung wegen schriftliche Rechenschaft zu geben, wie sie denn solches gegen iedermann zu thun sich schuldig erkenneten.

Diese Fragen und Antworten sind von ihnen in den Druck gegeben worden. Da diese kleine Schrift nur aus 3 Quartblättern besteht und äusserst selten ist, so will ich sie

zur

zur beſſern Erleuterung dieſer Streitigkeit hier ganz ab,
drucken laſſen. Die Aufſchrift derſelben iſt folgende:

Die Artickel, ſo Biſchoff von Bamberg die zween
Bröbſt vnd den Prior Auguſtiner ordens zu
Nürmberg, gefragt, als ſie von jm citirt ſeyn
worden, Vnd der Bröbſt vnd Priors ant,
wort. 12. Septembris 1524. jar, in Bamberg.

Allhie werden verzeychnet die Artickel, ſo Biſchoff von Bam,
berg gefragt hatt die zween Bröbſt vnd den Prior Au,
guſtiner Ordens, zu Nürmberg, als ſie von jm citirt
ſeyn worden, vnd der Bröbſt vnd Priors antwort.

Erſtlich, ob ſie alle artickel des heyligen Chriſtlichen glau,
bens bekennen vnnd glauben.

Antwort, Ja wir glauben alle artickel des Chriſtlichen
glaubens.

2 Item, ob ſie ſeelſorger ſeyn, jr vnnd ander pfarkirchen,
vnd ob ſie die perſonlich verweſen, vnd die ſacrament
reychen, durch ſie oder jre mithelffer.

Antwort, Wir ſeyn regirn vnſere kirchen, Reychen
auch ſelber die ſacrament ſampt vnſern mithelffern.

3 Item, ob ſie allen layen das heilig ſacrament beyde leybs
vnd bluts Chriſti reychen, oder dar reychen laſſen.

Antwort, Alle die es begeren, reychen wir das gantz
Sacrament, wie es Chriſtus verordnet hatt, vnd
das vnſer conſcientz auch alſo beuolhen hat zu
reychen.

4 Item, ob ſie auch die, ſo das Sacrament empfahen, alſo
ver vermanet werden, zu der Peycht vnd Rewe aller
ſünd.

Antwort, Niemandt vermanen wir zu der oren peycht
ſondern laſſen eyn Chriſtliche vermanung thun
vnſere mithelffer vor der empfahung der Sacra,
ment, vnangeſehen, ob eyner die oren peycht
thue, oder nicht.

D 5   5 Item,

5 Item, warumb sie den langen hergehaltenen brauch be
Meß verwandelt haben, vnd das Euangelion vn
Epiſtel Teutſch leſen laſſen.

Antwort, Wir laſſen auch das Euangelion vnnd Epiſte
Teutſch leſen (der prior) Vnd ich die Meß ga
Teutſch, damit es die vmbſtehenden mügen verſtehen.

6. Item, Warumb ſie die kinder Teutſch tauffen, vnd vn
terlaſſen den hergeprachten prauch der kirchen.

Antwort, die kinder tauffen wir in vnſer ſprach, vnd
haben noch bißher keyn alten prauch außgelaſſen.

7 Item, ob ſie durch ſich oder jr verweſer die leut vnter
weyſen, das eyner das ſacrament der ölung nicht ſol
reychen.

Antwort, die krancken welche die ölung begeren, den
haben wirs laſſen reychen, haben weder gepoten
noch verpoten.

8 Item, ob ſie verpoten haben, Vigilg, Seelmeß, Jartág,
von den verſtorbenen zu halten, oder zu verpieten ver
günth haben.

Antwort, Keyn vigillg, ſeelmeß halten wir gar nicht
meher, vnd ob eyner ſoliches begert, vnd haben
wolt, wollten wirß nicht geſtatten.

9. Item, ob ſie hochzeyt eynleytten, die im rechten verpoten,
vnd ob ſie die ſcheyden auß eygner gewalt.

Antwort, Was von Gott verbotten, am dritten Buch
Moſi, leytten wir nicht eyn, Aber was von Men
ſchen verpoten iſt, ſcheyden wir gar nicht, ſon
dern leyttens allzeyt eyn, wenn ſie es begeren,
Auch keyn rechte ehe ſcheyden wir nicht, dann was
Gott zuſammen gefügt hat, mag keyn menſch
ſcheyden.

10 Item, Ob ſie die tagzeyt beten nach Bamberger
biſtumb.

Antwort, wir betten nicht nach biſchofflicher ordnung,
ſondern nach vnſers hertzens andacht.

11. Item,

11 Item, ob sie die feyertag vnd fasttag der heyligen ver-
pieten zu fasten vnd feyern nach alter gewonheyt.

Antwort, Am sontag lassen wir die tag verkündigen,
aber nit gepieten, lassen auch eyn yetlichen feyern,
vnd essen, was wir haben, mit vnderscheyd.

12 Item, ob sie glauben eynem Concilo, das doch rechtlich
versamlet würd, zuuor in den dingen, die den glauben
antreffen, vnd den verstand heyliger schrifft, dem
man dann schuldig mag gehorsam zu seyn.

Antwort, So eyn gantz Concilium nach lauth des ey-
nigen vnd lauttern wort Gottes etwas den Christ-
lichen glauben antreffend, beschleust, vernemen
wir zu halten, das wir dem wort Gottes mehr
gehorsam denn den menschen schuldig seyn. So
sie aber verpieten, das wider die heylige schrifft ist,
soll man jn gar nicht gehorsam seyn.

13 Item, ob sie nach ordnung der kirchen zu briester ge-
weyhet worden seyn.

Antwort, Nach ordnung der kirchen seyn wir zu brie-
ster geweyhet, Prior sagt, Leyder Got erbarms.

14 Item, ob sie sich erkennen vntter des Bischoffs juris-
diction zu seyn.

Antwort, Wir haben keyn herrn, dann Gott alleyn,
Aber vmb des willen seyn wir aller creatur vn-
terworffen, also dem nach das vns auch entgegen
dem wort Gottes wirt oder wider vnser gewissen.

15 Item, warumb sie abziehen von dem alten brauch der
Kirchen, vnd seyner Genaden ermanung der weyhe im
Zeychen verheyssen haben.

Antwort, Wir bekennen, das wir Ewer Genaden ge-
horsam zu seyn, in annemung der weyhe verheyssen
haben, aber das wir bezeugen durch das wort
Gottes, das vns anders bewtt vnd thun heysset.

16 Item

16 Item, ob sie nichts vor der veränderung oder wandlung
solcher bräuch der kirchen seyner Genaden bewilligung
begert haben.

Antwort, Wir haben ewer Genaden zuvor der wand-
lung ersucht, insonderheyt von wegen der rey-
chung der gantzen Sacrament, wie auch die brieff
so ewern Genaden zugeschickt, anzeygen, auff solche
Ewer Genad geantwort, wir sollen nichts wan-
deln, biß zu eynem zukünfftigen Concilion, die-
weyl aber solliches Concilium noch unerhalten,
vileycht noch in weytern verzug sich erstreckt, ha-
ben wir die alten gebräuch der kirchen verwandelt,
und dieselbigen nach dem wort Gottes gericht,
dann man Got mer schuldig ist gehorsam zu seyn,
dann den menschen.

* * *

Hierauf wurde ein anderer Termin auf den 19 Sep-
tember angesetzt. Allein da die Pröbste und der Prior zum
voraus sahen, daß sie sich vor einem solchen Gericht nichts
günstiges versprechen könnten, so unterliesen sie in eigener
Person zu erscheinen, und schickten blos in ihrem Namen
einen Anwald, der ohne Zweifel Andreas Osiander war.
Dieß sagt der verkappte Christian Erdtmann in seinem ra-
ren Buche: Norimberga in flore zuitae romano - catholi-
cae religionis p. 40. neben am Rande: Dieser Anwaldt ist
gewesen der ehrlich Vogel Andreas Osiander. Dieß
nemliche wiederholt er in einer andern seltenen Schrift:
Relatio historico - paraenetica de SS. S. R. I. reliquiis et
ornamentis Norimbergae asseruatis p. 45. und nennt ihn ra-
bulam loquacem. Ich weiß zwar wol, daß dieses der in
der Nürnbergischen Geschichte sehr bewanderte Rathschrei-
ber Johann Müllner (in des seel. D. Riederers nützlichen

und

und angenehmen Abhandlungen aus der Kirchen-Bücher-und
Gelehrten-Geschichte S. 176.) mit diesen Worten, doch ohne
Gegenbeweis zu füren, läugnet: So ist auch nicht wahr,
daß Andreas Osiander als ein Procurator oder Ra-
bula gegen den Bischoff zu Bamberg gebraucht wor-
den. Allein die Worte Joachim Camerarius, der bald nach
dieser Zeit als Lehrer an das Gymnasium nach Nürnberg kam,
und dieses am besten wissen konnte, machen doch die Aussage
Erdmanns wahrscheinlich. Er sagt nemlich in der neuesten
Ausgabe des Lebens Melanchthons p. 285 von Osiander:
Consecutus fuerat autoritatem primis contentionibus de re-
ligione, cum monachis iam corruentes superstitiones reti-
nere cupientibus uehementer restitisset, et coram Antistite
Pabergensi de illis controuersiis copiose cum plurimorum
admiratione et applausu disputasset.

Dieser Anwald nun, er sey Osiander oder ein anderer
gewesen, wiederholte die bereits von den Pröbsten einge-
wandte Protestation, daß der Bischoff in dieser Sache nicht
Richter seyn könne, bat, daß man sie entweder aus der h.
Schrift eines Irrthums überführen, oder von ihnen Grund
und Ursache aus der Schrift annehmen, und wider sie als
Unschuldige keinen Sentenz fällen möge. Allein man predigte
tauben Ohren. Dem allen ungeachtet aber hat der Bischof
in Beyseyn des Anwaldes eine Schrift angefangen zu lesen,
aus deren Narration und Eingang derselbe gleich vermer-
ket, daß sie wider Gottes Wort und sie, als dessen Diener,
sey. Er wolte daher keinen unrechtlichen Sentenz erwar-
ten, interrumpirte denselben, und appellirte unerwartet
des Urtheils vor Notarien und Zeugen in ihrem Namen
mit lebendiger Stimme alsobald auf ein künftiges freyes
christliches gottseeliges Concilium. Weil

Weil nun auch hierauf die Pröbste und der Prior durch das Gerüchte vernahmen, daß gleichwol der Bischof wider sie einen vermeinten Sentenz ausgehen zu lassen und zu vollziehen sich unterstanden, so haben sie aufs neue vor dem Notario und Zeugen appellirt, ein Notariatsinstrument aufrichten, und noch dazu im Druck ausgehen lassen.

Beide sollen auch hier zur Vollständigkeit abgedruckt werden.

Appellation vnnd Beruffung der Pröbst vnnd des Augustiner Priors zu Nüremberg. M. D. XXIIII.

In Gottes namen Amen. Als man zalt nach Christi gepurt, Tausent, Fünff hundert vñ vierundzweyntzig iar, am Pfintztag, den Dreyzehendenn tag des Monats Octobers, in der Zwölfften Römer zal, im latein Indiction genant, Babstumbs des allerheyligisten in Gott vatters vnnd herrn, vnsers herrn Clementis, des namens der sibend, im Ersten iare, in mein hieundten geschriben Notarien vnnd der glaubwirdigen zeugen hernach benant gegenwürtigkeyt, Seind personlich erschinen, die Erwirdigen vñ Hochgelerten Herrũ, Georgius Beßler Sanct Sebalds, Hector Bemer, Sanct Laurentzen Pfarrkirchen zu Nüremberg verordnete Pröbste vnd Pfarrherrn, vñ der wirdig vatter Wolffgangus Volprecht, Sanct Augustins Closters daselbst Prior, hätten vñ hielten in iren henden ein papiren zedel, in willen vnnd meynung, ein Appellation, so sie, als sie vermeldeten, am Neünzehenden tag des Monats Septembers, durch iren Anwald zu Bamberg gethan, zuuollziehen, vnnd von nachuolgenden beschwerden, die mittler zeyt durchgeruch an sie komen seind, von newem zuappellieren, vnd

Apo:

Aposteln vnd abschidbrief zübegeren, vnd zübitten, nach
inhalt derselben zedel, die sie offenlich verlesen, vñ durch
bend gedachts herrn Georgen Beßlers Probsts Sanct Se-
balds mir überantworttenn, der laut von wort zu wert
hernachuolgt.

Nachdem das Göttlich, natürlich vnd menschlich Recht
zu trost vnnd schutz der vertruckten, zu rechtuertigung der
vngerechtigkeyt vñ vnwissenheyt der Richter, das mittel
der Appellation oder beruffung, von dem Vntern, zu dem
Obern heylsamlich erfunden, vñ eyngesetzt hat, auch in keins
vntern gewalt stehet, sölch beruffung züwehren, oder dem
Obern sein hand züsperren. Demnach erscheynen wir Ge-
orgius Beßler Sanct Sebalds, vñ Hector Bemer Sanct
Laurentzen Pfarrkirchen zu Nüremberg verordente Pröbst
vñ Pfarrherrn, der Rechten Doctores, Vnd ich Wolffgan-
gus Volprecht Prier des Closters Augustiner ordens da-
selbst, vor euch Notarien, als einer offenlichen glaubwir-
digen person, vnd den gegenwürtigen gezeugen, in willen
vnd meynung, die Appellation, so wir am Neunzehendñ
tag Septembers wie hernach vermeldet wirdet, durch vn-
sern Anwald zu Bamberg gethan, schrifftlich züuolziehen,
vñ von denselben, vñ hernachuolgenden beschwerungen, die
epther durch geruch an vns komen seind, von newem, so
viel die notturfft der sachenn vnnd vnser person halben er-
ordern wirdet, züappellieren, vnnd vns, wie sich ordenlich
vñ förmlich gebürt, züberuffen, Bringen für vnd sagen. Als
vir verschiener zeyt Christenlicher, gutter vnd schuldiger mey-
nung, zuuor aber, auß erforderung vñ zwanck vnsers be-
olhen hyrttenampts vnd gewissens, Darzu in krafft vnnd
ermög des heyligen Göttlichen worts, dem alle menschen
hochs

hochs vñ vnders stands on mittel vnterworffen, vñ g
horsam zületsten pflichtig seind, fürgenommen haben, eti
che vngeschickte gottlose mißpreuch in gewelten vnsern ki
chen, die zum teyl dem Göttlichen wort stracks entgege
vnd wider, zum teyl aber den Christglaubigen menschen, i
sonders vnsern Pfarrkindern, die vns auch zu sölchem vi
serm fürnemen nit wenig getrieben, vnd verursacht haber
gantz ergerlich gewest seind, zuendern vnnd abzüthun. De
halben wir auch von dem Hochwirdigen Fürsten vñ herrn
herrn Weyganden Bischouen zu Bamberg, vnserm gnedigen
herrn, durch ein offenliche versigelte Citation erfordert wo
den seind, vor seinen Fürstlichen Gnaden, auf einen erne
ten Termin, in eygnen personen, vnnd durch keinen vnser
Procuratorem oder Gewalthaber zuerscheynen, über das ti
geschriebñ Geystlichen vnnd Keyserlichen Rechts sölchs ve
pieten, vnd einem yeden rechtlich erforderten in bergle
chen fellen, durch einen Gewalthaber zuerscheynen, vñ zu
handeln zulassen. Als wir nun vor seinen Fürstlichen Gna
den, am Montag den zwölfften des Monats September
nechst verschienen persönlich, vnnd in beyseyn nit einer ge
ringer anzale etwouiel frommer Christenlicher vnd tapffe
rer personen auß vnsern Pfarrkindern, die der warhey
einen rechten grund vnnd bericht zuhaben begierig gewest
erschienen seind. Vnd einer, herr Paulus Neidecker ge
nant, als ein vermeynter angemaßter Anwald des Bischof
lichen geltkastens, oder gemeynen Fisci zu Bamberg, dar
für er sich angeben, wider vns geclagt, vnd in beschlu
sölcher seiner vermeynten vnförmlichen vñ gantz schimpffli
chen clagen begert hat, vns vmb vnsere vbelthat, vñ über
trettungen (also gab er jme namen) nach vermög der Rech

zůstraffen ꝛc. Haben wir dagegen vnserm gnedigen herrn
von Bamberg vntertenizlich angezeygt, das wir von wegen
der Kirchen oder gemeyn zu Nüremberg, so dise sach im
grund mehr deñ vns belanget, vnd als die Patroni dersel-
ben, des orts erschienen, Protestirten auch alßbald offenlich
das wir durch sölch vnser erscheynenn, sein Fürstlich Gnad,
für ein Richter diser sach)enn keins wegs annemen, in sei-
nen gerichtszwangk auch mit nichten bewilligen wolten, in
ansehung, das dieselb sach schwehrer, heyliger vnnd grösser
were, denn das yendert einem menschenn darüber zůurtey-
len zugelassen werden solt, dieweyl es nicht allein die men-
schen, sönder Gottes ehre vñ wort, (dem alle Christen men-
schen, wie oben gemelt vnterworffen, nit allein vns, sönder
die gantzen Nürembergischen gemeyn, die vns zu vnserm
fürnemen, darúmb wir Citirt vnd beclagt weren, durch das
Göttlich wort angesůcht, hefftig ermant, vñ gedrungen
hátten, nicht allein seiner gnaden Bistumb, sönder die gan-
tzen Christenheyt berürt, Derhalben wir auch dariñ keinen
andern Richter, deñ die heyligen Göttlichen schrifft, in jrem
einigen, waren vñ rechten verstandt auß allen andern mit-
hellenden ortten vnd sprüchen fliessende, erleyden, erkennen
vnd annemen kündten oder möchten. Vñ wo vns sölchs
von yemandt, wie gering auch der were angezeygt, vnd das
wir in dem, so wir fürgenomen, geirrt hátten, beweyset
vnnd dargethan würd, das wir sölchs nit allein gern anne-
men, sönder darúmb williglich danckenn wolten. Darúmb
weren wir aber entgegen, das wir, wo es begert würd,
grundt vnnd vrsach vnser Christenlichen handlung, wie vns
Petrus in seiner Epistel weiset, anzeygen woltenn. Da-
gegen ist der gemelt vermeynt des peuttels oder Fiscus Pro-

Lit. Miscell. 3. Samml.   E   cura

curator, auff seiner vnförmlichen clag bestanden, vñ hat et-
liche schrifftliche Artickel, die geschichten vñ thatten vnserer
handlung, mit erniderung vñ abthuung gehaltner miß-
prauch anzeygende dargelegt, vñ begert, Das wir auff die-
selben, vermittelst vnsers Eyds, vnterschiedlich antwort ge-
ben wolten. Welchs wir auch on allen zwangk des Rech-
tens, willig vnnd gern gethan, nit darumb, von erster vn-
ser Protestation vñ Christlichem erpieten zůwenchen, wie es
auch in vnserm als menschē gewalt nit gestanden ist, sön-
der darumb, das wir damit vnser Christenlich gemüte vnd
vntertenigkeyt der gestalt anzeygten, das wir in allen pilli-
chen vnnd Christenlichen sachen, die dem heyl der seelen nit
entgegñ, kein menschlich Oberkeyt zůerachtē, sönder vns
allen menschlichē Creaturen, ůmb Gottes willen, vnnd doch
nit wider Gott, zůunterwerffen geneygt weren, Dieweil
auch dieselben Artickel, nit die haubtsach, Nemlich, ob wir
wol oder übel gehandelt, derhalben wir denn anfangs Pro-
testirt, sönder allein vnd stracks die geschicht, was vnd wie
durch vns mit enderung vnd abstellung angezeygter miß-
prauch gehandelt, berüren, wiewol wir nun auff bemelter
vnser gethanen Protestation vnd erpieten, für vnd für be-
harrt seind, vñ neben dem gedachten vnsern gnedigenn herrn
von Bamberg vntereniglich vnnd Christenlich angesucht
habenn, das vns sein Fürstlich Gnad (wie sie auch als ein
verordneter Bischof, Hirrt, vnd Seelsorger zůthun schuldig
ist) durch grundt der schrifft vnsere irrungen vnnd vnchri-
stenliche übertrettungen, deren wir durch seines gemeinen se-
ckels oder Fiscus vermeyntenn Procurator, so dürstig be-
schuldigt seind, gnediglich vñ vätterlich vnterrichten. Oder
wo sein Fürstlich Gnad zu sölchem nit geneygt were, von
vns

vns grundt vnd vrsachen, mit klarer lautter vñ vnwider-
sprechlicher schrifft, aller vnser handlung, von Artickeln zu
Artickeln, damit wir auch alßbald geschickt, vñ die seinen
Fürstlichen Gnaden schrifftlich darzúthun vrpútig gewest
seind, gnediglich annemen, vnnd vns alßdeñ des widerspils,
ob sein gnad wolt oder möcht, abermals auß angezengtem
grundt berichtenn wolt, welchs denn mit weniger mühe het
beschehen mögen. Das alles ist vns aber gewdigert, wie
pillich oder Christenlich aber, hat meniglich zúbedencken.
Es hat auch vngeachtet, disès vnsèrs Christenlichen, vnd
mehr deñ gnugsamen erpietens, der vermeynt des Fiscus Pro-
curator, fúr vnnd fúr angehaltenn, vns als bie, so vbe viel
úbels gethan, auch wider Gott, vnd sein kirchen freuenlich
gehandelt haben solten', zústraffen, wider vns zúurteylen,
vnd zúhandeln, vnd doch durch sich selbs, oder andere von
seinen, oder vnsers gnedigen herrn von Bambergs wegen,
als des rechten herrn vnnd Principals, disès geltseckels,
oder Fiscus, in des namen vermeynlich geclagt ist, wider
vns einich úbertrettung, irrung, oder úble hannblung, wie
es vbe auff vnser fleyssig vñ vntertenig ansuchen, billich
vnnd schuldiger meynnung beschehen sein solt, nit anzeygen,
darthun, oder bewephen wöllenn. Aber wir haben vnserm
gnedigen herrn von Bamberg, mehr denn zu einem mal
schrifftlich vnd múndtlich angezeygt, wie vngeschickt, freuel
vnd vermessen, disès des Fisci Procurators fúrnemen sey,
das er des gegē vns auch keynen fug, scheyn oder grundt
hab, mit vntertenigem ersuchen, jne dauon, wie sich gepúrt,
gnediglich zúweysen, Oder gegen jme, als dem, der wider
vns dergleychen vngeschickte clag on frucht fúrgenomen,
vñ vns in cost vñ scheden vergebenlich gefúrt, vnnd gebel-

E 2   ligt

ligt het, ordenlich zuhandeln. Darauff vns auch von sei-
nen Fürstlichen Gnadenn, auff Montag den Neunzehenden-
tag Septembers darnach widerúmb ein Termin, auff den
sich sein Fürstlich Gnad zuurteylen verfangen ernent hat.
Auff welchen Termin wir auch vnsern gewalt vnd Beuelch-
habere mit einem schrifftlichn̄ gewalt von vnsern wegen,
gen Bamberg gefertigt, vnd vns versehen haben, sein Fürst-
lich Gnad solte als ein Christenlicher Bischoue, vnserm be-
schehen billich ansuchen vnnd erpieten volg gethan, oder
zum wenigsten sich in der haubtsachen diser handlung ge-
meß vnser beschehenn Protestation zu Richter nit erkandt,
vil weniger wider vns als die vnschuldige, die nichtzit ver-
würckt, auch einicher vnchristenlichen ergerlichenn handlung,
wider Gott, sein heyligs wort oder kirchenn nye gestanden,
einich vrteyl, Sentenz, oder rechtlich erkantnus, vnange-
zeigt, vnbeweyßt, oder on gútliche vätterliche vn̄ Christen-
liche vnterweysung, mit geselle: habenn, in bedacht des, das
sein Fürstlich Gnad, auß vermóg, Góttlicher, natúrlicher,
vn̄ menschlicher recht auch aller vernúnfftigen billichen ord-
nung, einiche vrteyl nit hat gebē̄ mógen, weyl sein Fürst-
lich Gnad selbs der Principal vnnd haubthandler diser sa-
chen gewest, vnd der Procurator Fisci, wie meniglich weyß
vnd verstehen kan, alleyn fúr ein scheyn, wider vns clagen
fúr zúnemen verordnet ist.   Denn was ist der Fiscus an-
ders, denn der gemeyn geltseckel, Vnd wem ist auch diser
gemeyn geltseckel, der doch fúr sich selbs weder reden, cla-
gen, oder antwortten kan, deñ vnserm gnedigen herrn von
Bamberg, als dem Bischoue vnd herrn desselben orts zu-
gehörig. Vnd als vnser Beuelchhaber zu Bamberg erschie-
nen ist, gar nit der meynung, vnsern gnedigū herrn von

Bam-

Bamberg in der haubtfach für ein Richter oder vrtepler,
als auch fein gnad, laut vñ vermög vnfer anfencklich be-
fchehenn claren Proteftation, keiner feyn kan, zůerkennen,
oder in einich vrtepl, wider vns zůbewilligen, hat fein Fürft-
lich Gnad in beyfeyn vnfero Anwalds ein fchrifft angefan-
gen zůlefen, dero Narration vnnd eyngang fich wider das
wort Gottes, auch vns als deffelben diener vnnd handtrei-
cher, fünderlich aber wider vnfere perfonen, als die, fo vn-
billich vnchriftenlich, auch dem Göttlichenn wort zůgegen
folten gehandelt haben, erftreckt. Als nun vnfer Anwald
fölchs vermerckt, hat er wider die offenbarn warheyt nit be-
willigen, vñ demhach einichs vnrechtlichen Sentenz, den er
auß vermelter anfencklichen Narration gewißlich hat, ver-
mutten müffen, nit gewartten wölle, fonder denfelben Sen-
tenz Interrumpirt, vnd von derfelben Narration vnerwart-
tet der vrtepl, vor Notarien vñ gezeugen, in vnferm namen,
für ein künfftig frey Chriftenlich Gottfelig Concilium, mit
lebendiger fiñ allßbald Appelliert, vnd fich beruffen. Wie-
wol vns nun on not were, über das ferrer zůappellieren,
wir auch das liecht in difer fachen nit fliehen, fonder bey
der warheyt, vnd dem wort Gottes zůftehen, vñ dabey,
vermittelft Göttlicher hilff, biß in vnfer gruben zůerharren,
vñ zůbleyben gedencken, vñ von einem yeden derfelben war-
heyt bericht, zu aller zeyt erleyden mögen, vnd darzu me-
niglich, der des begert, vnfers glaubens, vnnd aller vnfer
handlung in difer fachen Chriftenliche anzeygung, rechen-
fchafft, vnnd vnterrichtung zůgeben vrpüttig feyn. Jedoch,
dieweyl durch ein gemeyn geruch an vnns gelangt hat, das
fich gedachter vnfer gnediger herr, vnangefehen, aller vn-
fer Proteftation, vntertenigen Chriftenlichen erfuchens, vnd

mehr

mehr den völligen erpietens, darzu über vnsers Anwalds
beschehene Interruption vñ Appellation vnterstauden hab,
wider vns einen vermeynten vnrechtlichñ nichtigen Sen-
tentz, wider Gott vñ sein heyligs wort, auch vns, als des-
selben dienere vñ handtreicher zueröffnen, außgehen zůlassen,
vnd zůuolziehen, des wir doch ausserhalb söllichs gemey-
nen geruchs kein entlich bestendig wissen haben. Deßhalbñ
so Appellirn wir, beruffen vnd bedingen vns auch, von söl-
chem vermeynten vnbillichen Sentenz, den wir hiemit für
außdrücklich, vnnd als ob der von worttenn zu worttenn
hieriñ benent vnd begriffen wer, gesetzt vnnd gemeynt ha-
ben wöllen, Auch von allen anhengen, derselben vrteyl,
darzu von anfenglicher Citation vnnd ladung, auch aller
bißhere darauß eruolgten handlung, vñ allen andern be-
schwerungen, Censurn, Gepotten, Publication, Proclama-
tion, vnd was dem samentlich oder sünderlich fürohyn ver-
meynlich nachuolgñ mag, vnabgestanden vnsers Anwalds
erstgethanen Appellation, durch dise schrifft, vor euch Nota-
rien vñ gezeugen allhie gegenwürtig, abermaln für ein frey,
sicher, Christenlich, vnnd Gottselig Concilium, welchs Con-
cilium auch desselben maß, zeyt, vnnd statt, vnser Anwald
anzůzeygen nit vnterlassenn het, Wir auch gern anzeygenn
wolten, wo es in seinem vñ vnserm gewalt gestandẽn, oder
noch were. Wöllenn auch hiemit vorigen vnsern gethanen
Protestation, vñ erpieten, gentzlich angehangen, vñ keins
wegs abgestanden, vñ vns, sampt allen den, so diser vnser
Appellation verwandt seyn, oder fürohyn anhangen weren,
Gott dem Allmechtigen, vnnd seinem heyligen wort, so dise
sach Principaliter vnd fürnemlich berürt, gentzlich vnter-
worffen haben. Alles yetzo alßdann, vnd dañ als yetzo.

Bitten

Bitten vñ begern auch zum Ersten, Andern vñ Drittenmal,
fleyſſig, fleyſſiger, vñ allerfleyſſigſt, vns von denen, ſo ſie
zúgeben haben, ſönderlich von euch Notarien Apoſtolos
vnd abſchied Teſtimoniales zúgeben. Wir bezeugen vnnd
bedingen auch, diſer vnſer Appellation, wie ſich gepúrt,
nachzúfomen. Auch die nichtiefeit diſer vermeynten hand-
lung vnd vrteyl, ſeiner zeyt, wie ſich gepúrt außzúfúren,
wie das zum peſten vñ förmlichſten ymmer beſchehen mag.
Vnd begern auch von euch Notarien vns hierüber ein oder
mehr offen Inſtrument, ſouil not ſeyn wúrdet zúmachen,
vund zúgeben.

Nach verleſung ſölicher Appellation zedel, haben ge-
dachte herrn, Georgius Beßler Sanct Sebalds, vnd Hector
Bemer Sanct Laurentzen Pfarrkirchen zu Núremberg Pröb-
ſte vñ Pfarrherrn, vñ Wolffgangus Velprecht Sanct Au-
guſtins cloſters daſelbſt Prior, in maſſen vnd nach innhalt
der Appellation zedel, vor mir Appelliert, vnd ſich beruffen,
erſuchten vnnd baden derhalben mich hieundten geſchrie-
ben offen Notarium, Apoſtel vnd abſchiedbrief, ſölche, wel-
che jnen zu Recht gepúren, oder vhe wie ſie men von mir
gegeben mögenn werdenn, nemlich, gezeugkfuds zúgebenn,
Welche ich denſelben gegebenn hab, mit diſem offen Inſtru-
ment, welches ich über alles vnd ytzlichs, wie oben begrif-
ſen geſchicht, gemacht hab. Geſchehen ſeyn diſe ding zu
Núrmberg Bamberger Biſtumbs, im Auguſtiner Cloſter, in
der gewönlichen offtgenents Prioris wonung, im jare, In-
diction, Tag, Monat, úmb Veſper zeyt oder nahent daben,
Babſtumbs, wie oben ſtehet, in gegenwürtigkeyt der Erſa-
men vnd weyſen, Heinrichen von Wunnphan, Matheuſen
Gorion, Melchior Rieters, Vlrichen Pernkopff, Niclauſen

E 4   Aperer,

Ayrer, alle Bürgern zu Nüremberg genants Bistumbs, gezeugenn sönderlich darzu gebetten vnd erfordert.

Vnd ich Johann Kienberger, Passauer Bistums von Bäpstlichen vnnd Keyserlichen macht offenbarer Notarius, Wann ich bey sölcher Appellierung, der Appellation zetel verlesung, Appellation beruffung, bedingung, der Apostel bittung, vnd allen andern obgeschrieben dingen, sampt den vorgenanten gezeugen gegenwürtig gewesen bin, die alle vnd ytliche obberürtermassen, also vor mir beschehen, gesehen, vnnd gehört, derhalbenn hab ich diß gegenwürtig Instrument darüber begriffen, gemacht, vñ in dise offne form gepracht, geschrieben, vnnd vntterschrieben, Auch mit meinen gewonlichen zeychen, namen, vñ zunamen, verzeychnet, vnd beuestiget, zu glauben vnnd gezeugnuß aller vnd ytlicher obgeschriebner ding sünderlich erbetten vnnd erfordert.

Der Sentenz des Bischofs befindet sich in der schon angezeigten Schrift Erdtmanns Norimberga in flore etc. p. 36. seqq. und in J. E. Kappens zweyten Theil seiner kleinen Nachlese zur Erleut. der Ref. Gesch. S. 635. ff.

Erdtmann hat noch folgenden bittern Vorbericht vorgesetzt: Catastrophe rel. catholicae. Caussata ab impio quodam monacho Augustiniano Wolffgango Volprecht, Lutheri discipulo, qui cum duos S. Sebaldi et S. Laurentii Praepositos et Parochos clanculum seduxisset, et Lutherana lue infecisset, una cum illis a Wigando Episcopo Bambergensi, tanquam ordinario Norimbergensium, citatus est. Ili examinati et incorrigibiles haeretici sunt inuenti. Quamobrem, quicquid per Procuratorem suum Andream Osiandrum frustra protestarentur et ad diuinum tribunal prouocarent, ex-

com-

communicationis fententia, quae fequitur, ab impreſſo exemplari deſcripta, funt condemnati.

Sententia Diffinitiua priuationis contra Praepoſitos in Nürm-
　berg *lata per Reuerendiſſimum Bambergenſem.*

In nomine Domini, Amen. Cum nuper nos Wigandus
Dei et Apoſtolicae ſedis gratia Epiſcopus Bambergenſis,
non ſine graui animi noſtri dolore fama publica referente
acceperimus, quosdam Georgium Peßler, S. Sebaldi, He-
ctorem Böhmer, S. Laurentii Parochialium Ecclefiarum Im-
perialis Opidi Nurnbergenſis, noſtrae Bambergenſis dioe-
ceſis Rectores Praepoſitos nuncupatos, ac pariter Wolff-
gangum Volprecht, monaſterii ordinis fratrum Eremitarum
S. Auguſtini, eiusdem opidi Priorem, in et circa facros
ritus et ceremonias Eccleſiaſticas in S. Catholica Eccleſia
multis retroactis ſeculis ſancte pie ac inuiolabiliter obſer-
uatas plurimum delinquere, et indies peiora addere, dictos
ſacros ritus et ceremonias partim uariando et nouando,
plures uero in totum abolendo, ac contra easdem et alios
quoque ritus impie dogmatizando, et humilem plebem cum
animarum etiam grauiſſimo periculo feducendo ; nos ex de-
bito Paſtoralis noſtri officii omnipotentis Dei exemplo in
Geneſi edocti, quo ſic allatam famam propius cognofcere-
mus, et ne quempiam inauditum iudicaremus, ad Fiſci
noſtri Procuratoris inſtantiam fupradictos Georgium Peßler
et Hectorem Böhmer, Rectores, ac Wolffgangum Vol-
precht, Priorem, uti ex aduerſo Principales dato compe-
tenti termino ad perfonaliter coram nobis comparendum
et ſe de praemiſſis excufandum, citari iuſſimus et fecimus,
quibus etiam citatis et coram nobis perfonaliter comparen-
tibus : datis per dicti noſtri fiſci procuratorem in ſcriptis

nonnullis materiis, super quibus pro ulteriori facti infor-
matione dicti Rectores et Prior, et quilibet eorum seorsim
examinari deberent atque interrogari, ipsis quoque Recto-
ribus et Priore mediis eorum intercedentibus iuramentis su-
per materiis iisdem coram nobis publice ac successiue in-
terrogatis et examinatis, eorumque dictis et depositionibus
per publicum Notarium in scripta redactis, et per fisci
procuratorem praefatum in quantum pro se facere uide-
rentur, repetitis, concessis etiam per nos competentibus
terminis et dilationibus cum Rectoribus et Priore se pur-
gandi, ac fisci procuratori praefatis hinc inde partibus ul-
tro citroque deducendi et agendi, prout quarumuis par-
tium praedictarum respectiue concernebat, ac iuris ordo
exigere uidebatur. In ultimo uero terminorum praedicto-
rum comparuit iudicialiter, et coram nobis praefatus fisci
nostri procurator, et eo nomine et dictis Rectoribus et
Priore ex aduerso principalibus ibidem etiam presentibus
et audientibus ad ulteriora et dictae causae finalem deci-
sionem procedi per nos instanter postulauit. Nos tunc
Wigandus Episcopus praefatus et Iudex ordinarius uisis
primitus et auditis dictae causae actis et confessionibus at-
que diligenter consideratis illius iuribus et circumstantiis
diuersis, quodque praefati Rectores et Prior ex aduerso
principales in et circa praemissa multipliciter errauerint et
impie fecerint, ac ab sancta Catholica Ecclesia inobedien-
ter desciuerint, sibi ipsis legem et modum superbe praescri-
bentes ritus et ceremoniae sacras abrogantes dogmatizan-
tesque aduersus canonicas et ecclesiasticas sanctiones ac
contra S. Apostolorum ordinem et modum nobis exem-
plariter relictum, quo communi concilio, non autem

priua-

priuatorum autoritate res Ecclesiae diffinirent constitue-
rentque, et pari modo gentium Apostolus Diuus Paulus,
ne in uacuum cucurisset suum euangelium, cum eisdem
Apostolis contulerit, ac discedendi pace facta fidelibus
praeceperit, custodire praecepta Apostolorum et Seniorum
procul dubio Ecclesiam audiendam in eis referens antea,
a Iesu Christo Saluatore nostro institutam, ac ut audiretur,
commendatam ac nunquam defecturam, cuius uirtute et no-
stri quoque Pastoralis officii existit animarum saluti et scan-
dalis ne eueniant, aut ut suborta comprimantur, salubriter
prouidere, prout etiam concedente Domino confidenter
faciemus.

Itaque cum dicto nostri fisci procuratore concludente,
et secum concludi petente, in causa praefata pariter con-
clusimus, dictis etiam Rectoribus et Priori ex aduerso prin-
cipalibus, terminum et locum et audiendum per nos diffini-
tiuam in scriptis fieri et pronunciari sententiam pro die,
hora et loco praesentibus assignauimus.   Et ne clementiae
nostrae aliquid in tam graui negotio deesse uideretur, eos-
dem Rectores et Priorem paterne tunc quoque commonui-
mus et commoneri fecimus, quo ab erroneis eorum dogma-
tibus et sectis schismaticis hac tempestate haud quaquam
inuentis et excogitatis, sed antiqui illius serpentis afflati-
bus resuscitatis atque ab uniuersali Ecclesia iam dudum
damnatis et reprobatis, quibus ipsi inuoluti esse cognosce-
bantur, resipiscerent, et ad cor, et sanctae matris Eccle-
siae unitatem redire uellent, eos in uisceribus charitatis
benignissime recepturi.   Cum autem Rectores et Prior ex
aduerso principales praedicti magis indurato corde pertina-
citer in eorum erroribus et delictis persisterent, Nos non
uslen-

ualentes et eorum inobedientiam et temeritatem ac piae
plebis animarum pericula diutius celare, praehabita igitur
in singulis praemissis cum peritissimis uiris nobis ob id ad-
hibitis matura deliberatione ac cognitis huiusmodi causae
meritis, suffulti quoque tum apostolica nobis in hac parte
concessa, et nostra ordinaria, imperiali quoque autoritati-
bus et omnipotentis Dei nostri freti praesidio nostram in
scriptis tulimus ac pronunciauimus sententiam diffinitiuam,
in hunc, qui sequitur, modum:

Christi Seruatoris nostri nomine inuocato, pro tribu-
nali sedentes, et solum Deum prae oculis habentes, per hanc
nostram diffinitiuam sententiam quam de peritorum consilio
et assensu in his scriptis ferimus, pronunciamus, decerni-
mus ac declaramus, in causa et causis, quae coram nobis
Wigando Episcopo et Iudice praefato, per uiam inquisitio-
nis agente Procuratore fisci nostri ex una, et Georgium
Peßler, S. Sebaldi, et Hectorem Bömer, S. Laurentii Pa-
rochialium Ecclesiarum Opidi Norimbergensis, Doctorem
Praepositos nuncupatos, ac Wolffgangum Volpred)t, mo-
nasterii fratrum ordinis Eremitarum S. Augustini eiusdem
opidi nostrae dioecesis Priorem, praetensos aduersarios ex
aduerso principales supradictos de et super eorundem ex ad-
uerso principalium et eorum cuiuslibet praetensa uariatione
et nouatione, ac in multis omissione sacrorum rituum ac
Sacramentorum ecclesiasticorum in S. Catholica Ecclesia
iamdudum multis decursis seculis sancte et pie inuiolabiliter
obseruatorum, nec non incursu rebellionis et inobedientiae
S. Ecclesiae praefatae, atque nostrae schismatis quoque cri-
minibus aliisque excessibus et delictis per praefatos ex ad-
uerso principales et quemlibet eorum respectiue temerarie

et

et illicite perpetratis commissis et incursis, rebusque aliis in actis causae et causarum huiusmodi coram nobis latius deductis ac etiam per eosdem singulos aduersarios respectiue confessis et illorum occasione partibus ex alia per praedictos Georgium et Hectorem Rectores, ac Wolffgangum Priorem ex aduerso principales et eorum quemlibet in et circa praemissa multipliciter fuisse et esse erratum, et perperam et male factum et delictum: eosdem quoque Georgium, Hectorem et Wolffgangum ex aduerso principales, et quemlibet eorum propterea inobedientiae et rebellionis S. Ecclesiae praefatae atque nostrae ac schismatis crimina nec non excommunicationis maioris sententiam et suarum Parochialium ac officii Prioratus respectiue priuationum poenas damnabiliter incidisse, et incurrisse, ac ut tales S. Ecclesiae et nostros inobedientes et rebelles atque schismaticos nec non excommunicatos ac Parochialibus et Prioratu praedictis respectiue priuatos publice denunciandos et ab omnibus Christi fidelibus arctius euitandos fore declaramus atque mandamus. Litteras etiam desuper oportunas decernimus: ulteriores quoque administrationes Ecclesiasticorum Sacramentorum nec non ceremoniarum, et Sacerdotalia quaeuis officia eisdem Georgio, Hectori et Wolffgango penitus interdicimus. Nouorum uero Rectorum ad dictas Parochiales praesentationes et institutiones, ac Prioris monasterii praefati electionem et subrogationem illi uel illis personis, quibus de iure debetur, et competit, libere damus et concedimus, saluis nihilominus aliis censuris et poenis tam Apostolicarum quam Imperialium litterarum, contra similes delinquentes concessarum et emanatarum, uigore,

aut

aut alias, quomodolibet a iure prolatis et inflictis easdem
debitis Executoribus relinquentes.

Ita pronuntiauimus Nos Wigandus Episcopus Iudex etc.

Hierinn hat also der Bischof diese Personen, davon er
die beeden ersten nur Rectores, Praepositos nuncupatos,
nennte, ihrer Würde und des Priorats verlustig erklärt,
und sie in den grössern Bann gethan, neue Rectores und ei-
nen Prior zu erwählen, zugelassen, und andere Censuren
und Straffen denen, so solche zu vollziehen haben, überlassen.

Jedoch dieser Bannstrahl, so fürchterlich er auch schien,
war nicht im Stand, den freudigen Muth dieser Bekenner
niederzuschlagen. Sie waren sich ihrer gerechten Sache im
Gewissen bewust, und, des Beistandes ihrer Obern über-
zeugt, fuhren sie in der einmal glücklich angefangenen Ver-
besserung der Kirchengebräuche und in der Verkündigung der
reinen Wahrheit unerschrocken fort, und gaben so gar we-
nige Zeit darauf zu ihrer Vertheidigung, und um die Grün-
de ihrer gemachten Aenderung anzuzeigen, welche der Bi-
schof nicht hatte anhören wollen, folgende vortrefliche
Schrift im Druck heraus:

Grund vnd vrsach auß der heyligen schrifft, wie
vnd warumb die Erwürdigen herren, baider
Pfarrkirchen S. Sebalt vnd sant Laurenzen
Pröbst zu Nürnberg die Mißbreuch bey der hey-
ligen Meß, Jartäg, Geweicht Salz, vnd Was-
ser, sampt etlichen andern Ceremonien abgestellt
vnderlassen vnd geendert haben. Nürmberg. am
Ende: Gedruckt zu Nürmberg durch Hierony-
mum Hölzel im Jar 1524, ausgangen 23 Octo-
brio, in 4. 13 Bogen.

In der Vorrede vom 21 October melden die Pröbste un-
ter andern, daß sie diesen Grund und Ursache vormals
schon

schon dem Rath auf Begehren überantwortet, und derselbe
aus besonderer christlicher Bescheidenheit darwider zu han-
deln weiter nichts vorgenommen habe. Sie nähmen aber
itzo denselben wieder vor die Hand, und liesen ihn in Druck
ausgehen, daß ihres christlichen und wolgegründeten Wer-
kes Ursache und Anzeigung dem Bischof zu Bamberg vor-
kommen möge. Sie reden auch gar christlich davon, wie sie
zuvor ihre Gemeinen aus Gottes Wort treulich unterrich-
tet, und die Misbräuche eröfnen lassen, also daß sie das
Volk, sie um derselben Abstellung zu ersuchen, hungerig und
begierig haben werden lassen, ehe solche Aenderung gesche-
hen ist, zeigen auch den Schaden, der aus einem entgegen
gesetzten Verhalten erfolgen würde.

Die Schrift selbst besteht aus fünf Capiteln, wovon
das erste am weitläuftigsten ausgeführt ist, die andern sind
sehr kurz. I. Grundt vnnd vrsach, wie vnd warumb man
die Meßz geendert hab, Auß der heyligen geschrifft. II.
Grundt vnd vrsach warumb wir die Seelmeßz, vnnd der
verstorbnenn Jartag, haben abgethann. III. — warumb
man das Salve Regina hat abgelegt. IIII. — warumb
wir das geweycht Saltz vnd wasser haben abgethan. V. —
warumb wir die Metten vnd Complet vnderlassen haben.

Von dieser Schrift sind mir sonst noch folgende Aus-
gaben bekannt:

Grund vnd vrsach — Nürmberg, ohne Jahr in 4. 10 B.

Grundt vnd Vrsach — Nürnberg, ohne Jahr, in 4. 13 B. NB: 12¾ bog

Grund vnd ursach — Nürmberg, ohne Jahr in 8.

Grundt vnd vrsach — Nuremberg, 1524. 8.

Grundt vnd vrsach — Wittenb. 1525. 8.

Grunt vnde orsake — Wittemberch, 1525. 8.

Man kan leicht erachten, daß die Erscheinung einer
solchen Schrift zur damaligen Zeit der Römischen Kirche
höchst unangenehm gewesen sey. Man bemühete sich auch
daher

daher, selbige zu widerlegen. Es geschah dieses in folgenden Schriften:

Wyder der zweier Preebst zu Nurmberg Falschen grund vnd vrsachen, Warumb sie die h. Meß — geendert vnd zum teyl gar abgethan haben. Emßer. ohne Ort und Jahr, in 4.

Grundt vnnd vrsach: aus der h. schrifft wie vnbillig vnd vnredlich das h. Lobsangk Marie Salve Regina, Geweicht saltz — in etlichen Stetten wird vnderlassen, verspott vnd abgestellt. D. J. Dietenberger, 1526. 8.

Zwey Predigten vom Salve Regina, dem Euangelio vnd h. Schrifft gemeß. Ein verantwortung — wider die gewesene Pröbst in Nürmberg, von Ge. Hawer, Landshut, 1526. 4.

Von dem heyligisten Opffer der Meß sampt iren dreyen fürnemlichsten taylen — durch Gasp. Schatzger, 1525. 4.

Wider diese letzte Schrift schrieb Andreas Osiander: Wider Caspar Schatzgeyer, Barfüsser Münchs vnchristl. Schreiben, damit er, das die Meß ein Opfer sey, zu beweisen vermeint, Nürnb. 1525. 4. welcher Streit von beeden Seiten noch einige Schriften nach sich gezogen hat.

Man sehe übrigens des seel. D. Riederers Abhandlung von Einführung des teutschen Gesangs S. 188 ff. eben deßselben vermehrte Feuerleinische Biblioth. Symbolic. P. I. p. 266. und Herrn Prof. Wills Bibliothecam Noricam, P. II. P. 34.

III.

III.

Sieben
bisher unbekannte Briefe
D. Luthers.

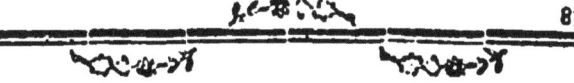

III. Sieben bisher unbekannte Briefe D. Luthers.

1.

Conrado Cordato. *)

Gratiam et pacem in Domino. Gut macht Mut. Quod uerum esse experior in te quoque, mi Cordate, qui cum forte sentias tua regna et opes, meum Vallensem **) remittere ausus es, tanquam indignum, qui inter gazas tuas latitaret, etiam forma uersum. Gloriaris denique de auctoritate, qua sic polles, ut statim uno die aurisaber tibi obtemperans iussum tuum impleuerit, cum nostri ne in semestri quidem tantillum esucerent. Felix tu, sed uide, ne nimium prouoces Nemesin illam, quae felicibus libenter inuidet. Dabit tamen Deus, ut alio testimonio me declarem filii tui catechistam. Ceterum omnia nostra referent uestri, quos libenter et uidimus et cognouimus.

Lit. Miscell. 3. Samml.　　F 2　　Carl-

*) Dieser Mann war zuerst Evangelischer Prediger bey Maria Königin von Ungarn, muste aber 1528. ins Exilium wandern. Auf Empfehlung Luthers wurde er 1529. Prediger zu Zwickau. Da Wicel zu den Catholicken übergieng, wurde er an seiner statt Pfarrer zu Niemeck. Von seinem Streit mit Melanchthon habe ich verschiedenes angemerkt in meiner Litterär-Geschichte von Melanchthons Locis theol. p. 97. ff.

**) Diesen schickte ihm Luther, da er von ihm zu Gevattern gebetten wurde. Man sehe Buddei collectionem Epistolarum Lutheri p. 81.

Carlstadius refufcitatur a Satana in Frifia , *) et agit
nobis pro feruata uita dignas gratias , paſſim me et noſtros
criminatus infernalibus literis.   Tu ora contra eum , ut red-
dat ei Dominus ſtatim fecundum opera fua.   Nulla enim
ſpes eſt , eum reuocari a blasphemiis et furiis in Chriſtum
poſſe.   Saluta Chriſtinam tuam cum filiolo tuo , et ualete
omnes in Domino , Amen. 25. Febr. 1530.

T. Mart. Luther.

II.

Conrado Cordato.

Gratiam et pacem in Chriſto , qui confoletur te in iſta
humilitate et afflictione tua , mi Cordate.   Quis enim alius
poſſit hunc dolorem mitigare ? Nam facile credo, quae ſcri-
bis , omnia, utpote expertus huiusmodi caſum, qui patris
uifcera uifitat , penetrabilior omni gladio ancipiti, pertin-
gensque usque ad medullas etc. Sed rurfus meminiſſe debes,
nihil mirum eſſe, fi is, qui uerior et propior pater eſt , quam
tu fueris , pro zelo ſuo maluerit filium tuum , imo ſuum
apud fe , quam apud te eſſe.   Tutior enim ibi quam hic eſt.
Sed haec fruſtra.   Surdo fabula recenti adhuc dolore.
Quare nunc cedam dolori , quia luxerunt huiusmodi luctum
maiores et meliores , quam nos ſumus , nec tamen repre-
henduntur.   Vtile tamen eſt tibi ſimul has quoque partes
tentationis attigiſſe, et confcientiae uim guſtaſſe , ut ma-
gis difcas in te ipfo , quae fit uis uerbi et fidei, quae in his
agonibus probata fit.   Nondum enim ſtimulum carnis et

an-

---

*) l. c. p. 61. ſchreibt Luther : Caroloſtadius in Frifia laetus
  et triumphans confedit. Vocauit literis glorioſis et gra-
  tulatoriis uxorem ad fe , ſcilicet noua monſtra nobis ibi
  cudet Satan. Man ſehe noch J. C. Füeßlins Lebensge-
  ſchichte Carlſtadts S. 105.

angelum Satanae colaphifantem fenfifti. Tantum gloriofa
et fidenti innocentia, id eft, bona confcientia hactenus paf-
fus es, quaecunque paffus es. Haec fatis. *Ceterum quod
audio, te ad comicia uelle properare — — — molliores redde.*)
Saluta tociam doloris tui et interim etiam magis in Chrifto
uiuente laetare, quam in filio mortuo, imo et ipfo uiuo fed
abftracto trifteris. Salutat te mea Ketha et domus tota.
2 Aprilis, 1530.

T. Mart. Luther.

III.

Andreae Ofiandro.

Gratiam et pacem in Domino. Quod de baptifmo in-
fantium nondum egrefforum ex utero quaeris, **) mi Ofian-
der, dicam tibi lubens meam fententiam absque praeiudicio
tuae. Ego noftris mulierculis Wittebergae prohibui, ne
baptifent nondum natum infantem. Aliquae enim folebant
uix apparente uertice baptifare foetum. At cur non aeque
supra matris uentrem, uel potius ipfum uentrem matris
baptifant, ut foetus baptifatus cenfeatur? Orationibus iuffi
iuuare parturientem. Baptifmum uero mulierum, quo edi-
tum puerum periculo infirmitatis baptifant, ego ratum ha-
beo, fed in ecclefiam ferendum tamen, ut publice fuper eo

F 3　　　　　　　　　oretur,

---

*) Die mit anderer Schrift gefetzten Worte befinden fich in
der Buddeifchen Sammlung der Briefe Luthers p. 84.
aber alles übrige fehlt dorten, und dieß ift alfo eine voll-
kommene Ergänzung diefes Briefs, der dafelbft nur als
Fragment erfcheint.

**) Eine unnöthige Frage, die damals vielen Streit erregt
hat. Was hierinn Luthers Meinung gewefen fey, er-
hellet fowol aus diefem Brief, als auch aus andern
z. E. Lutheri Epp. collectio Buddei p. 264 267.

oretur, et ministri manu imposita baptismus palam probetur, ceu testimonio ecclesiae confirmatus.   Conditionalem *) uero baptismum nati et editi pueri, si de baptismi priuatim dati certitudine dubitetur — (hier fehlt etwas) Breuis ego sum, nam capite laboro, et manus tremulae sunt. Tu pro nobis ora, et in Christo recte uale in perpetuum. 13. Maii. (1532.)

IV.

Philippo Melanchthoni.

Carissimo fratri M. Philippo Melanchthoni Seruo Domini.

Gratiam et pacem in Christo. Post literas uestras, mi Philippe, non credis, quantis uocum et literarum nubibus sim obrutus, plenis querelarum de uobis, praesertim de te. **) Ego quidem haec inuitus scribo, ut qui sic sim affectus,

---

*) Da hier Luthers Meynung de baptismo conditionali nicht zu erkennen ist, so will ich eine andere Stelle aus Luthers Briefsammlung vom Buddeus anführen. Er schreibt daselbst p. 78. an Wenceslaus Link hievon also: Re diligenter pensata definiuimus, baptismum conditionalem simpliciter tollendum esse de Ecclesia, et ubi uel dubitatur uel ignoratur baptisatum esse hominem, ibi simpliciter baptisetur absque conditione, ac si nunquam esset baptisatus. Et ratio nostra haec est: quod conditionalis nihil ponit, neque negat, neque affirmat, neque dat, neque tollit etc.

**) Der gute Melanchthon musste während des Reichstags zu Augspurg ungemein viel leiden, und wurde besonders beschuldiget, daß er den Papisten zum Nachtheil der Wahrheit zu vieles nachgegeben habe. So schreibt Luther an Justus Jonas: Tonitrua et fulgura ad me feruntur a quibusdam nostrorum magnis et multis, uos causam

fectus , ut metuam uos contriftare , etiam in modico , a quo
nihil nifi confolationem habere deberetis , ·in tanta mole hu-
ius caufae. Id quod hactenus fideliter praeftare conatus
fum. At nunc etiam cum noftris et eorum literis mihi
pugnandum eft. Ego me fic defendo. Primum. Noftri Au-
guftae inquam de his rebus mihi aliter et non talia fcribunt.
Stat autem fententia, uobis potius credere quam illis , nec
fpero , quod me aliquid celetis , fi ad rem pertinet. Deinde
in ea fum perfuafione fecurus , quod nifi falua confeffione et
excepto Euangelio nihil fitis conceffuri.   Quid autem fit
Euangelium et Cnofeffio noftra exhibita , numquid eft opus
diffiniri ? Nam illud noftrum uetus eft , quod fponte obtu-
limus omnia uelle ferre et facere etiam hoftibus , quod falua
confcientia et Euangelio poffimus.   Proinde ego quietus
caufae nihil timui. Sed de ui et fraude follicitus propter
uos fui. Quare te per Chriftum oro , ut quamprimum pot-
eris , mihi uel per poftam Nurmbergenfem fcribas , quid
interim a literis proximis actum fit. Cogunt enim noftro-
rum tragiciffimae literae cogitare , num interim aliquid pe-
riculi in caufam inciderit.   Muffitabat nudius quidam inter
coenandum coram iuniore Principe eiusmodi quiddam , fed
ego diffimulans dixi , Non mihi fcripferunt , expectabo li-
teras. Fac ergo , ut habeam , quo illis os obftruam. Nam

F 4   ea

- caufam prodidiffe et propter pacem plura conceffuros
effe. Doch tröftet er auch den Melanchthon, fich hier-
über nicht zu fehr zu ängftigen: obfecro te , mi
Philippe , ne te maceres ex illorum iudiciis , qui uel
dicunt uel fcribunt , uos nimium ceffiffe Papiftis. Opor-
tet etiam ex noftris effe infirmos , quorum mores et in-
firmitates feras. T. III. Epp. Lüth. p. 203. 206.

ea quae hactenus illis refpondi per literas et uerba, uilue-
runt et euanuerunt coram eis. Dominus Ihefus feruet eu
dirigat te in mifericordia et miferationibus fuis, Amen.
Ex eremo feria 3. poft Lamperti 1530.

V.

Conrado Cordato.

Gratiam et pacem in Chrifto. Nec fcio, nec habeo,
mi Cordate, quid ad tuas literas refpondeam, adeo me
obruunt iftiusmodi querelae in toto noftri Principis duca-
tu. Genus eft perfecutionis clandeftinae et nocentiffimae,
ita minifterium noftrum contemni, odio haberi et incelfi,
deinde et fame exftingui. Scilicet fortuna eft haec uer-
bi, quod cum ad propria uenit, fui non ipfum reci-
piunt. Religionem in Ierufalem uicinae gentes non po-
tuerunt opprimere, ipfi ueromet oppreferunt. Chriftus
ipfe nunquam fuiffet crucifixus, fi extra Ierufalem man-
fiffet. Non capit Prophetam perire extra Ierufalem. Et
non eft fine honore Propheta, nifi in patria fua. Sic
et modo fit apud noftros. Foris hoftes nihil effent ef-
fecturi fuis furiis, ideo intra noftros fub pace oportet
contemtu, odio et fame uerbum extingui. Ideo etiam
et poena huius malitiae mox fequitur et magis fequetur.
Scilicet fames, quae coepit iam, et peftilentia forte et
gladius, fi ita pergent. Wenn Gott beutfchem Landt gern
gnedig wolt fein, fo laffen wirs uit gefcheen. Quare te

oro,

oro, mi Cordate, ut uel perseueres, his exemplis Chri-
sti et suorum solatiis, uel resignes illis tuis duris Cy-
gneis ministerium. Neque spem, neque rationem ullam
uideo illos mutandi. Si supplicemus Principi, et ille fi-
deliter mandet, tamen nemo exequitur. Haec expertus
et dolens loquor. Breui erit, ut isti proceres ducatum
reddant uacuum istis ministris uerbi, quos sola fama
expellent, ut taceam iniurias. Alias plura. Nam cor-
pore sum satis imbecilli et aegro. Saluta mihi Dominum
Nicolaum Episcopum tuum, et in Christo belle uale.
Amen. Ex Wittenberga, die Lucae, 1530.

M. L.

VI.

Hieronymo Wellero.

Gratiam et pacem. Multis modis detestor istius con-
cionatoris uanissimam temeritatem, mi Ieronime, qui sub
Casparo de Schonbergk, uti scribis, persuasit simplices
animas subire periculum sumendae speciei utriusque,
et ipse mercenarius nunc uiso lupo fugit, desertis oui-
bus, neque firmis satis neque munitis. Nunc quid faciam
ego absens absentibus? Non uenit ille mercenarius in
conspectum meum, reuocare item non licet, neque ue-
niam petere et tamen forte perdurare non possunt, ac
constanter factum pietatis confiteri. Quanto rectius fa-
cerent sub istis tyrannis, ut uel solo uerbo informarent

F 5 con-

confcientias, aut eos tantum audere docerent, qui pa-
rati eſſent omnia pro Chriſto pati.   Melius enim eſt ta-
cite credidiſſe, quam publice poſt factum negaſſe. Scribo
tamen illis, ſed neſcio an ſolatio futura ſit mea epiſtola,
uel tribulationi.   Tu iudicabis, et tum demum illis mit-
tes, ſi uidebitur. Nomen oppidi non ſignificaſti. Neque
ego explorare ex nuncio uolui. Breui ad uos frater Pe-
trus Weller ueniet, ut intelliges ex ſcorpionario ueſtro
omnia. Fer. 3. poſt Ioh. Baptiſtae. 1531.

M. L.

VII.

Epiſtola D. Lutheri erudita et uere apoſtolica ſcripta
ab ipſo menſe ante obitum eius beatum quinto decimo,
opponenda illorum clamoribus, qui nunc demum dictitant,
non ſolum non fuiſſe inter Lutherum et Philippum de coena
Domini ullum unquam conſenſum, ſed perpetuum plane
diſſidium.   Ex autographo Lutheri optima fide deſcripta.

*Venerabilibus et Amantiſſimis Dominis et fratribus Baltha-
ſari Alterio et ſociis in confeſſione Chriſti Venetiis et
Vincentiae etc. ſinceriſſimis et fidelibus.*

G. et pacem in Chriſto Domino et Saluatore noſtro
Amen.   Quod ſero ad litteras et petitiones ueſtras, amabi-
liſſimi in Domino fratres reſpondeo, per Chriſtum rogo, ne
imputetis meae uel negligentiae uel ingratitudini.   Imo et
hoc rogo, ſi in futurum negligentior uiſus fuero, ne ullo

modo

modo credatis, cor meum erga uos frigere aut torpere.
Teſtis eſt et erit mihi ipſe cordium inſpector Dominus,
quam fraterne imo quam reuerenter de uobis cogitamus,
ut quos uidemus dono excellenti Spiritus Chriſti ſic imbu-
tos, ſic ornatos, ſic roboratos in cognitione filii Dei, ut ue-
ſtri comparatione nobis ipſis uehementer ſordeamus ac diſ-
pliceamus. Qui cum uerbo Dei abundemus, in ſecurio-
re loco, tamen nimis frigemus uita ipſa, et plus ſatis tepenti
Spiritu ſumus. Non igitur praetexo multitudinem nego-
tiorum, non ſenectam per ſeſe pigram et frigentem, ac nunc
etiam exhauſtam et decrepitam, ſed quod ſentiam nihil
opus eſſe meis litteris. Deinde pudet me ad uos exhortan-
dos ſcribere, cum nihil dignum ueſtro Spiritu poſſim ſcri-
bere, tanta uos praeuenit benedictione benedictus et dul-
cis Saluator noſter I. C. ita ut magno ſitis nobis gaudio
et ex uobis et litteris ueſtris plus conſolationis accipia-
mus, quam uos ex noſtris accipere poſſitis. Non mentior,
teſtis eſt, ut dixi, Dominus. Cum uero *Matthias Illyricus*
ueſtri ſtudioſiſſimus non deſineret exigere litteras ſaltem ſa-
lutatorias, ne uobis in afflictione poſitis ſuſpicio aliqua ori-
retur, quaſi ueſtri nos coepiſſet negligentia uel obliuio,
coactus ſum iſtas breuiores ſcribere. Admonuit autem me
de ſcribendis denuo litteris per Principes noſtros ad Sena-
tum Venetum pro uinctis Confeſſoribus Chriſti. Ac ſcio
ſane, eſſe Principes noſtros locutos cum Legato Veneto.

Quid

62 III. Sieben bisher unbekannte Briefe D. Luthers.

Quid is effecerit ignoramus. Quodsi porro spes sit profuturas esse litteras Principum ad Senatum Venetum, opera nostra non deerit. Suspicantur sane quidam, esse Principes nostros in parua opinione apud Venetos. Alterum admonuit Matthias, scilicet *irrepere etiam in Italiam* — Das folgende steht in der Buddeischen Sammlung der Briefe Lutheri p. 286 mit der Aufschrift: Balthasari Altierio, das wir deswegen hier weglassen.

Anmerkung: Diesen merkwürdigen Theil eines Briefs, den Buddeus aus Hospinians Hist. Sacram. nur halb lieferte, fand ich in Pauli Crellii quaestione et responsione de uera ac natiua sententia dicti Paulini: nonne panis, quem frangimus — — Witteb. 1575. 8. wo er Bogen F. siehet, und hiedurch ist er also nun ganz. Ein anders eben so schätzbares Schreiben Lutheri an Evangelische in Italien hat mein Freund, Herr Rector Hummel in Altdorf, am ersten bekannt gemacht im ersten Band seiner Bibl. von seltenen Büchern S. 239 ff. Siehe meine Miscell. Samml. L. S. 162.

IV.

IV.

D. Johann Eckens
eigene Nachricht

von

feinem Leben und feinen Schriften.

Diese Nachricht habe ich aus einer kleinen, aber höchst seltnen Schrift genommen, welche die Aufschrift führt: Epiſtola Iohan. Eckii Theologi, de ratione ſtudiorum ſuorum, ſcripta A. 1538. nunc uero primum aedita. Alia Epiſtola. de obitu Io. Eckii Theologi, aduerſus calumniam Viti Theodorici Eccleſiaſtae Nornbergenſis. Autore Eraſmo Vuoiphio, Ingolſt. 1543. in 4. 3 Bögen.

Ich laſſe hier blos den erſten Brief Eckens ~~mit Weglaſſung des Eingangs~~ abdrucken. Von dem andern Brief Wolfens habe ich in Veit Dietrich Leben bereits geredet. Damals aber war mir folgende zur Vertheidigung Dietrichs herausgekommene Piece noch unbekant: Epiſtola de doctrina et morte Eccii. Qua reſpondetur maledico Ingolſtadienſium ſcripto, quod aeditum eſt contra Vitum Theodorum, autore Petro Lembergio Gorlizenſi. Norimb. 1543. 4. 4½ B. worinn manche dem Ecken gar nicht rühmliche Anecdoten befindlich ſind. Auf dem Titel ſtehet folgendes Epitaphium Eccii:

Qui dapibus uentrem largis, linguamque ueneno
    Pauit, in hoc ſitus eſt Eccius ecce loco.
Quas animus ſedes teneat, ne quaere Viator,
    Huic animus quoniam uenter et eſca fuit.

IV.

Io. Eckii epiſtola de ratione ſtudiorum ſuorum.

Infans a parentibus 1) auulſus, et primis elementis a pa- 1495
truo M. *Martino* 2) (cui fateor me omnia poſt Deum debe- 1498
re) Rotenburgi ampliter perceptis, mox Haidelbergam me 1499
contuli : ſtudium artium liberalium et philoſophiae cum
humanioribus literis ibi coeptum, Tibingae abſolui ſub 1500
Vracbio, Farneo, Bebelio : ibidem Lauream Magiſterii adeptus:
conſeſtim inde ſub *Cb. Summerbardo* ad Theologiam 3) con- 1501
uolaui,

1) Er wurde gebohren 1486 den 13 November. Sein
   Vater hieß Michael Maier, Bauer zu Eck in der Graf-
   ſchaft Mindelheim in Schwaben, der daſelbſt ob dreyſ-
   ſig Jahr Amtmann geweſen, wie Eck ſelbſt ſagt in
   ſeiner Schutzred kindlicher unſchuld wider den Catechi-
   ſten Andre Hoſander, 1540. 4. auß der wir mehrere An-
   merkungen beyfügen werden.   Johann Salicetus in
   der auf Ecken gehaltenen Leichenrede ſagt: Eckius in
   pago Sueuiae ſuperioris, unde nomen ſortitus, ex iu-
   ſtis et piae conuerſationis parentibus, mihi probe no-
   tis, in hanc lucem editus eo die, qui D. Auguſtino
   fuit natalis.   Credo in ſatis fuiſſe, ut Theologus maxi-
   mus in die ſummi naſceretur Theologi.

2) Die Bibel hab ich meinem Vetter M. Martin vaſt
   außgeleſen, ee ich gen Haidelberg zogen, ee ich XI jar
   bin alt worden. Eck in ſeiner Schutzred. Educatus
   a patruo ſuo Rotenburgi, a quo prima et religionis et
   rei literariae rudimenta accepit ex authoribus eo rerum
   ſtatu receptis et uſitatis. *Salicet.* l. c.

3) In der Schutzrede führet er faſt alle ſeine Lehrer an.
   a) in iure. Ich hab vil jar im rechten leſen hören die
   Hoch-

1501 uolaui, at pefte graffante ad Vbiorum Coloniam profectus
    fub *Theodorico de Sifteru* dogmatibus S. Thomae incubui:
    ibidem quoque tabe furente fugatus, Patruo uolente Fri-
1502 burgum Brifachgogiae acceffi, ubi philofophiam non fine
    profectu docendo, Pauonicum, ut uocant, contubernium re-
    ftitui, difcendo autem Theologiae, fub *Northofero* et *Brif-*
    goico, utrique iuri fub *Angelo de Befuntzio* Mediolanenfi et
    Zafio celeberrimo operam impendi diligentem: fucceffiuis
    tamen horis a *Gregorio Rheufchio* Carthufiano Mathemati-
    cam et Cosmographiam haufi.   Sub praelum calcographi
1506 tunc dedi exercitamenta dialecticcs, primicias frugum
    mearum.

    Pofthac in Theologia tantum profeci, ut praeceptorum
iudicio licentiam, ut uocant, adeptus, publico ftipendio iu-
uenis Theologiam profiteri inceperim G. Ocham et Gabrie-
                              lis

    Hochgelerten Männer, Angelum de Befuntzio, Paulum
de Citadinis Mediolan. Ulrichum Zafium iuris lucer-
nam, Blafium Aichhorn, Sonnebergium und andere.
b) in theologia. D. Chunrat Sumerhart, D. Wen-
del Stainbach, D. Jacob Lemp, F. Paulus Scriptoris
zu Tübingen, D. Dietrich Süftern mit andern ordina-
riis, D. Arnoldus Lungris, D. Georg Northofer, D.
Joh. Winckler, D. Joh. Brisgoicus, die hab ich all ge-
hört inn Theologia lefen vnd difputiren: vnd vil von
meinem vetter M. Martin Maier von Eck in mein
kindtlichen Tagen gelert. c) in graeca. hab treffen-
lich leut gehört in Greco, den Reuchlin, Demetrium,
Lafcarim, Achacium, D. Johann Agricolam, vnd an-
der: hab wol lützel (weniger) darinn erlangt, aber fo
vil, das ich fein genug hab zu der Theologei wider
Zwinglin vnd Hofander.

lis commentaria praelegendo in Ianuario anni noni, sic si-1509 mul docendo et discendo profeci.

Dum autem a casu Ingolstatense Gymnasium inuiserem, Moderatores eiusdem (apud quos fama disputationum mearum inclaruerat) rogarunt, ut in eorundem palaestra periculum facerem, et ad populum declamarem: quibus non illibenter morem gerens, tantum fauoris disputando apud eos mihi conciliaui, ut omnibus remis et uelis ab Illustrissimo Principe Boioariae Duce *Vuilhelmo* contenderent, me lecturae Theologiae tr : per obitum optimi uiri *Zinglii* uacantis praefici : unde mox nobilissimus Princeps honorifico stipendio clementer me e Friburgo euocauit. Cuius 1510 uotis obsecutus ad Ingolstadium migraui in Nouembri. At ut intelligas, Reuerende Pater, semper me pedem mouisse in literis, licet parum promouerim, pergam narrare studia mea Ingolstadii confecta. Nam Doctoris subtilis, Francisci Maronis et asseclarum placitis, Aliacensis, Maioris et aliorum commentariis inuigilans, lapso deinde biennio specimen lectionum mearum exhibui in altissima praedestinatio-1512 nis materia, quam praelectam auditoribus meis inuulgaui opere, quod *Chrysopassum*, in quo licet uidere uigilias in commentariis sententiarum theologicarum et Augustino, quo tunc familiariter utebar, adhibitas. Tum animum appuli ad Moralia, Gersonem euoluens, et Kaiserspergium praecipue sacra scriptura, ut Lydio lapide iudice ascito : unde contractuum, usurarum, iuramenti, uotorum, ignorantiae, confessionis, sacramentorum, communionis sanctorum, et huiusmodi rerum telam exorsus, quorum partem publicaui, partim domi cum tineis rixantur, Gabrielis quoque Biel canonem publice profitebar. Sub eo tempore iussu Illustris-1514

Lit. Miscell. 3. Samml. G simi

ſimi Principis mei totam Ariſtotelis Stagyritae Dialecticam,
Phyſicam quoque cum uocibus Porphirii fuſioribus com-
1515 mentariis illuſtraui : diſputaui tum *Bononiae* in aede S. Petro-
1516 nii , et ſequenti anno in *Vienna* Auſtriae , 4). Regiminis
Maximilianei adiutus opera , plus quam Academiae. Porro
cum Areopagitae libros ſaepe fruſtra legiſſem , nactus ope-
ra Cuſani , Honorii Solitarii , Hugonis de palma , Petri
Hiſpani , Maronis in Dionyſium , adgreſſus ſum Theologiam
negatiuam , ſeu Myſticam , adiutus Plotino , Ammonio ,
Mercurio Trismegiſto , Marſilio Ficino , Alga Zele , Stapu-
lenſis , Symphoriano , et Pyramidibus ex Cuſana Bibliothe-
1517 ca , per uenerandum patrem Reiſchium Chartuſianum alba-
tis : an uires conatui reſponderint , aliorum ſit iudicium ,
nam in Dionyſii Myſticam Theologiam commentarios per
praelum euulgauimus , qui incomparabilis uiri Ioh. Roſſen-
ſis iuditio laudati fuerunt.

    Dum meditarer omnem Philoſophiam Trismegiſticam,
Orphicam , Platonicam , Aegyptiacam et Arabum , Theolo-
giam etiam Dioniſiacam ſub quinque ſectionibus totam ex-
1518 plicare , ecce panditur malum ab Aquilone peſſimis uentis
Carlſtadio et *Luthero* nauiculam Petri ſubuertere conanti-
bus : uelitatum fuit aliquandiu leuiculis libellis : interim
tamen tanto maiori ſudore mihi colluctandum erat , quanto
plures ipſi habebant adiutores : quorum erant tot , ut cum
equo Troiano quodammodo mihi pugnandum foret. Quo
autem omnes compertum haberent , me nihil quaerere niſi
                                                  ueri-

4) Von Eckens zu Bologna 1515. und zu Wien 1516. gehal,
    tenen Diſputationen findet man die beſte Nachricht in
    des ſeel. D. Riederero Nachrichten zur Kirchen = Ge
    lehrten = und Bücher = Geſchichte Band III. S. 47 ff.

ueritatem, ut ſcriptionum et riſarum finis eſſet, obtuli
diſputationem, quam Lutherus acceptauit, Lipſiam mihi 1519
praeſcribens (licet mendaciter hoc poſtea negarit D. Ele-
ctori contra ſyngrapham, quam adhuc habeo) ubi XIX die-
bus cum ambobus congreſſus reiecto toto iudicio in almum
ſtudium Parrhiſienſe: nam in hos Luther et Carlſt. non
modo compromiſerunt, ſed ex omnibus delegerunt: ut hanc
inter nos litem componerent, et ſopirent. At ne interea
me cum gliribus dormitaſſe crede. Preſtat (*reſtat*) reue-
rende Pater, cum ad ſtudium Theologiae te allicere tenrem,
recenſere praelectionum mearum et proſecutionem: nam
interea Euangelium altiuolae Aquilae et eius canonicam e-
piſtolam interpretatus ſum, Geneſim, item Exodum, et Leui-
tici aliquot capita, Pſalmos quoque aliquos enarraui, cum
Prophetis Abacuk, Aggeo, 5) Sophonia et Malachia.

Negotium iam Lutheri proſequor et complicum, qui
non expectato Parrhiſino iudicio conuitioſis libellis me ob-

G 2   ruebant,

---

5) Eine vortrefliche critiſche Recenſion von Eckens comment.
ſuper Aggaeum lieferte erſt vor kurzem unſer berühmter
Herr D. Döderlein im zweiten Band des Altdorfiſchen
literariſchen Muſeums S. 323. ff. Die hier geäuſſerte
Muthmaſſung, daß Eck ſich bey ſeiner Arbeit der Com-
plutenſiſchen Polyglotte bedient habe, iſt vollkom-
men richtig. Man ſehe ſein Buch de Sacrificio Miſſae,
wo er ſich öfters auf dieſelbe beruft. Er gebrauchte
ſolche auch, ſo wie die Antwerper Polyglotte, bey ſei-
ner deutſchen Ueberſetzung der Bibel. Auſſer den hier
genannten vier Lehrern Eckens im Hebräiſchen, Bü-
ſchenſteins, Eliä Levitä, Reuchlins und Stöſzelſteiners,
gedenkt er unten noch dieſer: Reuchens, eines Car-
theuſers, Sanctis Pagnins, Achacii, und eines Ju-
den, Loti.

ruebant, quibus tamen nec ad horam cessi, id quod pro-
bant, quae extant Apologiae aliquot excusae. Verum ut
iusto exercitu schismaticis occurrerem, scripsi de primatu
Petri libros III. 1520. de Purgatorio libros IV. 1521. de
Poenitentia IV. 1522. de sacrificio lib. III. 1524. successiuis
annis a Calcographis disseminatos.

Demum in nouissimo isto periculoso tempore reuoca-
uit *Zuinglius* haeresin Capharnaitarum et Berengarii contra
Euchariftiam, et quia uerebar, ne bellaces Heluetii spuman-
tibus et turgidis Zwinglii uerbis seducerentur : Nam quo-
ties in publicum conueniebam, intellexi eum uiros etiam
doctos, arrogantia hebreae et graecae linguarum irridere,
sublannare, et haereses suas falsis expositionibus palliare.
1525 Reuersus ergo ex Anglia duorum Principum consilio Hel-
uetiis errorum Zwinglii phalanges recensui : quod publice
disputationis congressu obtuli me monstraturum : Zwinglio
autem arenam Agonis diu retractante, tandem coram XII
1526 Cantonibus Heluetiorum, ac coram Regis Galliae et quatuor
Episcoporum oratoribus est disputatum in *Baden* 6) (Oe-
colampadio in uicem Zuinglii cum turba Apostatarum suc-
cedente) uiginti diebus: at magis strenue et continenter,
quam Lipsiae, puta duplo pluribus horis. Quinque autem
Cantones ueteres cum Friburgensi Vchtlandiae hac disputa-
tione aedificati nunquam cesserunt Tugurinis aut Bernati-
bus : ut pauci Machabei posterius magnos exercitus schis-
maticorum profligarent.

Schis-

6) Eine vollständige Anzeige der Schriften, welche dies Ge-
spräch zu Baden betreffen, haben wir dem glücklichen
Schäzer und Kenner alter Bücher und ihrer Geschichte,
Herrn Prof. Schwarz zu danken, im ersten Band des
gedachten Museums S. 534. ff.

Schiſmatici uero iacturam quam paſſi erant diſputatio-
ne Badenſi coram rudi populo recuperare cupientes Ber- 1528
nae Tugrorum et Rauricum auxilio diſputationem perfidia
plenam habuerunt, quam Catholicorum hortatu confutaui:
nec in hunc diem iactabundi illi quicquam reſponderunt.

Eodem tempore comprehenſi ſacerdotes, qui ex uulga-
ribus libris Lutheranorum praedicabant ad populum, uſi hac
excuſatione, ſe id facere ob penuriam ſermonum Germa-
nicae linguae. Ideo Humaniſſimus Bauariae Dux Vuilhel- 1529
mus mihi praecepit, ut ſermones in lingua noſtra ederem,
cuius iuſſibus impigre obediens, et declamationes popula-
res de tempore et ſanctis, ut uocant, edidi.

Sub hoc tempore Imp. *Carolus V.* ſemper Auguſtus 1530
comitia Principum habuit Auguſtae Rhetiae, ubi ab ipſo
Caeſare et ordinibus imperii cum aliis ad agendum cum Lu-
theranis deputatus fui. Quos labores ſcribendo et agendo
tunc ſubiuerim, Caeſarea Maieſtas et Regia, Legatus Apo-
ſtolicus, et Principes imperii non ignorant. At interea for-
te ſuccurrit animo tuo Reuerende Pater, ubi et quando lin-
guae ſanctae fundamina iecerim? Paucis te reddam certio-
rem.

Elementa rudia cum notulis a *Reuſchio* Carthuſiano 1511
acceperam: his deinde in *Boſchenſtainii* diſciplinam me tra-
didi, poſt *Ioban. Reuchlin* Capnionem Ingolſtadii profitentem 1521
diligenter audiui: morabatur enim toto illo tempore in ae-
dibus meis, et manu ſua Grammaticae Kimchi exemplar im-
preſſum emendabat. At cum ſub Leone Papa et Adriano 1523
Romae diutius tenerer quam uolebam, adiit me *Helias Le-
uita* ex Iudaeis Germanus (Cui Reuerendiſſimus Cardinalis
Egidius primas tribuebat in dick duck apud omnes morta-

G 3   les.)

les.) Huius eruditione fateor me uberius profeciſſe, adeo ut librum Ruth, Geneſis XXX. primi Regum XXVI capita publice praelegerem hebraice.   Audiui tunc Romae etiam *Sancten Pagninum*, et *Achatium* profeſſores Hebraiſmi, in Chaldaeo praeter uerſionem in Pentatheucon Complutenſ. uſus ſum muto magiſtro *Munſtero*, qui prae caeteris egregie aemulatur et aſſequitur Heliam, trimeſtri quoque Iudaeo *Loro* uſus ſum praelectore, recte dixi me uſum, quia cum utriusque grammaticae eſſet aſymbolus, nihil praeſtare poterat praeter uſum.

Verum unde exierat oratio noſtra reuertatur.   Euulgatis ſermonibus de tempore et ſanctis, Reuerendiſſimus Cardinalis Maguntinus Germaniae Primas, ex Marchionibus Brandenburg, ratus ſacramentariorum rationem hoc tempore admodum ſacerdotibus neceſſariam, uoluit ut hanc quoque materiam declamationibus illuſtrarem, et profecto iuſta ratione mouebatur, quare tanto Principi non grauate parui, qui labores meos liberaliſſime quoque remunerauit. Sed quia omnia iſta lingua uernacula conſcripſeram, quam plures urgebant Epiſcopi et Praelati (ex quibus etiam erat Geruuicus Abbas in Weingarten) ut iidem latine ederentur.   Quid ſacerem? recuſare erat inhoneſtum, acquieſcere difficile: itaque conſilium in arena accepi, et omnes ſententias Patrum adductas annotaui, et contextum orationis *Menteingero* tunc diſcipulo meo (modo concionatori uero Maguntino) impoſui, quo reliquis ſtudiis ſerioſius incumberem: et quia inordinata quaedam Lutteranorum ordinatio 7) e uicinia prodierat, confutationem eius adornaui, ante-

1532

1533

1534

---

7) C. verſtehet hierunter die Marggräflich - und Nürnbergiſche Kirchenordnung. Die von ihm dagegen edirte höchſt

antequam in Treueros et Auſtralios proficiſcerer.　Curaui 1535
dein ut ſermones quoque de ſacramentis latine redderen-
tur, et lecturam in Aggeum Prophetam purgaui.　Cum au-
tem in lingua noſtra rediret in alium, quod Auguſtinus
olim conquerebatur, ut indies prodiret noua et uaria ſaepe
etiam deprauata *Bibliae* ſanctae uerſio, ob id Princeps meus
Chriſtianiſſimus Dux Vuilhelmus ſubditorum ſuorum ſaluti 1536
cupiens eſſe conſultum, per literas ſuas graui et maturo
conſilio conceptas mihi iniunxit, ut totam Bibliam 8) iux-
ta Eccleſiaſticam lectionem denuo uerterem.　Et quare in
tam pio et religioſo propoſito illuſtriſſimae ſuae domina-
tioni non obſequerer ? non omnibus neruis parerem ? di-
uino itaque implorato auxilio rem difficilem aggreſſus octo
menſibus uetus Teſtamentum abſolui, ut ſuperiori anno ſuit
excuſum.　Quantum autem per ualetudinem corporis licuit 1537
mendulas Calcographi ex Biblia ſuſtuli, commentarios hoſce

G 4　　　　　　　　　in

höchſt ſeltne Schrift: Vnderricht wider die angemaß-
ten jetzer vnd angeber vermainter Newer Kirchen Ord-
nung Jüngſt in der obern Marggraffſchafft vnd Nürn-
berger gebiet — Irgolſt. 1533. fol. iſt recenſirt in D.
Niederers Nachrichten, Band IV. S. 457. ꝛc.

8) Eine, obwol magere, Recenſion dieſer äuſſerſt ſeltnen,
und faſt unbekannten Bibel Eckens, Ingolſtade, 1537.
fol. befindet ſich im 5ten Stück der nützlichen und aus-
erleſenen Arbeiten der Gelehrten im Reich, Nürnb.
1735. S. 377. ff.　Er überſetzte aber blos das alte Te-
ſtament, das N. T. ließ er, wie es Emſer überſetzet
hatte.　Von dieſer und andern Catholiſchen Bibeln
wird uns nächſtens der verdienſtvolle Herr Schaffer-
Panzer umſtändliche Nachrichten ertheilen.

in Malachiam 9) purgaui, et in Pſalmum uigeſimum: iam
uero per quietem quatuor Tomos priores S. Hieronymi
uellicatim relegi: idem facio iam in aliquot partibus S. Au-
guſtini, usque ad ſacrum quadrigeſimae tempus, ubi ſpiri-
tu ſancto aſſlante ſeueriora ſtudia amplectar.

Habes, Reuerende Pater et Patrone, ſummarium 10)
ſtudiorum meorum, nam infinitum eſſet ſingula recenſere,
quae ſtudio Camerario legi, aceruum librorum, declama-
tiones ad populum plus minus octingentas, orationes in
principiis librorum et diſputationum officiis Rectoratus ad
uniuerſitatem in funeralibus, in omnium facultatum licen-
tiatis promouendis habitas plures trecentis: at quae tua
eſt humanitas, non arrogantia a me iſta commemorata eſſe
accipies, ſed ſingulari quodam erga te ſtudio, ut imitabile
exemplum ſtudiorum tibi proponam, quo animus tuus ad
lectionem ſacrae ſcripturae inardeſcat. Clericus es, Prae-
latus es, in ſortem Domini uocatus es, quare Deo ſeruire
ſtu-

9) Dieſer Commentar kam nicht zum Vorſchein: der Her-
   ausgeber dieſer Epiſtel ſagt daher in der Vorrede:
   Facit epiſtola mentionem cuiusdam commentarii in Ma-
   lachiam, qui neſcio quo caſu niuente adhuc Eckio
   periit.

10) Es gehört allerdings unter die Polygraphen, aber die
   wenigſten ſeiner Schriften werden mehr geleſen, und ver-
   dienen es auch nicht. Einige Nachricht von denſelben
   findet man in D. Riederers Nachrichten B. IV. S. 479.
   Wozu ſie Melanchthon gebraucht, erzählt Manlius in
   ſeinen Collectaneis P. II. p. 191. mit Melanchthons
   Worten alſo: Eccius ultimum librum edidit de coniu-
   gio ſacerdotum turpiſſimum. Non fuit cygnea cantio,
   ſed ultimus crepitus, et ſicut felis fugiens pedit, ſic ille
   mouens hunc crepitum cecinit. Legi librum ſubinde
   accipiens partem ad cloacam, alioquin non legiſſem.

ſtudeas, prae caeteris eminentius. Quod ſtudio theologi-
co locupletiſſime facere poteris. Quid enim eſt legere Bi-
bliam, niſi loqui cum Deo? quid aliud eſt audire uerbum
Dei quam audire Deum loquentem, et benedictam eius uo-
luntatem inſpicere. Obliuiſcere te eſſe nobilem ſecundum
carnem, quam quod ad uirtutes adtinet: uerum ſemper in
obtuitu tuo ſit, te eſſe ſeruum Dei, Praelatum Eccleſtiaſti-
cum, delectabunt te canones Patrum, cultui diuino diligen-
tem curam impendes, in hoc iocundaberis, gaudebis, ex-
ultabis. Sic enim maiorem honorem apud Deum et homi-
nes habebis, quam ſi cataphractus, loricatus, haſtatus in-
ceſſeris, pro breuiario lanceam aut bombardam ferens: iſta
enim conſanguineis tuis permittito, militaribus huius ſaecu-
li, haec namque eis ſunt ornamento et ſplendori, tibi ue-
ro et aliis in ſortem Domini uocatis, ſunt ignominia, ab-
ominatio, dedecus, et barathrum damnationis. Domeſti-
cum habes exemplum in tua eccleſia, Brunonem Epiſco-
pum Herbipolenſem, Ducem Carinthiae, ex Goslarienſi Ec-
cleſia praepoſitum uocatum (non enim natus Herbipoli fuit
neque educatus) qui nae dum doctiſſimus fuit in Theolo-
gia, ſed magno quoque iudicio, Auguſtini, Hieronymi et
Caſſiodori in Pſalmos ſcripta in Enchiridion redegit.

Adeptus ſum aliquando Canonicatum Auguſtenſem,
Canonicatum item Leodienſem Cardinalis Erhardi de Marca
munificentia, Suffraganeatum item Tridentinum et alia opi-
ma 11) beneficia potui habere, et cum pigris otiari: ue-

G 5   rum

11) Daß Eck allerdings nach vielen fetten Pfründen heiß-
   hungrig getrachtet, und wirklich ſehr viele beyſam-
   men gehabt habe, iſt gar nicht zu läugnen. Eine ar-
   tige Hiſtorie, wie er bey Werbung um eine neue, vom
   Cardinal Campegius betrogen werden ſey, erzählet
   Manlius in ſeinen Collectaneis loc. comm. P. II. p. 244.
   (edit. Baſil. 1563. 8.) die ich hier ganz beyfügen will:
   Eccius in conuentu Auguſtano 1530. petiuit ſacerdo-
   tium, quod tunc uacabat Auguſtae, a Card. Campegio:
   ſimulque dixit, ſe multum laborare pro Romana Eccle-
   ſia,

rum amore literarum fascinatus a Gymnasio non potui auelli
et a scholasticis sudoribus. Macte ergo uirtute Reueren-
de Pater, bonas literas, quas Lipsiae, Ingolstadii, Friburgi
et Patauii didicisti, offer Deo et sacris literis, in holocau-
stum et suauissimum odorem Domino. Vale et salue ob-
seruande Pater. Ingolstadii, quarto nonas Februarias, Anno
salutis MDXXXVIII.

     sia, et sustinere multa et magna onera, petiitque ut
iam sui rationem haberet. Respondit Cardinalis: Be-
ne, tu habebis. Eccius abit, putans, rem esse certam.
Interea uenit alius nobilis, homo uafer, et affert 400
florenos dicens: Domine Cardinalis, ego peto mihi da-
ri hoc sacerdotium. Respondit Cardinalis: Ego iam
promisi alteri idem petenti. Post longam uero excusa-
tionem Cardinalis ille astutus nobilis dicit: Ah rogo
te, ne mihi hoc officium deneges. Facillime componi
potest inter te et Eccium, simulque dat ei consilium,
quo utatur in reuocandis promissis. Dicito, inquit,
Ducem Bauariae publicis literis pro alio quodam in-
tercessisse, cui illud sacerdotium prae caeteris tradi ne-
cesse sit. Eccius post dies tres uel quatuor iterum
accedit Card. Campegium, et petit sibi dari testimo-
nium seu literas quibus certo committeretur ac trade-
retur ipsi sacerdotium. Cardinalis uero attulit excusa-
tionem, quam a nobili edoctus erat. Eccius autem
propter eam indignam repulsam acerrima ira commo-
tus, uenit ad Philippum Melanchthonem aliosque par-
tis Lutheranae simul forte congregatos, et conquestus
apud ipsos de tanta contumelia tandem adiecit: Quid
uos mihi dabitis, ut deferam illos nebulones, et ue-
stras partes sequar ac defendam? Ad quae Philippus:
Si causa nostra est uera, cur non sponte tueris uerita-
tem? Ipse uero uidens se suo testimonio conuictum,
primo quidem paululum attonitus et cogitabundus se-
dit ac quasi obmutuit. Tandem uere paululum se re-
colligens inquit: non tamen omnia sunt uera quae de-
fendi possunt, ac sic ab ipsis recessit.

                                       V.

V.

Nachricht

von

Thomä Naogeorgi

Leben und Schriften.

u. am Ende

Diese und die zunächst folgende Abhandlung ist mir von meinem geliebten Freund, Herrn Adiunct am Ende zugeschickt worden. Je wenigere Nachrichten wir bisher vom Naogeorgo, und den Gelehrten, die das Schwäbische Syngramm unterschrieben haben, aufweisen können, je genauer, fleißiger und gründlicher alle literarische Arbeiten eines am Ende sind, desto angenehmer und erwünschter wird der Abdruck derselben ganz gewiß einem ieden Kenner der Literatur seyn. Hin und wieder habe ich einige Anmerkungen beygefügt, die größtentheils nähere Anzeigen der Schriften betreffen, und am Ende mit einem) bezeichnet sind.

für Naoflzjo .. Vaaferm nein. i. d. Litha. LLL. 1803. II, 194.f. 219.ff.

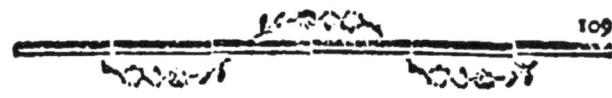

V.

Nachricht von dem Leben und den Schriften Thomä Naogeorgi.

Dieser Gelehrte war zu seiner Zeit theils als ein großer Grieche, theils als ein guter Poet, theils als ein geschickter Theolog sehr berühmt, ob er gleich seinen Ruhm durch einige besondere Meynungen und unnöthige Streitigkeiten selbst wieder verdunkelt hat. Eine weitläuftigere Nachricht von ihm, als wir bisher gehabt haben, sollte also nicht ganz unnützlich seyn, besonders, da er auch jetzt noch wegen einiger von seinen Schriften allerdings Aufmerksamkeit verdienet. Diß ist die Ursache, warum ich dasjenige, was mir von ihm bekannt worden ist, hier aus der Zerstreuung sammlen will.

Sein wahrer Name, den er in den Kaufbeurischen Documenten führet, ist Thomas Kirchmair, oder Kirchmeyer, welchen er nach der Gewohnheit seiner Zeit in den griechischen Naogeorgus verwandelte. Man muß sich fast verwundern, wie oft man seinen Namen falsch angeführt findet: z. Ex. Neubauer, Kirchbauer, Naogeorgius, Naeogeorgius, Neageorgus, Neogeorgius u. f. w. auch legt man ihm den falschen Taufnamen Johannes und Theodor bey. Jenes thut Schlegel im Leben Spalatins S. 179. und dieses viele Ausgaben der Register von den verbothnen Büchern. Peter Paul Vergerius spottet zwar über den Johann Della Casa, daß er in seinem ersten Register solcher Bücher im Jahr 1549. nebst vielen andern berühm-

rühmten Männern, welche wider die Mißbräuche der römi=
schen Kirche geschrieben haben, auch den Thomas Nao=
georgus vergessen hatte.*) Allein was Casa versäumt
hatte, das haben die spätern Bücher=Richter gedoppelt ein=
gebracht und den guten Naogeorgus zweymal, mit ver=
ketzerten Namen als einen Erz=Ketzer aufgestellt. Schon
in dem Tridentinischen Index erscheinet der Thomas Neo=
georgius. Nachher mag iemand den Vornamen Thomas
nicht ganz ausgeschrieben irgendwo gefunden haben, und
da zimmerte man aus dem Th. einen Theodorus Neo=
georgius, dem schon in dem Anhange des Tridentinischen
Index auch sein Platz unter den Ketzern der ersten Classe an=
gewiesen wurde. Selbst Quirini merkte diesen Fehler
nicht, ungeachtet er den Zunamen würklich verbeßerte. Da=
her stehen auch noch in dem verbesserten Register der ver=
bothenen Bücher vom Jahre 1758. beide Erzketzer. Nao=
georgus Theodorus. Naogeorgus Thomas.**)

Noch

*) Schelhorns Ergötzlichkeiten aus der Kirchen=Histo=
rie und Litteratur, II. Band, S. 22.

**) Einige Nachricht von dem Naogeorgus, und seinem
falschen Namen findet man an einem Ort, wo man
solche, wie mehr andre Nachrichten, nicht suchen sol=
te, nämlich in C. A. Heumanns sogenanntem Erweiß,
daß die Lehre der reformirten Kirche vom heiligen A=
bendmahl die rechte und wahre sey 1765. §. 50. p. 33.
34. wo aber doch auch der Name Naogeorgius nicht
richtig ist. Ich habe nachher ebenfalls diese falsche
Namen zu berichtigen gesuchet im zweiten Stück der
vermischten Beyträge zu der alten und neuen
allgemeinen besonders aber Schwäbischen Kir=
chen=und Gelehrten Geschichte, 1765. S. 152—
154.

Noch einen andern Namen führt er von dem Orte sei-
ner Geburt. Da heißt er Heubelschmeißer, oder Hubel-
schmeißer. Ungeachtet er sich selbst und andre ihn Strau-
bingensem nennen, so war er doch eigentlich nicht von
Straubingen selbst, sondern von einem ziemlich unbekann-
ten, nicht weit davon gelegenen Ort, das Hubelschmeiß
heißet, von welchem er diesen Namen bißweilen geführt ha-
ben mag. Es ist aber solches von einigen ganz falsch ver-
standen worden. In Tobias Schmidts Zwickauischer
Chronick *) soll, im ersten Theil S. 373. stehen, daß Nao-
georguo sonst Heubelschmeißer heiße, wie Schlegel im
Leben Spalatino S. 3. meldet. Dieß erzehlt J. A. Wim-
mer in seinem lateinischen Leben des Canzlers, Gregorius
Pontanus, Altenburg 1730. 8vo S. 25. ganz verkehrt:
Thomas Heubelschmeisser, a patria Noogeorgus.

So kan ein falscher Name immer wieder fortgepflanzt
werden. Denn ich sehe aus C. H. Loeberi historia ecclesia-
stica

154. Was ich daselbst versprochen habe, nemlich von
seinem Leben und Schriften einmahl weitläuftiger
Nachricht zu geben, das will ich also gegenwärtig er-
füllen.

*) Ich habe zwar Laurentii Wilhelmi wahrhaffrige
und eigentliche Beschreibung der uralten Stadt Zwi-
ckau, welche M. Tobias Schmidt, als ein Chronicon
Zuiccauiense, 1633. in 4. herausgegeben. Allein diese
beträgt nur 250. Seiten, und in dieser habe ich nichts
von dem Naogeorguo finden können, ungeachtet sonst
von allerhand Gelehrten ungesuchte Nachrichten darin-
nen vorkommen. Die Ausgabe, auf welche sich Schle-
gel beziehet, muß also nothwendig vermehrt und weit-
läuftiger seyn.

stica Orlamundana parte speciali Sect. II. p. 395. auf welche
ich mich öfters beziehen werde, daß schon Sagittarius,
oder vielmehr Schlegel, dafür gehalten habe, der Name
Naogeorgus zeige den Ort an, wo Hubelschmeißer
sey gebohren oder erzogen worden.

Von dem Namen Neubauer aber glaube ich, daß er
solchen niemals geführt habe. Er scheinet blos eine Er-
dichtung eines Ungeschickten zu seyn, der den falschen Na-
men Neogeorgius in das teutsche übersetzen wollte. Er heisset
so in einer teutschen Chronick der Stadt Kahla, und aus
derselben auch in der Pfarr-Matrickel daselbst, wie Löber
l. c. und Schlegel in dem ausführlichen Bericht von dem
Leben und Tod Caspar Aquilä S. 317. anmerkt, der diese
Chronick selbst besaß. *)

Aus dem Orte seiner Geburt läßt sich wahrscheinlich
schliessen, daß er von geringen Eltern herstamme, denen er
aber durch seine Gelehrsamkeit, und dadurch erlangten
Ruhm Ehre gemacht hat. Vermuthlich zielte er mit seinem
Wappen entweder auf diese seine Herkunft von Bauern,
oder spielte damit auf seinen Namen an. Denn er führte
in demselben eine Pflugschaar. *)

Im Jahr 1511. wurde er gebohren. Ob er den ersten
Grund seiner weitläuftigen Gelehrsamkeit zu Straubingen,
oder einem andern Ort gelegt hat, habe ich nicht entdecken
können. Zu Tübingen studirte er die Gottesgelahrtheit,

legte

*) Er heißt aber auch Neubauer auf dem Titel der teutschen
Uebersetzung der Tragödie Mercator.]

*) Schlegel im Leben Spalatino S. 179. wo er aber falsch
Johannes genennet wird.

legte sich besonders auf die Poesie und erlangte im Grie-
chischen grosse Fertigkeit. Vermuthlich wurde er daselbst
auch Magister; wenigstens nennet er sich selbst Magister
Artium. Sonst weiß ich leider! von seiner Jugendgeschichte
gar nichts, und alle meine Bemühung etwas davon zu fin-
den, war vergebens. Vielleicht war er ein Schüler Joa-
chim Camerarii. Daß er auch zu Wittenberg studirt und
Melanchthons Schüler gewesen sey, wie Heumann l. c.
sagt, daran zweifle ich fast. Denn in einer Stelle, die ich
bey seinen Büchern anführen werde, sage er noch im Jahre
1533. da er schon ein paar Jahr Pfarrer war, daß er Lu-
thero von Gesicht unbekannt sey. Wie hätte diß seyn kön-
nen, wenn er vorher zu Wittenberg studirt hätte? Er er-
hielt nämlich ungefehr im J. 1536. das Pfarramt zu Sul-
za an der Ilme in Thüringen. Schon in diesem Jahre
machte er den Wittenbergischen Gottesgelehrten mit einer
Irrlehre Verdruß. Ich will aber den ganzen Handel dar-
nach zusammen erzehlen, wenn ich zu der Zeit komme, da er
solche wieder aufgewärmt hat. Das erstemal muß er sehr
gute Versprechungen gethan haben, sich zu beßern und rein
zu lehren. Wenigstens urtheilte Melanchthon ziemlich
günstig von ihm, da er ihn in dem J. 1539. nebst dem Ams-
dorf, Linck, Myconino, Hesus und einigen andern als
einen Gelehrten in Vorschlag brachte, welcher bey der Re-
formation des Herzogs Heinrich, in Meißen *) entweder
beständig gebraucht, oder doch auf eine Zeitlang entlehnt
werden könne. Zu solchen Geschäften wählte man nur
Männer, von deren Geschicklichkeit und Orthodoxie man
gewiß überzeugt war. Daß er auch bey dem Churfürsten

Lit. Miscell. 3. Samml.   H   Jo-

*) nicht in Preußen, wie im Jöcherischen Lexico stehet.

Johann Friedrich von Sachsen in Gnaden gestanden, dar-
an ist kein Zweifel.   Aber daß er mit demselben etliche
mal zu Augsburg als Hofprediger gewesen sey, wie die Rah-
lische Chronick erzehlet, das ist sicher falsch und vermuthlich
ein bloßer Mißverstand.

Als Pfarrer zu Sulza bekam er jährlich aus der
Churfürstlichen Rent-Kammer 20 fl. Zulage, vermuthlich
wegen der schlechten Einkünfte seines Amtes.   Denn die
Ursache, welche Schlegel im Leben Aquilä angibt, S. 323.
in der Anmerkung, ist unrichtig. Er kan diß Geld nicht deß-
wegen erhalten haben, weil Sulza im J. 1542. von den
Mordbrennern angesteckt worden, und fast ganz in die Asche
verfallen war.   Denn da war er nicht mehr daselbst, sondern
zu Rahla, wohin er auf inständige Bitte des Rathes schon
zu Ende des vorgehenden Jahres 1541. als Pfarrer gezo-
gen war.   Schon am 24sten Julii dieses Jahres hielt er in
einem Briefe an, daß man ihm dieses Geld auch noch zu
Rahla, wenn er diß Amt annehmen würde, angedeihen
lassen sollte, und vermuthlich mag er es auch erhalten ha-
ben.   Seine Nebenstunden in diesen beiden Aemtern brachte
er meistens mit Verfertigung seiner Tragödien zu, in wel-
chen er sich als einen hefftigen Eiferer gegen das Pabstthum
zeiget.   Zu Rahla aber fiel es ihm auch ein, seinen Irr-
wahn, den er sich einmal in den Kopf gesetzt hatte, unge-
achtet aller Ermahnungen, noch einmal an das Licht zu
bringen.

Schon im Jahr 1536. hatte er sich wegen eines Irr-
thums verdächtig gemacht.   Er schrieb nemlich Anmerkun-
gen über den ersten Brief Johannis, in welchen er lehrte,
daß die Auserwählten gerecht blieben und den heiligen Geist
nicht

nicht verliehren könnten, wenn sie schon offenbare Sünden
ausübten, ingleichen: der heilige Geist fliege nicht aus und
ein, wie eine Taube in einem Taubenschlag. Ich weiß nicht,
hat er diß Buch ehe er es der Presse übergab, an den Säch-
sischen Hof, um Erlaubniß zum Druck zu bekommen, oder
den Wittenbergischen Gottesgelehrten zur Censur, oder nur
einem Buchdrucker daselbst zur Herausgabe geschickt. Genug,
der Druck wurde hintertrieben, und Lutherus, Bugen-
hagen und Melanchthon verfaßten ein Bedenken über
dasselbige, das unter der Aufschrift: Deliberation und
Bedenken von den Theologen zu Wittenberg von
Sünden der auserwählten gestellet wider einen
Pfarrherrn in Thüringen Anno 36, in dem zweiten Eiß-
lebischen teutschen Theil der Werke Lutheri S. 306. und dem
sechsten Altenburgischen F. 1041. wie auch in dem zehnten
Hallischen 1744. 4. col. 1996. zu lesen ist. Seckendorf
in der historia Lutheranismi lib. III. p. 135. und Schlegel
l. c. S. 319. geben einen kurzen Auszug daraus, welchen
ich hier nicht wiederholen will. Nur den Beschluß dieses
Bedenkens will ich anführen, worinnen es heißet, diese
Erinnerung sey zusammengezogen anzuzeigen, warum sie
Bedenken gehabt, die Auslegung über Johannem in den
Druck zu geben, darinnen der Pfarrer zu K. eine andre
Meinung von den auserwählten setze, nämlich, daß sie ge-
recht bleiben, und den heiligen Geist behalten, ob sie gleich
in öffentliche Sünden fallen.

Ohne Zweifel bekam Naogeorgus seine Handschrift
mit diesem Bedenken zurück und ließ es sich gefallen, daß
sie nicht gedruckt werden sollte. Doch ließ er sich dadurch
nicht bewegen, seine einmal angenommene Meinung zu ver-

H 2

lassen,

laſſen, ſondern wartete bloß auf eine gelegnere Zeit, dieſelbige öffentlich vorzubringen. Um zu beweiſen, daß er dem ungeachtet, gegen alle Ermahnungen unempfindlich, dieſen Irrthum in die Kirche einführen habe wollen, berufen ſich Löber und Schlegel auf Gerhardum in loco de bonis operibus §. 135. Marloratum in expoſitione noui teſtamenti catholico-eccleſiaſtica Genev. 1564. und auf den Frieblieb, welcher den Naogeorgus unter den calviniſchen Auslegern der erſten Epiſtel Johannis nenne. Aus dieſen Schriftſtellern muthmaſſen ſie, daß ſeine Auslegung doch gedruckt worden ſeyn müſſe, ob es gleich die Wittenberger widerrathen und hintertrieben hatten. Es war ihnen alſo nicht bekannt, daß Naogeorgus ſein Buch nach acht Jahren, 1544. zu Frankfurt unter die Preſſe gegeben und noch ſo lek geweſen iſt, es dem Herzog Johann Ernſt zu Sachſen zuzueignen. Dadurch gab er einen deutlichen Beweiß, daß er nicht viel nach dem Urtheil der Wittenberger frage, und daß er nicht ruhen könne, biß er nach damaliger Gewohnheit etwas neues und nie gehörtes zum Vorſchein gebracht hätte. Vermuthlich war diß letzte einer von ſeinen Bewegungsgründen zur Ausgabe dieſer Erklärung. Wenigſtens hat Johann Roſinus in ſeiner lateiniſchen Lebensbeſchreibung des Churfürſten Johann Friedrich nicht unrecht, wenn er ſchreibet: erant nonnulli eccleſiarum miniſtri, qui vt acumen ingenii ſui oſtentarent et nomen atque exiſtimationem aliquam ſibi parerent, *noui aliquid atque inuſitati effingere atque in medium afferre audebant.* Inter quos *Thomas Naogeorgus* eccleſiae Calenſis in Thuringia paſtor, conſcriptis annotationibus in primam Apoſtoli et Euangeliſtae Iohannis epiſtolam hunc errorem inſerit ac defendit, ele-

ctos

&ctos manere iustos et retinere Spiritum Sanctum, etiamsi
manifeste peccent. Hunc errorem quamuis Theologi Wit-
tembergenses ipsi ostendissent, cum rectius erudiissent et in
viam reuocassent; tamen is ausus fuit, *adhuc viuente Mar-
tino Luthero* commentarium istum, posthabitis piis praece-
ptorum commonefactionibus, euulgare et errorem hunc
disseminare. *)

Zu Wittenberg muste die Ausgabe dieser Schrift noth-
wendig ziemlich Lermen machen. Neu war der Irrthum
freilich nicht, und Luther hatte auch schon in den Schmal-
caldischen Artickeln (nach Mündens Ausgabe 1737.
S. 47.) also darüber geklagt: Wiederum ob etliche Rot-
tengeister kommen würden, wie vielleicht etliche be-
reits da vorhanden sind und zur Zeit der Aufruhr
mir selbst vor Augen kamen, die da halten, daß alle
die, so einmahl den Geist, oder Vergebung der Sün-
den empfangen hatten, oder glaubig worden wären,
wenn dieselbige bernach sündigten, so blieben sie
gleichwohl im Glauben, und schadet ihnen solche
Sünde nicht. — — Solcher unsinnigen Menschen
habe ich viel für mir gehabt, und sorge, daß noch in
etlichen solcher Teufel stecke. Diß schrieb Luther
1537. und nothwendig muste ihm Naogeorgus, gegen
den er 1536. das Bedenken gestellet hatte, dabey einfallen.
Ich verdenke es also den Gelehrten **) gar nicht, welche
glauben, Luther habe auf ihn gezielet. Denn solcher T.
steckte wirklich im Jahr 1544. noch in ihm. Melanchthon

H 3

*) Schlegels Leben Aquils S. 322.

**) Schlegel l. c. p. 325. 326.

erhielte gleich zu Anfang dieses Jahrs Neogeorgi Buch, das also schon im vorhergehenden Jahr unter der Presse gewesen seyn muß, ob es gleich die Jahrzahl 1544 an der Stirne führet. Er warnte ihn, vermuthlich in einem Brief, freundschaftlich, daß er doch diese absurde Lehre nicht öffentlich vortragen sollte. Naogeorgus wurde hitzig und verklagte den Melanchthon bey Hofe. Doch dieser soll uns selbst diese sonst ganz unbekannte Nachricht erzehlen. Er schreibt an seinen vertrauten Freund, Veit Dietrich zu Nürnberg den 13. Jenner 1544. in dem libro quarto epistolarum, edito a Iohanne Sauberto Norimb. 1640. 8. pag. 184: Nobis quoque nouum certamen oritur, cum Tragoediarum scriptore, Thoma Naogeorgo. Is cum scripsisset, electos labentes contra conscientiam tamen esse iustos et retinere Spiritum Sanctum, a me verecunde admonitus est, ne hoc dogma absurdum populo proponeret. Mox ille in aula me accusat. Habet enim quorundam studia propter maledica poëmata. Missae sunt mihi eius propositiones: sed nondum respondi. Non enim libet cum homine furioso litigare. Tantum autem ei tribuitur, vt nunc in conuentum abducatur, me relicto, credo, quod hominem audacem putent opponendum esse iis, qui moliuntur conciliationes. Diese Erzählung wirft viel Licht auf Naogeorgi Character. Der gute Melanchthon hatte fast in keinem Jahre mit so vielem Verdruß zu kämpfen, als eben in diesem 1544sten, wie man aus seiner Lebensbeschreibung sieht. Naogeorgus machte ihm gleich den Anfang desselben bitter. Er muß sich allerdings bey dem Churfürsten Johann Friedrich gut einzuschmeicheln gewußt haben, daß ihn derselbe mit auf den Reichstag zu Speyer genommen,

men, auf welchem alle Churfürsten persöhnlich zugegen wa-
ren.*) Ohne Zweifel muß er ein guter Redner und Predi-
ger gewesen seyn.   Vielleicht war er auch ein angenehmer
Gesellschaffter, weil er so große Neigung zum Scherz und
zur Satyre hatte.

Ungeachtet Melanchthon nicht mit ihm streiten wollte,
so muste er doch auf die ihm, ohne Zweifel vom Hofe,
zugeschickten irrigen Säße Naogeorgi ein Bedenken stel-
len.   Man findet dasselbige in den christlichen Berath-
schlagungen und Bedenken durch D. Christoph Pe-
zelium 1600. herausgegeben, unter der Aufschrift: von
Sünden der Außerwehlten contra Naogeorgium Pasto-
rem Cahlensem 25. Ianuar. 1544. von S. 267. biß 274.
Aus eben diesem seltenen Buche will ich hier noch eine
andere Stelle anführen, wo eben dieser Sache gedacht wird,
ungeachtet sie eigentlich zu dem Anfange des Streites im Jahr
1536. zu gehören scheinet.   Es stehet nemlich S. 436. Von
der Predicanten Uneinigkeit zu Northausen von der
Proposition: gute Werck sind nöthig zur Seeligkeit.
Da heist es S. 437: Darnach kamen Doctor Jeckel
und Naogeorgius, die rißen das Loch noch weiter
auf und verstunden die Proposition *sola fide justi-
ficamur* also: Es behielte ein Mensch den Glauben
und heiligen Geist, wenn er gleich wider Gottes

H 4   Gesetz

*) Hieraus läßt sich vielleicht der oben gemeldete Miß-
   verstand der Rahl:schen Chronick erklären. Johann
   Friedrich nahm ihn mit nach Speyer auf den Reichs-
   tag, nicht nach Augsburg: ob aber eben als Hofpre-
   diger, oder aus einer andern Ursache? das ist noch die
   Frage.

Gesetz wissentlich thete. Als da David den Ehe
bruch und Todschlag thet. Namen weg den Un
terscheid der tödlichen Sünde und der bösen Nei
gung im heiligen. Und ist des Naogeorgi Schrift
davon, durch den Durchleuchtigsten, Hochgebohrnen
Fürsten und Herrn Hertzog Johannes Friederich Chur-
fürsten, hochlöblicher und seeliger Gedächtniß, an
den Ehrwürdigen Herrn D. Martinum gesandt wor
den, der darauf geantwortet, und deutlich geschrie
ben vom Unterscheid der Sünden, und daß durch
Sünd wider das Gewissen der heilige Geist und
Glaube außgestossen würden, so viel die Sünde an
sich selbst betrifft und ist der Bericht die Zeit unsern
gnädigsten Herrn zugeschickt worden.

Zweymal war nun Naogeorgus wegen seiner Irr
lehre bey dem Chursächsischen Hofe gut durchgekommen.
Allein es scheint, er habe die Fürstliche Gnade gemißbraucht
und sich allzusehr auf dieselbe verlassen. Das drittemal
gieng es daher nicht so glücklich. Ohne Zweifel breitete
er seinen Irrthum auch in seinen Predigten aus, und fieng
zugleich auch an, sich auf die Calvinische Seite zu lenken.
Darüber kam er mit dem Superintendenten Caspar Aqui
la zu Saalfeld, im Jahre 1546. in einen hefftigen Streit,
über welchen er sein Pfarramt verließ. Am weitläufftig
sten, obgleich Anfangs etwas unordentlich, erzehlet es
Schlegel l. c. p. 326—331. meistens aus dem Seckendorf
und ich will das vornehmste davon hier anzeigen. Er
mußte dem C. Aquila hauptsächlich zwey Beschuldigungen
hören, einmahl, daß er sich in der Lehre von dem heiligen
Abendmahl den Calvinisten geneigt bezeige, und sodenn, daß
                                                              er

er seine alte Meinung von den Sünden der Auserwähl-
ten abermals auf die Bahn bringe. Er wurde deswegen
am 29sten August vor das Consistorium nach Weimar ge-
fordert, in welchem der Prinz Johann Wilhelm damals
das Präsidium führte, um sich zu verantworten. Die er-
ste Beschuldigung wegen der calvinischen Lehre wußte er
bald von sich zu schieben, indem er vorgab, in dem Artikel
vom heiligen Abendmahl habe er nicht der Sächsischen,
sondern vielmehr der päbstlichen Lehre von der Verwand-
lung widersprechen. Auf die zweite aber antwortete er et-
was subtil, wie es heißt, und suchte sich mit Distinctio-
nen zu helfen, die ich hier nicht anführen will. Denn es
kommt zuletzt doch wieder darauf hinaus, daß die Auser-
wählten den heiligen Geist nicht wieder verlieren können,
und, in der Absicht, seine Meinung zu bemänteln und zu
entschuldigen, verfällt er fast darauf, eine absolute und un-
bedingte Gnadenwahl zu behaupten. Dadurch machte er
nun übel ärger. Er wollte nicht thun, was ihm in dem
Consistorio war auferlegt worden. Dennoch fürchtete er
sich, daß er abermals möchte darüber zur Rede gestellt wer-
den. Er machte es also eben so, wie es Johann Agrico-
la von Eißleben, vorher im Jahre 1540. gemacht hatte,
und gieng, ehe die Sache ganz ausgemacht war, davon,
ohne das Ende der Untersuchung abzuwarten. Die Art,
wie er sich vor dem Consistorio erklärt hat, erzählet auch
ganz kurz Arnold in seiner Kirchen- und Ketzer-Historie
II. Th. XVI. B. 3c. Cap. §. 11. p. 956. der Schafhauser
Ausgabe. Die Art seines Abschieds aber erzählt der Ver-
fasser der Kahlischen Chronick, als ein Augenzeuge. Er
sagt, es sey ihm auferlegt gewesen, daß er in Gegenwart

eini-

einiger Gelehrten in einer Wochenpredigt öffentlich wieder-
rufen sollte, er wäre aber Tags vorher ungefehr Nachmit-
tags um vier Uhr, zu dem Jenaer Thor hinausgegangen,
gleich als ob er in den Pfarr Garten spazieren gehen woll-
te. Er habe einen kurzen Deßecken *) auf der Seite gehabt,
welches er als ein Schüler selbst gesehen habe, und also sey
er entkommen. Das gemeine Volk war damit gar nicht
zufrieden und verlohr ihn ungern. Der Burgermeister
Mönch und der Diaconus, M. Sebastian, mußten es sich
gefallen lassen, daß man alle Schuld auf sie schob, als.
wenn sie die einige Ursache seines unerwarteten Abschieds
wären.

So verließ er also Thüringen freywillig und unge-
zwungen, ohne daß er, wie einige mit dem G. M. Pfeffer-
korn in seinen Thüringischen Geschichten, sagen, abgesetzt
worden wäre.   Ehe wir ihn aber weiter begleiten, muß
ich noch eine besondere Meinung von ihm anführen, die er
ebenfalls zu Kahla geäußert haben soll. In Manlii Col-
lectaneis **) stehet folgende Erzehlung Philipp Melan-
chthons davon: Quidam pastor ante 25. annos in oppi-
do Kahla, robustus et iuuenis vir, insulse vociferabatur in
concionibus de puerperio dicens: quoniam mulieres sunt
deditae tantum gulae et voluptatibus in puerperio, satis
est, seruare puerperium per triduum, aut quatriduum, nec

diu-

*) Dußake, Dißake, ein kurzes Seitengewehr, nach
   Art der Hirschfänger. S. Tycho *Roth* de gladiis uete-
   rum pag. 17.]

**) Daraus erzehlt es Schlegel im Leben Aquilä S.
    325. Löber aber l. c. p. 401. aus der Kahlischen
    Chronick.

diutius: postea vero rursus debent redire ad operas.
Quaedam mulieres, motae eius publicis concionibus, e-
greſſae ſunt ſtatim e puerperio et redierunt ad domesticos
labores, et tandem mortuae ſunt. Löber will zwar zwei-
feln, ob Naogeorgus ſo thöricht geweſen ſeyn möchte,
und führt daher folgende Worte der Kahliſchen Chronick an:
wiewohl gemeldter Thomas ein ſtarker Mann vom
Leibe war, acht ich doch ihn in ſolchen Händeln zu
beſcheiden. Kan vielleicht der vorigen einer geweſt
ſeyn. Daß gleichwohl etwas daran mag geweſen
ſeyn, zeigt an, was ich in meiner Jugend gehöret,
das Erhard Sorgers Weib, eine Wöchnerin am Ba-
de geſtanden und gewaſchen u. ſ. w. Allein Schlegel
S. 329. zweifelt im geringſten nicht, daß er auch dieſe när-
riſche Meinung vorgebracht habe. Denn theils treffe die
Zeit ein (welches aber, wenn man nachrechnet, nicht richtig
iſt,) theils ſey Naogeorgus ein ſtarker Mann geweſen,
theils ſey eine ſolche Behauptung von ſeinem Anteceſſor
Philipp Faber und von ſeinem Succeſſor Stephan
Reich, nicht zu glauben, weil Melanchthon ienem ein
ganz ander Lob beygelegt habe, dieſer aber ein unſtröfflich
Leben geführt habe. Ich will es nun dem Naogeorgus
auch weiter nicht nachreden, doch muß ich ſagen, daß auch
das Kennzeichen iuuenis vir bey ihm eintriffe. Denn im
Jahre 1546. da er von Kahla wegging, war er erſt 35.
Jahr alt. Und allem Anſehen nach iſt er auch nicht ver-
heirathet geweſen, daher man ſagen dürffte, er habe viel-
leicht dieſen Handel nicht beſſer verſtanden. Doch als er
zu Kaufbeuren war, ſcheint er eine Frau gehabt zu haben.
Denn es iſt noch von ihm eine Klagſchrift an den Rath
daſelbſt

daselbst vorhanden, darinnen er sich über seinen Nachba
Leonhard Espenmüller sehr beklagt, daß er ihm mi
Schreyen zum Fenster heraus viel Verdruß mache. Darin
nen sagt er: Dafür habe ich Ine erstlich durch mei
weyb bitten laßen vnd auch von wegen meine
ambts vermanen, das er nit ein solch vnchristlich le
ben vnd weys füren wolt.

Ungefehr zu Anfang des Septembers verlies Nao
georgus Thüringen, und ohne allen Zweifel nahm er sein
Zuflucht gerades Weges zu dem Churfürsten Johann
Friedrich, der damals mit der Aemee der Schmalcaldischen
Bundesverwandten sich um Neuburg, Donauwörth ꝛc
aufhielt. Der großmühtige Churfürst nahm ihn allem An
sehen nach gnädig auf, und behielt ihn bey sich, ob ich gleich
nicht sagen will, daß er ihn zum Feldprediger habe behalten
wollen.   Wenigstens kan sein Aufenthalt bey dem Chur
fürsten kaum einige Wochen gedauert haben.   Von demsel
ben erhielt Aquila zu Saalfeld zu Anfang des Octobris
einen Befehl, die Unterthanen theils zur Beysteuer zum
Kriege, theils zu eifrigem Gebet um Glück im Kriege zu
ermuntern. Diesen Befehl beantwortete er am 13. October,
darinnen er äussert, das Gebet möchte den rechten Zweck
nicht erhalten, weil unter dem Churfürsten noch viele Pa
pisten und Augsburgische Zwinglianer stünden, auch wäre
wohlgethan, wenn der untreue Pfarrer von Kahle,
Thomas Naogeorgus weder unter der Armee gedultet,
noch in Augsburg weiter gelitten würde.   Man kan den
ganzen Brief in Schlegels Leben Aquilä S. 331. u. f.
lesen.   Allein da der Churfürst die Antwort erhielte, war
Naogeorgus schon nicht mehr bey ihm, welches freilich
Schlegel

Schlegel nicht wuste. Es ist richtig, daß er von der Armee
nach Augsburg gegangen ist, allein daß er, wie Löber
aus der Kahlischen Chronik, und Jöcher im Gelehrten
Lexico, meldet, daselbst in die Zahl der Prediger aufgenom-
men worden, ist ganz gewiß unrichtig.   Die Nachrichten
von der damaligen Zeit, die mir aus dem Kaufbeurischen
Archiv geneigt mitgetheilt worden, sagen deutlich, daß er
schon am 22sten Octobris 1546. auf Lebenslang zu einem
ordentlichen Pfarrer zu Kaufbeuren angenommen worden
ist.   An diesem Tag ist seine Bestallung ausgestellt, in wel-
cher ihm 160 fl. nebst eigner Behausung, 12. Klafter Holz,
und Freiheit von Steuer, Wacht und Umgeld versprochen
wird.   Im zweiten Bande der Schelhornischen Ergötzlich-
keiten stehen S. 368 ꝛc. zwey Briefe, daraus man sieht,
daß ihn der Rath zu Augsburg schon den 2ten October hie-
her recommendirt, und daß er schon am 10sten zum Pfar-
rer angenommen gewesen ist.   Nun darf man nur nach-
rechnen.   Am 28sten August verantwortete er sich vor dem
Consistorio zu Weimar.   Etliche Tage darauf sollte er zu
Kahla revociren und gieng davon, ich weiß nicht, nach
Neuburg oder Donauwörth, oder nach Nördlingen,
oder Giengen, wo im Anfang des Octobers die Armee
der Schmalcaldischen Bundsgenossen stund, und in der
Mitte dieses Monats war er schon zu Kaufbeuren.   Und
in dieser ganzen Zeit, die kaum sechs Wochen beträgt, soll
er sächsischer Feldprediger und Augsburger Geistlicher ge-
wesen seyn.   Vielleicht hat er etwa ein - oder zweymal vor
dem Churfürsten oder bey der Armee geprediget, und
vielleicht in Augsburg eine Gastpredigt gehalten.   Das ist
es alles.   Vielleicht aber auch gar nicht!

Der

Derienige, der ihn nach Kaufbeuren recommendirte,
war eben so sehr, oder vielleicht noch ein wenig mehr,
als er selbst, zwinglisch gesinnt. Es war solches der be-
kannte Michael Keller, den schon der ehrliche Spalatin
der Sacrament-Schwärmer obersten Prediger zu Augsburg
nennet. Er war im Jahre 1545. selbst als Prediger eine
Zeitlang nach Kaufbeuren geliehen worden und gab sich
Mühe, einen ihm gleichgesinnten Mann zum Pfarrer hieher
ausfindig zu machen. Nach dem Kaufbeurischen Raths-
Protocoll, am Freytag nach Laurentii 1546. wurde bey
Rath und Gericht beschlossen, das Meister micheln Kel-
ler gen Augsburg geschrieben werde, Ob er inderst
ainen oder zween wisse, die beständig da möchten
bleiben. Es ist auch noch ein Antwort-Schreiben an den
Burgermeister und Rath zu Kaufbeuren vom 21sten Au-
gust 1546. vorhanden, in welchem er über den großen
Mangel an recht gottseligen Gelehrten und gebräuchlichen
Dienern klagt, und zugleich meldet, daß er an verschiedene
Orte in der Eydgenossenheit und grauen Bünden um
Erspehung und Erhebung eines oder zweyer gelehr-
ter und gottseliger Männer zu Lehrern und Predi-
gern nach Kaufbeuren, geschrieben habe. *) Naogeor-
gus

*) Wer ihn noch besser kennen lernen will, der lese Herrn
Schelhorns Nachricht von ihm in dem vierten Stück
seiner Beyträge zur Erläuterung der Geschichte, beson-
ders der Schwäbischen Gelehrten und Kirchen-Ge-
schichte S. 159 — 177. Zu derselben habe ich eine Nach-
lese verfertiget, in welcher ich von Kellers Aufenthalt
zu Kaufbeuren und von seinen Büchern weitläuftiger
gehandelt habe. Diese wird von meinem Herzens-
Freunde

gus kam eben nach Augsburg um die Zeit, da Ulrich Le-
derle, den die Augsburger nach dem Keller hieher gelie-
hen hatten, gern wieder zurück gegangen wäre. An ihm
fand also Keller, was er schon vorher gesucht hatte und
empfahl ihn den Kaufbeurern, die einen evangelischen
Prediger suchten. Schon in einem Briefe vom 1 October
empfahl er ihn, ohne seinen Namen zu nennen und verspricht
zugleich, wenn ihn die Kaufbeurer hören, mit ihm handeln
und ihn zu einem Pfarrer aufnehmen wollten, so würde
er mit guten Testimonien und Zeugnißen von uns
zu euch abgefertiget, wie seine eigne Worte lauten. Und
da er Antwort erhielt, so schickte er ihn mit einem den 14ten
October unterschriebnen Briefe hieher, in welchem er ihn
den frommen und wohlgelehrten Magister Thomas Nao-
georgus nennet, und ihn bestens recommendiret. Er
brachte auch einen andern, Namens Conrad Rumpf als
einen Mithelfer hieher, welcher aber sich auf die päbstliche
Seite zu lenken schien, und, ob er gleich seine Dienste, ehe
das halbe Jahr, auf welches er angenommen war, zu Ende
gieng, noch weiter anboth, und um Vermehrung seiner
Besoldung anhielte; schon im April 1547. deßwegen wieder
entlassen wurde. *) So gut war damals die evangelische
Kirche

Freunde nächstens dem zweiten Bande seiner Samm-
lung für die Geschichte einverleibt werden.

*) Naogeorgus verlangte daher, der Rath sollte ihm
einen solchen Abschied geben, der ihm und der Lehre
des Evangelii ohne Nachtheil sey. Denn es sey of-
fenbar, daß er die evangelische Lehre nicht könne, und
sich muthwillig darwider mit päbstischer Lehre gesetzt
habe. In der Kirche mit ihm zu zanken, sey ihm,
Naogeorgo, nicht ehrlich, und der Gemeine nicht
beßerlich.

Kirche in Kaufbeuren bestellt. Ein zwinglisch gesinnter Pfarrer und ein römischgesinnter Helfer!

Es gefiel aber dem Naogeorgus hier nicht so, wie er wünschte, ungeachtet er in eben dem Jahre 1547. in welchem er nach Pantaleons falschem Angeben vermöge Kaiser Carls scharfen Befehl wegen des Interims aus dem Würtenberger Land verjagt worden seyn soll, zu Kaufbeuren ganz ruhig und unvertrieben sitzen konnte. Er kündigte daher ungefehr um Lichtmeß des Jahrs 1548. dem Rath sein Pfarramt freywillig wieder auf, ohne daß ich die wahre Ursache dieses Entschlusses anzeigen kan. Man suchte ihn Anfangs eines andern zu bereden, und er versahe auch die Pfarrstelle noch bis auf den 8ten August dieses Jahres. Alsdenn aber wurde er beurlaubet, weil man ohnedem damals die Reichs-Städte nöthigte, das Interim anzunehmen.

Dieser neumodischen Religion, die man an den meisten Orten gezwungen, und daher nur langsam und nach und nach einführte, war er nicht günstig. Er überlieferte schon am 25sten August 1547. dem Rath ein Bedenken, warum er nicht darein willigen könne, daß man die vorher abgestellten catholischen Feyertage, wegen des fremden Volks, so von den Dörfern herein komme, wieder einführen wolle, welches noch vorhanden ist. So war er schon gesinnt, ehe noch das Interim zum Vorschein kam. Unter dem eben gemeldten 8ten August ist noch seine Quittung vorhanden, in welcher er bezeugt, daß ihm der Rath einen gütlichen Abschied nebst seiner Besoldung, und zwanzig Gulden zur Verehrung gegeben habe, und sich Thomas Naogeorgus,

gus, oder Kirchmaier, Magister Artium nennet.
Er hatte die Pfarr und Predigtamt hier meistens allein ver-
sehen, und man hatte ihm auch bey seiner Bestallung ver-
sprochen, keinen Helfer wider sein Zulassen aufzustellen.
Als daher der Honoldische Prädicatur-Verwalter, Mat-
thias Espenmüller, dem man hier im Jahr 1545. wegen
seiner Neigung zu dem Schwenkfeld, das Predigen nie-
dergelegt und gerathen hatte, noch einmal auf die Univer-
sität zu gehen, von Basel, dahin er im Frühjahr 1546.
gegangen war, wieder zurück kam und die Prädicatur aber-
mals erhalten sollte, so stellte ihm Naogeorgus vorher
zu Ende des Merz 1548. einige Artickel, auf welche er
Antwort geben sollte, wornach er auch angenommen wurde.
Das Pfarramt aber wurde nach Naogeorgi Abschied nicht
wieder besetzt, bis im Jahr 1557.

Von hier wendete er sich nach Kempten, wo er bis
1550. das Evangelium frey und ungescheut, und zwar nach
der alten Väter Auslegung geprediget haben soll.   Diß ist
es alles, was in Jacob Reselo Kemptischen Denk-
mahl oder Geschichte der Schwäbischen Reichs-
Stadt Kempten, Ulm 1727. 8. Seite 40. von ihm gesagt
wird. Der Ausdruck: nach der alten Väter Auslegung,
fällt hier auf.   Warum denn nicht nach Gottes Wort
und nach den Lehrsätzen der Evangelischen Kirche?
Vielleicht war dieser Ausdruck eine List, mit welcher Nao-
georgus seine wahren Gesinnungen zu verbergen suchte.
Von Kempten wendete er sich in das Würtembergische.

Weil es nicht sogar bekannt ist, daß er vom Jahre 1546.
bis 1548. Pfarrer zu Kaufbeuren, und dann bis 1550.
zu Kempten gewesen ist, so erzehlen einige seinen Lebens-

lauf ganz falsch und in der grösten Unrichtigkeit und Verwirrung. So macht es z. E. M. L. M. Fischlin, in den supplementis ad memorias Theologorum Wirtembergensium Vlm 1710. 8. p. 178. 179. wo sogar sein falscher Name Kirchbauer in Kirchbaum ist verwandelt worden. Er erzehlt getrost, von Kahla sey er 1546. gerades Weges in das Würtemberger Land gekommen, und zu Stutgard in das Ministerium aufgenommen worden, aber zur Zeit des Interims sey er verjagt worden und nach Basel gegangen, bis er 1549. wieder zu seinem Amte nach Stutgard zurück gekommen sey. An diesem allem ist kein wahres Wort. Das folgende ist richtiger, doch auch nicht ganz, weil Naogeorgus von Stutgard nicht gleich in die Pfalz, sondern erst nach Basel gekommen ist. Vermuthlich hat Heinrich Pantaleon in seiner Prosopographia Part. III. fol. 332. den Fischlin, Seckendorf und andere verführt, solche unrichtige Erzehlungen nachzuschreiben. Ich will bessere Nachrichten zu geben suchen.

Was er im Jahr 1550. in dem Würtemberger Lande für ein Amt zu erst bekommen habe, das kan ich nicht sagen. Aber im Jahre 1552. nennt ihn Fischlin im ersten Theil S. 5. den Nachfolger des Martin Cleß. Dieser war Superintendent und Pfarrer bey Sanct Leonhard in Stutgard, und starb den 13. August 1552. Ihm verfertigte Naogeorgus seine Grabschrift in Versen, welche Fischlin p. 7. beybringt, und folgte ihm im Amte nach. *) Wie lang er es verwaltet, und ob er auch Superintendent oder bloß Pfarrer gewesen, habe ich nirgends finden können. Von dem Jahre 1553. kommt er in Sattlers historischer

Be-

*) Crusii annales Sueuiae Part. II. pag. 308.

Beſchreibung des Herzogthums Würtemberg S. 35. vor.
Im Jahr 1559. ließ der Herzog Chriſtoph ein ſcharfes
Edict gegen alle Sectirer, beſonders auch gegen die Zwing-
lianer, kund machen. Sicher iſt es, daß Naogeorgus
ſeine Neigung zu dieſer Lehre auch zu Stutgard nicht hat
lange verbergen können. Vielleicht war er durch ſeine Irr-
lehre ſelbſt mit Urſache an dieſem Edict. Genug, er mußte
Stutgard, ohne Zweifel noch vor der Kundmachung deſſel-
ben, nicht wegen des Interims, wie einige ſagen, ſondern
wegen ſeiner Zwinglianiſchen Lehrſätze, die er nicht fahren
laſſen wollte, verlaſſen. Ich machte mir groſſe Hoffnung,
weitere Nachricht davon im Fiſchlin zu finden, als ich in
C. M. Pfaffii libro comment. de actis ſcriptisque ecclesiae
Wirtembergicae p. 97. 98. die Worte fand: De actis cum
Naogeorgo et Friſio, qui ob praedicatam reformatam Elem
officio moti fuere, egerunt Hoſpinianus et Fiſchlinus.
Allein ich fand mich bey dem Fiſchlin ſehr betrogen, deſſen
ganze Nachricht davon in zwey Zeilen beſtehet. Den Hoſpi- *N. B.*
man aber habe ich nicht bey der Hand, um nachſehen zu
können, ob er im zweiten Theil ſeiner hiſtor. ſacrament. i.
526. etwas weiters und unbekanntes davon ſage, oder nicht?

Nachdem er alſo ſein Amt zu Stutgard nicht ſo wohl
verwaltet hatte, als einige ſagen, und daſelbſt ſeinen Ab-
ſchied bekommen hatte, ſo wendete er ſich gen Baſel, indem
er wahrſcheinlich glaubte, daſelbſt eher Beyfall zu finden.
Er muß an dieſem Ort ſchon vorher bekannt geweſen ſeyn,
indem er im Jahr 1550. daſelbſt hatte Bücher drucken laſſen,
auch nachher mehrere drucken ließ. Seine Ausgabe des
päbſtiſchen Reichs hat eine den 20. Februar 1555. zu Ba-
ſel unterſchriebene Zuſchrift, und alſo möchte er ſchon in

dieſem

diesem Jahre von Stutgard weggegangen seyn. Zu ver
wundern aber ist es, daß ich dagegen bey seiner Ueberse…ung
der Briefe Synesii wieder eine zu Stutgard den 1. Merz
1559. unterschriebene Zuschrift antreffe. Es scheinet also
doch, daß diejenigen nicht ganz unrecht haben, welche be
haupten, er sey von Basel wieder in sein voriges Amt
nach Stutgard gekommen, obgleich nicht, wie Fischlin
sagt, 1549. sondern vielmehr 1559. Freilich wäre es auch
möglich, daß er auf seiner Reise in die Pfalz sich damals
nur etwa eine Zeitlang in Stutgard aufgehalten, und seine
Freunde besucht hätte. Ist es aber richtig, daß er im Jahr
1559. wieder zu Stutgard geprediget hat, so muß er, wegen
des im vorigen Jahr kund gemachten Edictes wider die
Zwinglianer, nothwendig seine sonst gewohnte Hartnäckig
keit in der Vertheidigung seiner Meinungen abgelegt, oder
wenigstens den Schaafpelz angezogen haben, um solche
darunter zu verbergen. Anders weiß ich die widersprechen
den Meinungen der Gelehrten von den Oertern seines Auf
enthalts nicht mit einander zu vereinigen.

Seine letzte Pfarrstelle erhielt er zu Wisloch *) in der
Pfalz, und daselbst machte endlich der Tod seinem mühseeli
gen Leben ein Ende, den 29. December 1563. im 52. oder
53sten Jahr seines Alters, wie Crusius in seinen Annalen,
Th. III. S. 721. erzehlet. Diejenigen irren also, die ihn zu
Stutgard sterben lassen, und die machen ihn zu alt, die sei
nen Tod erst in das Jahr 1578. setzen, wie z. E. das Leip
ziger und das Basler historische Lexicon. Ob man aber

mit

*) nicht zu Weißenlohe, wie es in den Supplementen
zum Basler Lexico heisset, und in Crusii Annalen,
nach der Mojerischen Ausgabe P. II. p. 308.

mit dem Herrn von Seckendorf sagen könne, daß er bis an
sein Ende bey der Evangelischen Lehre verharret habe, das
überlasse ich einem ieden, der bisher unpartheyisch gelesen
hat, selbst zu beantworten.   Eben solchen Lesern werde ich
auch nicht nöthig haben, noch sein Bild abzumahlen, oder
seinen Character vorzuzeichnen.

Die Scribenten, aus welchen ich meine Nachrichten ge-
sammlet habe, habe ich meistens schon angezeigt.   Wer
mehr von seinen Streitigkeiten wissen will, den verweise ich
auf Seckendorfs histor. Lutheranismi Lib. III. Sect. XV.
§. 49. p. 135. und Sect. XXXVII. §. 137. p. 665. wie auch auf
J. G. Walchs Einleitung in die Religions-Streitig-
keiten unserer Kirche, IV. Theil, S. 350. u. f.   Ob in
folgenden Büchern, die Freytag im zweiten Bande seines
adparat. literar. nachdem er selbst eine kurze Lebensbeschrei-
bung von ihm gegeben hat, S. 1012. anführet, etwas un-
bekanntes von seinem Leben enthalten ist, daran zweifle ich:
Olai Borrichii Dissert. IV. de poëtis latinis p. 134. Adr.
Baillet Iugement des Savans Tom. IV. P. I. p. 293 etc. P.
Bayle dictionaire historique et critique T. III. p. 2242. Diesen
füge ich noch Felleri monumenta inedita Trimestr. octav. p.
490. bey, welche Gerdes angeführt hat, woselbst aber mehr
von seinen Schriften als von seinem Leben gehandelt wird.

Nun will ich von seinen Schriften noch alles sagen,
was ich weiß.   Das beste Verzeichniß derselben stehet in der
bibliotheca Gesnero-Simlero-Frisiana, und in eben der Ord-
nung will ich sie auch anführen, ob sie gleich nicht die beste
ist.   In anderer Ordnung, wiewohl auch unordentlich ge-
nug, erzehlt sie Schlegel im Leben Caspar Aquilä p. 317.
318. Fischlin in seinen Supplementen p. 179. führt nur

wenige an, und berufet sich auffer dem Simler auf Crovaei elenchum interpretum Scripturae pag. 334. apud Ioannem Mollerum in Homonymoscopia. Mehrere finden sich dagegen in dem indice librorum per Io. Oporinum excuforum, welcher locisci orationi de vita et obitu Io. Oporini, Arg. 1569. 8. beygefügt ist. Sie werden fast alle ohne Ausnahme für selten gehalten und die Erfahrung bezeugt es. Bey manchen könnte ich wohl noch ein paar Bücherverzeichniße mehr anführen, wenn es nöthig wäre. Wegen mancher andern aber habe ich wohl hundert Catalogos vergeblich durchgesucht, um etwa Jahr und Ort des Drucks zu entdecken, oder sonst etwas zu finden. Ich werde es mit Dank annehmen, wenn iemand die Lücken, die ich laßen muß, ausfüllet.

Nachricht von seinen Schriften.

Regnum papist.cum nunc postremo recognitum et auctum, opus lectu incundum omnibus veritatem amantibus, in quo papa cum suis membris, vita, fide, cultu, ritibus atque ceremoniis, quantum fieri potuit vere et breuiter describuntur, distinctum in libros quatuor. Thoma Naogeorgo auctore etc. Basileae ex officina Io. Oporini anno Christi 1559. Mense Augusto. Adiecta sunt et alia quaedam huius argumenti lectu non indigna Ich besitze eine Ausgabe ohne Ort und Druck 1559. mense Septembri in 8.]

Diß ist eigentlich die dritte Ausgabe dieses Buches, welche ich aber deßwegen zuerst gesetzt habe, weil ich von den beiden vorhergehenden den Titul nicht so weitläuftig ange-

angeben kan. In Lucii catalogo Bibliothecae publicaeMoeno-
Francofurtensis p. 238. stehet zwar eine Ausgabe ohne
Namen des Orts von dem Jahre 1553. in 8vo, und
Schlegel im Leben Aquila S. 31. führt eine von dem
J. 1550. an. Allein beide Jahrzahlen sind vermuthlich
nur durch Druckfehler entstanden.   Wenigstens ist die an
den Landgrafen Philipp zu Heßen gerichtete Dedication,
die sich auch bey der Ausgabe 1559. befindet, zu Basel
den 20. Februar. 1553. erst unterschrieben.   Bey der er-
sten vom Jahr 1553. in 8vo, die auch bey dem Oporin
zu Basel gedruckt ist, und deren Vogt und andre gedenken,
finden sich nach der Anzeige Schelhorns im dritten Ban-
de seiner amoenitat. litterar. p. 151.   sehr viele Gedichte
aus den Tomis duobus pasquillorum, welche Coelius
Secundus Curio im Jahre 1544. herausgegeben hat.
Ob solche auch in der zweiten Ausgabe, die ohne Be-
nennung des Orts im J. 1553. herausgekommen seyn
soll, das kan ich nicht sagen.) Denn ich kenne sie bloß
aus dem catalogo bibliothecae Bunauianae Tom. III. p.
490. Aber in der dritten vom J. 1559. **) ließ er solche
J 4   : wieder

*) Ich besitze eine 1553. Mense Iunio in 8. ohne Ort
und Drucker. Obgleich auf dem Titel auch andere Ge-
dichte von ähnlichem Inhalt versprochen werden,
so finde ich doch außer der Handschrift nichts ange-
hängt, als zwo Seiten voll bemerkter Druckfehler.
Gleichwol scheint am Ende nichts zu fehlen.]

**) Es gibt noch eine Ausgabe von 1619. wo aber
bloß der erste Bogen der Ausgabe 1559. neu umge-
druckt worden ist, das man aus dem Papier und den
Typen erkennet. Denn vom Bogen h oder p. 17
an kommt sie von Seite zu Seite mit der vom Jahr
1559. vollkommen überein.]

wieder weg.　Wenigstens fand solche David Clement
nicht, wie er selbst in seiner bibliotheque curieuse histo-
rique et critique Tom. VII. p. 371. angemerkt hat.

Diese dritte vermehrte Ausgabe, deren auch in Ger-
desii florilegio librorum rariorum pag. 209. und in dem
litterarischen Wochenblat S. 406. Erwähnung geschie-
het, hat dagegen folgende drey merkwürdige Zusätze:

1. in Johannem del 'la Casa, Archiepiscopum Bene-
ventanum Sodomiae patronum, Satyra, auctore Thoma
Naogeorgo.

Ich will die Wahrheit oder Unwahrheit der Beschul-
digung, die Naogeorgus, wie viele andere, dem Casa
gemacht hat, nicht untersuchen, sondern nur unten eini-
ge Bücher davon anzeigen. *) Vermuthlich wird hier auf
das bekannte schändliche Gedicht: Capitolo dei Forno
gezielt.　Casa vertaidigte sich gegen Naogeorgi Vor-
würfe in einen sogenannten carmine excusatorio und ent-
schuldiget sich, so gut er kan, daß er es in der Jugend
gemacht, und nicht auf die Sodomiterey, sondern auf
die Weiberliebe gezielet habe.　Diß Gedicht findet sich in
Jani Gruteri Tom. I. deliciarum poetarum Italorum, p.
702. ꝛc. und in Franci unten angeführter Disquisition S.
109 — 111. Tenzel liefert den Anfang davon, nebst wei-
teres

*) M. Aug. Beyeri memoriae historico - criticae libro-
rum rariorum Dresd. et Lips. 1734. 8. p. 279. etc.
Franci disquisitio de indicibus librorum prohibito-
rum, pag. 108. Scheibens erste Fortsetzung der frey-
müthigen Gedanken S. 79. Schelhorns Ergötzlich-
keiten II. Band, S. 35. Tenzelo monathliche Un-
terredungen 1694. S. 301. ꝛc. Schelhornii apologia
pro P. P. Vergerio aduersus Io. Casam 1754. pag. 32.

terer Nachricht. Naogeorgus aber ließ seine Satyre auch in seinem Buche de diſſidiis componendis S. 101. wieder abdrucken. Ein ungenannter wollte daſſelbige auch noch im Jahre 1730. in einem großen Werke de malignitate iuris canonici wieder abdrucken laſſen: ich kan aber nicht ſagen, ob etwas daraus worden iſt. Man findet den weitläuftigen Titul dieſes Buches in den neuen Zeitungen von gelehrten Sachen des Jahres, 1730. Leipzig S. 455, auf welchem derſelbe verſpricht: alia quaedam huius argumenti; inter quae praecipue Thomae Naogeorgi ſatyra in Ioannem de la Caſa et eiusdem ſupplicatio collegii ſacrorum ſcortorum Rom. - - - in lucem protracta a Claramundo 1729. 4. Dieſes letzte ſtehet auch in Othonis Melandri Iocorum atque Seriorum centuriis aliquot Françoſ. 1617. 12. p. 409. mit der Aufſchrifft: ſupplicatio collegii ſacrorum ſcortorum romanorum ad ſummum pontificem, pro Cardinali Carapha exule. Aus der Satyre auf den Caſa aber ſtehen eben daſelbſt etliche ſehr empfindliche Verſe: p. 35. 37. 38.

2. de diſſidiis componendis ad Matthiam Bredenbachium libri II. Thomae Naogeorgi carmen Iambicum Scazon.

In der bibliotheca Geſnero - Simlero - Friſiana ſowohl, als auch ſonſt in Bücherverzeichniſſen finde ich ſolches auch als ein beſonders zu Baſel 1559. in 8vo gedrucktes Buch angezeigt, und eben habe ich angeführt, daß ſich auch die Satyre auf den Caſa dabey finden ſolle. Ich werde es daher weiter unten noch einmal anführen.

3. in catalogum haereticorum nuper Romae editum Satyra Thomae Naogeorgi. *)

J 5 — Sa

*) Von dieſer Schrift: In Catalogum etc. beſitze ich einen Druck, wo auf dem Titel noch ſtehet: Adiecta etiam

Sowohl im ersten Theil des Catalogi der Schwarzischen Bibliothek Num. 5560. als auch im dritten Bande der Solgerischen Num. 64¾. finde ich es als ein besondres Buch vom Jahre 1559. angezeigt. Fast scheint es, man habe von diesen drey Stücken, die er dem regno papistico beyfügte , auch Exemplare mit andern Tituln einzeln ausgegeben. Denn fast kan ich sie für keine neue Auflage halten, da sie alle das Jahr 1559. haben. Daß er sich mit diesem Buche besonders bey den Papisten sehr verhaßt gemacht habe, wie Iselin in dem Basler Lexico erzehlet, das ist leicht zu glauben.

Dem Landgrafen Philipp von Heßen hingegen muß das Buch weit besser gefallen haben, da er es in das Teutsche zu übersetzen befohlen hat. Schelhorn gibt davon im ersten Bande seiner Ergötzlichkeiten aus der Kirchen-Historie und Literatur S. 632. die Nachricht, der Landgraf habe einem seiner Geistlichen Burcard Waldiß *) befohlen, es in teutsche Reimen zu übersetzen, welcher es hernach der Margaretha von der Sahl den 1. Jul. 1554. mit folgender Aufschrift zugeeignet habe: Der Edlen vil tugenthafsten Frauwen Frauw Margariten, Geborn von der Sale, des durchleuchtigen hochgebornen Fürsten und Herrn Philipsen Landgrauen zu Heßen ꝛc. Ehelichen Gemahln, nicner

etiam aliis eiusdem argumenti. Anno 1559. Unter den Beysätzen ist der letzte: Supplicatio collegii sacrorum scortorum etc. Er ist in 8. in allem 1½. Bogen stark]

*) In Fabeln, die Burcard Waldis herausgegeben, unterschreibt er sich als Doctor Medicinä.]

ner Gnedigen Frauwen; und in der Zuschrifft, die
zu Abterode verfertigt ist, nenne er sich ihren Caplan.
Keine ältere Ausgabe ist mir davon nicht bekant wer-
den, als die folgende in 4to: Das Päbstisch Reich, ist
ein Buch lustig zu lesen allen so die Wahrheit lieb
haben, darin der Papst mit seinen Gliedern, Le-
ben, Glauben, Gottesdienst Gebräuchen und cere-
monien so viel möglich wahrhafftig und auffs kürze-
ste beschrieben, getheilt in 4. Bücher durch Tho-
mam Kirchmeyr. *Mutatio est dexterae excelsi A.* 1555.
durch *Burcardus Waldis de Abterode* den 1. Julii 1554.
ins teutsche übersetzt, in Versen ꝛc. Senst soll diese
Uebersetzung auch 1556. in 8vo, und 1557. ebenfalls in
8vo heraus gekommen seyn. Ich habe zwar ei-
ne Octav-Ausgabe durch die Gütigkeit eines sehr wer-
then Gönners vor mir, der aber leider das Titulblat
fehlet. Die teutschen Verse sind — so wie man sie da-
mahls machte. Etliche sind zur Probe genug.

Die Glieder in des Bapstes reich,
Sein mit in jren ämptern gleich.
Etlich die heißen Curtisanen
das sein gar wunder seltzam hanen.
die sein zum ersten jung gesellen
die aller büberey nachstellen. ꝛc. *)

Tragoediae quinque: Pammachius, Mercator, In-
cendia, Hamanus, Hieremias. Merkwürdig ist das Ur-
theil

*) Eine deutsche Uebersetzung erschien noch ohne Anzei-
ge des Orts 1560. in 8. bey welcher noch zu finden
ist Klagred Hutteni an die Stende deutscher Nation.
Bildniß des Antichrists.]

theil des Bayle von ihnen, der in seinem dictionaire saget, man könnte sie eher Controversien nennen, wie in Freytags Apparatu II. B. S. 1012. angeführt wird. Ich kan nicht sagen: ob, wenn und wo sie zusammen gedruckt worden sind, von einer ieden aber kan ich besondere Ausgaben anzeigen.

1. *Tragoedia noua Pammachius. Autore Thoma Naogeorgo Straubingensi. Cum praefatione luculenta (ad Thomam Archiepiscopum Cantuariensem. Eiusdem carmen ad sacrarum litterarum eximium professorem doctorem Martinum Lutherum)* *) *Witebergae, typis Ioannis Lufft tertio idus Maii* 1538. 8. auf 11. Bogen. Einen Auszug daraus findet man in der fortgesetzten Sammlung von alten und neuen theologischen Sachen auf das Jahr 1733. S. 28. 2c. Aus der Anrede an Lutherum wird der Schluß angeführt, da es zuletzt heisset: *Tu quaeso exiguum non spernas munusculum, sed me hactenus ignotum tibi, vel vltimum tuos inter amicos habere sinas locum, quem dudum amici vltro es dignatus nomine,* mit der Anmerkung, es werde wohl nur so viel heissen sollen, daß er ihm von Gesicht unbekannt gewesen sey. Denn sonst habe er Luthero nicht mehr unbekannt seyn können, weil derselbe wider seine Meinung von den Sünden der Auserwählten schon 1536. ein Bedenken abgefaßt habe. **)

2.Tra-

*) Das was hier eingeschlossen ist, wird auf dem Titel selbst nicht angezeigt.]

**) Hievon ist auch eine deutsche Uebersetzung vorhanden mit dieser Aufschrift: Pammachius Eyn kurtzweilig Tragedi, darinn aus warhafftigen Historien fürge-

2. *Tragoedia alia nova Mercator, seu iudicium, in qua in conspectum ponuntur Apostolica et Papistica doctrina, quantum vtraque in conscientiae certamine valeat et efficiat, et quis vtriusque futurus sit exitus.* Ohne Anzeige des Orts, 1540. 8. 10 Bogen.

Diese ist ebenfalls in dem Alten und Neuen 1733. S. 30. u. f. recensirt. Die Dedication an den Herzog Heinrich zu Sachsen ist zu Sulza 1539. unterschrieben. Sie ist nicht nur 1560. und 1590. in 8. wieder gedruckt worden, sondern man hat auch folgende teutsche Uebersetzung derselben: Der Kauffmann oder das Gericht, ein geistliche *Tragoedi*, darinnen der Unterschied apostolischer und grob Papistischer Lehr und Trost in schweren geistlichen Kampf des Gewissens, nuzlich den einfältigen, zum Unterricht fürgestellt und abgebildet wird, vor etlichen Jahren in Latein beschrieben, durch Thomam Naogeorgum, sonst Kirchmeyr genant, von Straubingen, anietzo aber

in

fürgebildet wie die Bäbst und Bischöffe, das predig und hirtenamt verlassen und beyde über mächtige Land und Leut und über die blöden Gewissen fürstl. Regierung wider Gottes wort erlanget, und bißhär erhalten und geübet haben, wölliches das h. Euangelium widerfichtet — s. l. et a. 4.

Gottsched in dem Vorrath zur Geschichte der dramatischen Dichtkunst S. 79. führt unter dem J. 1538. folgende Uebersetzung an: Ein Christlich und gantz lustig Spiel, darinn des antichristischen Babstthums Teuffelische lehr und Wesen wundermeisterlich dargegeben wird, der christl. Jugend und deutscher Nation zum Besten aus dem latein Th. Naogeorgi in deudsche Reim versetzt durch Joan Thyrolff Burger zu Hala an der Saal.]

in teutſche Reimen gebracht, durch *M. Iacobum Ru-*
lichium Anguſtanum, gedruckt im Jahr 1545. in 4to.
Sonſt finde ich auch noch eine Lindauer Edition vom
Jahre 1595. in 8. angeführt. *)

3. *Incendia ſeu Pyrgopolynices Tragoedia recens nata,*
nephanda quorundam papiſtici gregis exponens ſcinora, Wit-
tebergae apud Georg. Rhau 1541. 8vo, 6. Bögen. Sie wird
in dem Alten und Neuen 1733. p. 32. aber nur ganz kurz
angeführt. Ob ſie auch 1544. und zu Heidelberg 1597. 8.
gedruckt iſt, kan ich nicht gewiß ſagen. Aber das iſt richtig,
daß ſie der berühmte Goldaſt in ſeinen politicis imperiali-
bus ſol. 1112. Frankfurt 1614. in ſol. wieder hat abdrucken
laſſen. **)

4. Ha-

*) Eine andere deutſche Ausgabe: der Kaufmann.
        Wer haben will mit kurz bericht
        Was ghandelt wird inn dem gedicht
        Der wend umb dieſes vorder blatt
        Wers laß deus nie gereuet hatt.
Durch herr Thoman Neubaur von Straubingen be-
ſchriben. Anno 1541. in 8. ſine loco.
Eine franzöſiſche Ueberſetzung mit dieſem Titel : Le Mar-
chant converti. Tragedie excellente. En laquelle la
vraye et la fauſſe Religion, au parangon l'une de l'au-
tre, ſont au vif repreſentées. —— Item ſuit apres la
Comedie du Pape malade et tirant a la fin par François
Foreſt. Sine loco 1591. in 12. Dieſe Ueberſetzung hat
Jean Creſpin, der ſie vermuthlich ſelbſt gemacht hat, aux
fideles de Flandres, Artois, Hainaut et pays - bas, qui
ſont a Francfort etc. in Verſen zugeeignet. Noch vor-
her kam ſie auch franzöſiſch ohne Anzeige des Orts,
1558. in 8. und 1561. in 12. heraus.]
**) Eine deutſche Ueberſetzung : Der Mortbrandt. Eyn
neuwe Tragedi, in welcher des Bapſts und ſeiner Pa-
piſten

4. *Hamanus Tragoedia noua , sumpta e Bibliis, reprehen-*
dens calumnias et Tyrannidem potentum et hortans ad uitae pro-
bitatem et metum Dei. Auctore Thoma Naogeorgo Straubin-
gensi. (Ad Gasparum a Teutleben Iuris interpretem peritissi-
mum et Saxoniae principis electori consiliarium) *) *Lipsiae ex*
off. typogr. honesti uiri Mich. Blum 1543. 8vo.

Auch soll sie in eben diesem Jahre, ohne Namen des
Ortes ebenfalls in 8vo gedruckt seyn. **)

5. *Hieremias. Tragoedia.* ***) Das Jahr der ersten Aus-
gabe, die schon dem Stinler bekannt war, weiß ich nicht.
Draud aber in seiner bibliotheca classica p. 1598. führt eine
Frankfurter Ausgabe in 8vo 1620. an, die bey Johann
Berner gedruckt seyn soll. Eben derselbe führt auch eine
Basler Ausgabe von diesen Tragödien an.   Aber ich traue
ihm nicht.   Und Lipen nennet auch das Jahr dieser Basler
Aus-

pisten erschreckliche Anschläge, und darauf mit der That
vollstreckte Händel vermeldet und entdeckt werden,
durch Th. Kirchmayern von Straubingen artlich beschrie-
ben. ohne Ort 1541. 8.]

*) Das eingeschlossene steht nicht auf dem Titel]

**) Bayle führt aus Fabricii diss. de ludis scenicis eine artige
Anecdote an, daß sich, als man zu Heidelberg die Tra-
gödie Haman aufführen wollte, ein Ungewitter hätte
gefallen lassen, so lange zu warten, bis die Vorstel-
lung vorbey war.]

***) Der ganze Titel ist: Hieremias. Tragoedia noua, ex
propheta Hieremia sumpta, hisce temporibus ualde ad-
commoda, cum luculenta praefatione. Th. Naogeorgo
Straubingensi aut. Basil. f. a. 8. Der Verfasser hat sie
dem Herzog Christoph von Würtemberg bediest, dat.
Basileae 4. Iulii 1551.]

Ausgabe, nemlich 1550. Aber ich traue ihm eben so wenig. Von dieser letztern nennet er eine Basler Edition von 1551. für deßen Richtigkeit ich auch nicht stehen will.

So weitläuftig ich bey diesen beiden Büchern war, so darf doch der geneigte Leser nicht fürchten, daß es weiter so gehen wird. Von den übrigen werde ich desto weniger sagen können.

In primam divi Iohannis epistolam annotationes, quae vice prolixi commentarii esse possunt. Th. Naogeorgo Straubingensi autore. Ad Ioannem Ernestum ducem Saxoniae. Francofurti ad Moenum 1544. 8vo.

Diß ist das Buch, in welchem er einige Jrrlehren vorgetragen hat, und über welches Streit entstanden ist, wie ich in seinem Leben gemeldet habe.

Confutatio de bello Germanico in Pedioneum trimetris Scazontibus. *)

Dieses und einige andere kenne ich nur aus dem Simler, der nach seiner Gewohnheit weder Ort noch Jahr anzuführen pfleget. Schlegel rechnet es zu seinen Tragödien.

Epitome Ecclesiasticorum dogmatum, carmine hexametro heroico.

Libri V. agriculturae sacrae heroico carmine descripti, quibus absolutum veri theologi exemplar descriptum est. Basil. 1550. 8. auf 14. Bogen.

Simler und andere nennen fünf Bücher, das Jöcherische Gelehrten‑Lexicon aber nur vier. Auch finde ich eine

---

*) Wir haben es selbst vor uns: De bello Germanico, in laudem Iohannis Pedionaei, eiusdem belli scriptoris Carmen Iambicum Trimetrum Scazon, aut. Th. N. S. in 8. drey Bogen. Die Dedication an Johann Jacob Fugger ist 1548. unterschrieben.]

eine Basler Ausgabe ohne Jahr angeführt, z. E. in Lucii
catalogo biblioth. Francofurtensis p. 238. Man sehe Frey-
tags adparat. literar. Tom. II. p. 1008. wo sie unter fol-
gendem Titel stehet: Agriculturae sacrae libri quinque, Tho-
ma Naogeorgo Straubingensi autore.   Hoc scripto, Lector,
non solum omnibus numeris absoluti Theologi expressam
imaginem es habiturus, verum etiam quibus instructum
doctrinis, ac moribus imbutum, ad omnem sanctissimi
huius muneris exercitationem esse oporteat, plenissime co-
gnosces. Basileae in 8. p. 167. exceptis 4. fol. prior.   Bey
dem Beschluß des fünften Buches sieht die Jahrzahl 1550.
Den Inhalt hat Freytag beschrieben, und auch ein Paar
Proben davon gegeben.   Die Dedication an die Obrigkeit
und den Rath zu Bern ist den 1. Merz 1550. zu Kempten
unterschrieben.

   Rubricae sive summae capitulorum iuris canonici 8. Basil.
1551. und *Lugduni* 1578. 12. welche letztere Ausgabe unter
andern in dem literarischen Wochenblat S. 406. ange-
führt wird.

   Satyrarum libri V. priores, *) *Basileae per Io. Oporinum*
1555. 8vo. von 300. Seiten. M. s. das literar. Wochen-
blat S. 406.   In der bibliotheca Gesnero-Simlero-Frisiana
heißt es davon: Satyrarum libri decem, quos nondum per-
fecisse dicitur, und weiter unten wird sodann Oporins

Lit. Miscell. 3. Samml.   X   Aus-

---

*) Th. Naog. aut. His sunt adiuncti de animi tranquilli-
   tate duo libelli: unus Plutarchi latinus ab eodem factus:
   alter Senecae cum annotatt. in utrumque Basil. per Io.
   Oporin. Mense Iulio 1555. 8. Ist dem Marggrafen zu
   Brandenburg Georg Friedrich dedicirt, dat. Stutgar-
   diae nono Martii 1555.]

Ausgabe der fünf ersten Bücher angeführt. Ob die übrigen fünf auch noch gedruckt worden sind, habe ich bisher noch nicht entdecken können. Doch fast zweifle ich daran. Jene fünf Bücher sind in Iani Gruteri deliciis poëtarum germanorum Part. IV. pag. 997. wieder abgedruckt worden.

Isocratis libellus περι βασιλειας, in das Lateinische übersetzt, wird von Simler angeführt, mit dem Zusatz: qui editus est, et alia quaedam nondum edita. Nun wissen wir alles.

Noua tragoedia Iudas Iscariotes, ist vermuthlich auch zuerst besonders gedruckt worden. In der bibliotheca Io. Alb. Fabricii Sect. II. p. 99. finde ich sie mit folgenden zusammen gesetzt, als wann sie zusammen gehörten: et Sophoclis Aiax et Philoctetes carmine latino 1552. 8. *)

Duae Sophoclis Tragoediae Aiax flagellifer et Philoctetes carmine translatus. Das Jahr der ersten Ausgabe weiß ich nicht. Draudius aber führt eine Edition zu Straßburg durch Bertram 1580. 8vo an. Sonst führt Simler keine Uebersetzung Naogeorgi aus dem Sophocles an. Ich habe aber noch folgende zwey gefunden:

Sophoclis poëtae tragici de extremo actu rerum gestarum Herculis ciusdemque interitu lamentabili Tragoedia, latino metro

---

*) Der vollständige Titel ist folgender: Iudas Iscariotes, Tragedia noua et sacra lectu et actu festiua et iucunda Th. Naogeorgo aut. Adiunctae sunt quoque duae Sophoclis Tragoediae, Aiax flagellifer et Philoctetes ab eodem autore carmine uersae. Ohne Ort und Jahr in 8. Ist dem Magistrat zu Straßburg dedicirt, dat. Stuttgardiae 12. Sept. 1552.]

tro versa a Th. Neogeorgo Straubingensi. Argentorati ap. *Anton. Bertram* 1588 8vo.

Clessii elenchus p. 387. *Hockeri* bibliotheca Heilsbronnensis p. 287.

Sophoclis Tragoediae septem graecae latino carmine redditae et annotationibus illustratae per Th. Naogeorgum. Basileae per Ioh. Oporinum 1567.

. Bibliotheca *Vssenbach.* uniuersalis Tom. IV. pag. 75. ein Exemplar, dazu Georg Rem Anmerkungen geschrieben hatte.

Dionis Chrysostomi orationes 80. *in latinum conuersae. fol. Basil. per Oporinum* 1555.

Biblioth. *Vssenbach.* T. IV. p. 510. Eine neuere Auflage hat folgende Aufschrift: Dionis Chrysostomi orationes 80. graece et latine, interprete Thoma Naogeorgo cum Is. Casauboni diatribe et Feder. Morelli scholiis et ex Phot. Censur. de Dion. Gr. Lat. apud Claud. Morel. fol. Lutet. 1604. *Maittaire annales typographiae* Tom. V.

Epicteti enchiridion cum explicatione Th. Naogeorgi. Argentinae anno D. 1554. *)

Plutarchi libelli : conuiuium sapientum : de superstitione : de Socratis daemonio : de amore fraterno : de Ei apud Delphos:

K 2

*) Der vollständige Titel ist dieser: Moralis Philosophiae medulla, docens quo pacto ad animi tranquillitatem beatitudinemque praesentis uitae perueniri possit. Nempe, Epicteti Enchiridion Graece et Latine cum explanatione Th. Naogeorgi. Argent. exc. Wendel. Rihelius 1554. 8. Die Dedication an Burgermeister und Rath zu Augspurg ist unterschrieben dat. Stutgard. 10. Mart. 1554. Am Ende ist noch beygefügt: Eucharisticon ac uotiuum eiusdem carmen ad Christum, postquam a diuturna febri esset liberatus.]

phos: e graeca in latinam linguam translati, qui omnes
mul impreſſi ſunt.

Aber wenn? wie? wo? Das ſagt uns der g
Simler nicht. Nachdem er aber einige andre B
cher genennet hat, ſo ſetzt er auch noch hinzu: tran
tulit etiam aliquot alios Plutarchi libellos in lingua
latinam excuſos Baſileae, ſicut et priores in 8vo. Hi
nennet er zwar den Ort und das Format, aber t
Bücher ſelbſt nicht.

Plutarchi liber de animi tranquillitate eum Satyris editt
und: *Satyrae quibus addidit Senecae librum de tranquil.*
tate animi, et alterum de eadem re Plutarchi a ſe tran
latum.

Dieſes ſind wieder zwey Bücher, deren Simler g
denkt, nachdem er einige dazwiſchen gemengt ha
Schlegel ſetzt l. c. p. 318. hinzu Baſil. 8. Ich kan nich
ſagen, ob ſich dieſe Stücke bey den vorhin gemeldete
Satyren finden, oder ob dieſes wieder andre Saty
ren ſind, als iene?

De infantum ac paruulorum ſalute, deque Chriſti dicto, ſi
nite paruulos ad me venire, concluſiones 145. Baſileae 155C
8vo. und vielleicht auch eben daſelbſt ohne Benennung de
Jahrs. *)

De componendis diſſidiis religionis carmen, libri II. 1559.
In der *bibliotheca Io. Alb. Fabricii* Sect. II. p. 99. heiß
es: libri II. carmine de diſſidiis componendis et Sa
tyra in Ioan. della Caſa Sodomiae patronum Baſil
1559.

*) Iſt dem Ioh. a Laſco dedicirt dat. Stutgardiae 23
Martii 1556.]

1559. 8vo. *) Diß sind also die zwey ersten Anhänge des regni papistici, davon ich oben geredet habe. Fast scheint es, man habe auch beide von diesem Buche abgesondert, und sie mit einem gemeinschafftlichen Titul besonders verkauft. Aus ienem werden einige Verse angeführt in Oth. Melandri iocorum atque seriorum centuriis aliquot, Francof. 1617. pag. 196.

In Psalmum XXV. iudica me Deus etc. explanatio Basileae XXVI. 1561. 8vo.

Synesii epistolae, Basileae, graecae et latine 8vo. 1558. *)

Allein Schelhorn im zweyten Bande der Ergötzlichkeiten aus der Kirchenhistorie und Litteratur S. 286. führt an,

N 3

daß

*) Der vollständige Titel lautet also : De dissidiis componendis, ad Mathiam Bredenbachium, ludimagistrum Embricensem Libri II. Th. Naog. Str. Adiuncta est etiam Satyra, ante annos aliquot scripta in Ioannem Del' la Casa, archiepiscoporum Beneuentanum, Sodomiae Patronum, eodem Th. Naog. autore, Basil. 1559. 8. Es ist diese Schrift eine Widerlegung folgenden Buchs: De dissidiis Ecclesiae componendis Mathiae Bredenbachii Kerspensis, apud Embricam scholae Moderatoris, Sententia. Eiusdem Apologia de eo quod quibusdam uisus est acerbius in M. Lutherum scripsisse. Antuerp. 1558. 8.]

*) Der vollständige Titel lautet also : Synesii Philosophi ac episcopi Ptolemaidis Cyrenaicae Epistolae lectu dignissimae, in utriusque linguae studiosorum gratiam graece et latine editae Th. Naog. Straub. interprete. Basil. per Io. Oporinum, am Ende : Finis epistolarum Synesii 25 April 1558. Dieß ist vermuthlich der Tag, an welchem Naog. mit der Uebersetzung fertig geworden.]

daß die schöne und weitläuftige Zuschrift an die Burgermei-
ster und den Rath zu Straubingen erst zu Stutgard den
1. Merz 1559. unterschrieben ist, in welcher er von der Recht-
fertigung und Erlangung der ewigen Seeligkeit allein durch
den Glauben an Jesum Christum erbaulich gehandelt habe.
Folglich mag das Buch erst in diesem Jahre 1559. heraus-
gegeben werden seyn.

So viel Bücher nennet die bibliotheca Gesnero - Sim-
lero - Frisiana von ihm.   Diesen will ich nun noch einige
andre beyfügen.

*Phalaridis Agrigentinorum tyranni, epistolae doctissimae
graece et latine, Th. Naogeorgo interprete, Basileae ex offici-
na Oporini 1558. 8vo.*

Diese Ausgabe nebst einigen andern hat Car. Boyle
zum Grunde gelegt, da er im Jahre 1695. diese Briefe ex
Theatro Oxoniensi in 8. wieder herausgab. *Acta erudito-
rum Lips. 1696. pag. 102.*

*Thom. Naogeorgi Sylua carminum in nostri temporis cor-
ruptelas ex diuersis auctoribus collecta 1553. 8vo.*

Bibliotheca *Ad. Rud. Solgeri* Pars III. Nor. 1762. pag.
307. num. 2021. Sonst habe ich diese Sammlung nir-
gends angetroffen und kan also auch ihren Inhalt
nicht deutlicher melden. Nur in der bibliotheca Oize-
liana Lugduni 1692. Tom. II. p. 324. finde ich es als
zwey Stücke ohne Naogeorgi Namen, aber an sein
regnum papisticum gebunden, also: Syluula carminum
a diuersis piis et eruditis viris conscriptorum 1553.
Sylua carminum in temporis corruptelas. In Otho-
nis Melandri locorum atque seniorum centuriis aliquot
Francof. 1617. sind verschiedne Stücke aus diesem Bu-
che

dye zu finden, z. Er. p. 33. 56. 139. 144. 175. 197. 203.
Es sind Gedichte von dem Stigelius, Morus, Johann
Pannonius und andern und das Buch wird meistens so
angeführt: Sylua, quae regno papistico Naogeorgi ac-
cessit. Vielleicht ist also diese sylua carminum nichts
anders, als der Anhang, den er der ersten Ausgabe sei-
nes regni papistici 1553. beygefügt und in der folgen-
den 1559. weggelassen hat. Auch stehet in eben dieses
Melandri Tom. III. Francof. 1617. p. 102 — 115. ein
langes Gedicht mit der Ueberschrift: de vita monacho-
rum, quos vulgo fratres appellant, und zuletzt: Laelii
Capilupi cento Virgilianus in syluula regno papistico
Thomae Naogeorgi adiecta; und p. 118. die Grab-
schrifft des Pabsts Alexander VI. aus eben demselbigen,
wie auch gleich darauf des Clemens VII. mit der Un-
terschrifft: Sy'ua.

Vom Pabstthum eine neue sehr schöne Tragoedia
Thomae Naogeorgi aus dem Latin verdeutscht durch
Iustum Menium, Wittenberg 1539. 8vo.

Hirschii millenarius III. librorum ab anno I. vsque ad
annum L. Seculi XVI. impressorum. Es kan vielleicht
seyn, daß es eine Uebersetzung von den oben genanten
ersten Tragödien Pammachius, oder Mercator ist, viel-
leicht aber auch nicht.

In der bibliotheca I. F. *Mayeri* 1715. finde ich auch
pag. 227. papatus comoedia descriptus ad Martinum Luthe-
rum. Dieses könnte vielleicht auch die Tragödie Famma-
chius seyn, vielleicht aber auch eine davon unterschiedne
Comödie.

Vermuthlich werden seine Tragödien bißweilen falsch
Comödien genennet. Schlegel erzehlet im Leben E. Aqui-
lä S. 323. er habe etliche lateinische Comödien wider das
Pabstthum und Mordbrenner selbiger Zeit geschrieben, wel-
che auch Lutherus hochgelobet und hernach von Johann
Tirolff Bürgern zu Kahla in teutsche Verse gebracht seyen.
Davon ist mir weiter auch nichts bekannt worden.

Draud führt in seiner bibliotheca classica, p. 1526.
Comödien und Tragödien untereinander an; und Lipen
sagt ziemlich undeutlich: comoediae, pasquilli ꝛc. reliqua o-
pera. Basil. 8vo. Das werden vermuthlich lauter Bücher
seyn, die ich schon genennet habe. Ich führe es bloß an,
um zu zeigen, daß ich wegen seiner Bücher überall, wo es
nur möglich war, Nachrichten aufzusuchen, bemühet gewe-
sen bin. Meine Begierde aber ist meistens schlecht gestillet
worden.

Zwar sollte ich auch noch ein Drama unter dem Na-
men Rammachius anführen. Allein das ist ein Unding. Es
ist nichts anders, als seine Tragödie Pammachius. In
Schlegels Leben Aquilä S. 318. heisset sie durch einen
Druckfehler Ranachius. Das ist offenbar und ich würde
es nicht erinnern, wenn man es nicht in dem Jöcherischen
Gelehrten Lexico getrost nachgeschrieben hätte.

Auch stehet sowohl in diesem Lexico, als auch in den Zu-
sätzen zu Iselins Basler Lexico ein allen andern ganz un-
bekanntes Buch de ortu sedis pontificum, das er unter dem
Namen Thomas Kirchbauer herausgegeben haben soll.
Was ich daraus machen soll, das weiß ich nicht. Er hat
sich niemals Kirchbauer genennet. Ist es vielleicht ein
Stück aus seinem päbstischen Reich, das ein anderer un-

ter

ter diesem falschen Namen hat drucken laſſen, oder iſt es
gar von einem andern Verfaſſer? Auch Fiſchlin gedenket
dieſer Schrift in ſeinen Supplementen p. 179. Eben dieſer
nennet auch: commentarius in Ieremiam Stuttgardiae 1618,
ein mir ebenfalls unbekanntes Buch. Eine Tragödie hat
zwar Naogeorgus geſchrieben, die er Hieremias nennte.
Hat man vielleicht gar daraus einen Commentarius über
den Jeremia gemacht? Das wäre doch artig.

Zum Vergnügen der Leſer will ich auch noch ein paar
Proben ſeiner Geſchicklichkeit in der Dichtkunſt herſetzen,
eine ſatyriſche und eine hiſtoriſche. Jene nehme ich aus
C. G. *Blumbergii* veritate myſterii tiarae romani pontificis
olim adſcripti pag. 95.

Numen apud ſuperos nullum eſt, quid Pontibus ergo

Eſt opus? aut quid opus denique Pontifices?

welcher dieſes als ein Diſtichon Naogeorgi anführt, aber
ohne das Buch zu nennen, daraus er es genommen hat.
Dieſe, die hiſtoriſche, wähle ich aus Freytags *adparatu*
l. c. weil ich Gelegenheit habe, noch eine Anmerkung dabey
zu machen.

Haec ſacris ſuper agricolis ac arte colendi,

Caſibus afflictus multis duriſque canebam,

Carolus imperii rector quo tempore ſummus

Rebus ad arbitrium poſitis, belloque peracto,

In quo captus erat Saxo, et Mauortius Heſſus

Ad patriam victor rediit comptoſque Brabantos:

Atque inibi Hiſpanis venientem excepit ab oris

Gnatum, deliciaſque ſuas, pectuſque Philippum,

Tum mihi ſiderei regis decreta docenti

Praebuit hoſpitium ſat gratum *Algouia* tellus:

N 5 Quum

Quum rari inciperent dispergi vertice cani,
Oftoque egiſſem vegetus *quinquennia* vitae.

Dieß ſchrieb er alſo zu Rempten im Jahre 1549. wie
der Inhalt deutlich genug zeiget. Allein wie konnte er da
ſagen, er ſey ſchon 40. Jahr alt, da er noch im 39ſten war?
Sein Geburtsjahr iſt 1511. und ſein Alter, da er 1563. ſtarb,
wird ſtets von 52. Jahren angegeben. Er wurde alſo erſt
1551. 40. Jahr alt, und ich hoffe, in dieſen Zahlen ſollte kein
Fehler ſeyn. Vermuthlich hat er es in ſeinen Verſen nicht
ſo genau genommen, und da das Buch, wo ſie ſtehen, näm-
lich de agricultura ſacra, erſt das folgende Jahr 1550. ge-
druckt wurde, ſo konnte er ſich wohl fünf mahl acht Jah-
re beylegen, ohne ſie noch ganz zurück gelegt zu haben. Die-
ſe Kleinigkeit habe ich noch beyfügen wollen, damit mich
nicht vielleicht jemand aus dieſer Stelle beſchuldigen möge,
ich hätte ſein Geburtsjahr oder die Anzahl ſeiner Lebens-
Jahre falſch angegeben.

Sonſt kan man auch noch einige Proben ſeiner Dicht-
kunſt, außer denen, die ich ſchon bey ſeinen Büchern ange-
führt habe, leſen in Othonis Melandri iocorum atque ſerio-
rum centuria ſecunda. Francofurti 1605. 12 p. 246. de ſatis-
factione papiſtica, ohne Benennung des Buches, nur mit
ſeinem Namen, und p. 328. de pictura quadam inepta atque
abſurda, aus dem dritten Buche ſeines päbſtiſchen Reiches.

VI.

VI.

Erneuertes Andenken

der Gelehrten,

die

das Schwäbische Syngramm

unterschrieben haben.

von *am Ende*.

Beitrag z. chrisslich d. gesmäl. Litent u. Sänger
in allgem. Litt. Ztg. 1800. S. 2209.

.!

VI.

Erneuertes Andenken der Gelehrten, die das Schwäbische Syngramma unterschrieben haben.

Als Johann Oecolampadius im Jahr 1525. sein Buch de genuina uerborum Domini hoc est corpus meum iuxta uetustissimos autores expositione, zu Basel in 8. herausgab, fügte er demselben einen Brief bey mit der Ueberschrift: dilectis in Christo fratribus per Sueuiam Christum annunciantibus. Dieß sahen einige Schwäbische Prediger als eine Aufforderung an, sich wegen ihrer Meinung in der Lehre vom heiligen Abendmahl öffentlich zu erklären, und zu zeigen, daß sie nicht mit dem Oecolampad übereinstimmten. Es versammleten sich demnach viele derselben zu Halle in Schwaben bey dem Johann Brentius freywillig, und nachdem sie sich freundschaftlich unterredet hatten, verfaßte Brentius in aller Namen eine Schrift, welche sie den 21sten October 1525. unterschrieben, und Syngramma Sueuicum nennten. Mehr habe ich hier nicht nöthig zu sagen. Liebhabern der Reformationsgeschicht ist die Sache bekannt: andern wird sie, so wichtig sie ist, eine Kleinigkeit scheinen. Wer Lust hat, nähere Umstände zu wissen, und die nun meistens sehr seltnen Bücher, die damals wegen dieser Streitigkeit herausgekommen sind, besser kennen zu lernen, dem werden folgende Schriften gute Dienste leisten: *Sculteri* annales in *Herm. von der Harde* historia reformationis, Part. V. fol. 7¾. *Seckendorfii* historia Lutheranismi Lib. II.

Sect. VI.

Sect. VI. §. 11. *Hospiniani* historia sacramentaria Part. II.
fol. 56. *L. M. Fischlini* supplementa ad memoriam Theolo-
gorum Wirtembergensium p. 1 — 4. *C. M. Pfaffii* liber
commentarius de actis scriptisque publicis ecclesiae Wirtem-
bergicae p. 1 — 19. Salig in der vollständigen Historie der
Augsburgischen Confeßion S. 97. und 108. des ersten Bandes.
Hottingers Helvetische Kirchengeschichte III. Theil S. 277.
V. E. Löschers ausführliche historia motuum, im ersten
Theil S. 112 — 130.

Die würdigen Männer, die das Syngramma unter-
schrieben haben, sind zum Theil bekannt genug, zum Theil aber
fast ganz unbekannt. Zwinglius nennet sie zwar triuiales
episcopulos und den theuren *Brentius* ingratum animal.*)
Allein andere urtheilen ganz anders von ihnen. **) Kenner
der Reformationsgeschichte segnen noch ihr Andenken und
bedauren, daß verschiedene derselben fast ganz vergessen
worden sind. Der seel. D. Niederer in Altdorf, dem ge-
wiß niemand den Namen eines solchen Kenners absprechen
wird, ermunterte mich ehemals, ihr Andenken zu erneuern,
weil sie es so sehr vor andern verdienen. Allein ich konnte
nicht viel von ihnen entdecken. Doch das wenige, das ich
gefunden habe, will ich hier anzeigen. Die Ausgabe des
Syngramma, deren ich mich dabey bediene, muß ich doch
vorher kurz beschreiben, weil sie mehr enthält, als man
darinn suchen sollte. Sie sind alle sehr selten, wie Pfaff
l. c. p. 4. bemerket : uariae sunt huius syngrammatis editio-
nes,

*) Man sehe oben S. 27.]
**) Luther T. II. Epp. p. 311. schreibt : In Oecolampadium
et Zuinglium *egregie* scriptum est a Sueuiae doctissi-
mis uiris, qui liber hic aeditur denuo.]

nes, sed eae tam rarae, ut cum tot bibliothecarum loculos excusserimus, uix oculis noſtris ſeſe id uidendum ſtiterit. Ignoramus, ubi exulent tot *libelli omnium lectione digniſſimi* exempla etc. Wegen dieſer Seltenheit will ich die Ausgaben, die mir bekannt ſind, weil ich ſie nirgends vollſtändig angezeigt finde, kurz anzeigen, obgleich viele unſerer heutigen Gelehrten die gründlichſten Bücher der damaligen Gelehrten, eines Melanchthons, Brentius u. ſ. w. für alte, verlegene und unbrauchbare Waare halten.

Die erſte Ausgabe kam ohne Brentii Wiſſen 1525. in 4. heraus und iſt faſt ganz unſichtbar worden. Ich zweifle ſehr, ob Fiſchlin in memoriis Theologorum Wirtembergenſium Part. I. p. 37. Recht hat, wenn er den Druckort Halle in Schwaben nennet, und eben ſo auch) Pregitzer in Suevia et Würtembergia sacra p. 400.

Syngramma clariſſimorum qui Halae Sueuorum conuenerunt virorum [Ioh. Lachmanni Heylbronnenſis, Erhardi Snepfii Wimpinenſis, Bernhardi Griebleri Gemmingenſis, Ioh. Geilingii Ulsfeldenſis, Martini Germani Firneidenſis, Iohannis Galli Salcefeldenſis, Ulrici Wittacenſis Suigeri, Ioh. Valtenſis, Volfgangi Tauri Orendelſalini, Ioh. Heroldii, Ioh. Rudolphi Orengiacenſis, Ioh. Iſenmanni, Michaelis Gretteri, Io. Brentzii, aliorumque] *) ſuper verbis Coenae Dominicae, et pium et eruditum, ad Iohannem Oecolampadium, Baſilienſem Eccleſiaſten. Wittemb. 1526. 8vo. 5 Bögen.

Eben

*) Dieſe Namen ſtehen nicht auf dem Titel des Buchs ſelbſt, ſondern auf dem Anfang des zweiten Blats mit dem Zuſatz: qui Halae Sueuorum congregati Eccleſiaſtae Ioh. Oecolampadio apud Baſilienſes Chriſtum praedicanti S. D.]

Eben daſſelbe, ohne Namen des Ortes 1536. 8vo. 4½
Bogen.

*Io. Oecolampadii Apologetica. De dignitate euchari-
ſtiae Sermones II. Ad Theobaldum Billicanum: quinam
in verbis coenae alienum ſenſum inferant. Ad eccleſiaſtas
Suevos antiſyngramma. Tiguri. 1526. 8.*)

Darinnen findet ſich das Syngramma Stückweiß ab,
gedruckt, und jedem Stück iſt die Widerlegung beygefügt.
Vermuthlich ſteht es auch in der teutſchen Schrifft.

Billiche Antwort Johann Ecolampadii auf D.
Martin Luthero bericht, des Sacramento halb,
ſampt einem kurzen begryff auff etlicher Prediger
in Schwaben gſchrifft die Wort des Herrn Nacht,
male antreffendt. Ich bitt umb verhör. Baſel 1526.
und in eben dem Jahre, ohne Benennung des Ortes, in 4.*)

Vorher ſchon war das Syngramma ſelbſt teutſch her,
ausgekommen: Gegründter und gewißer beſchlus etli,
cher Prediger zu Schwaben, uber die wort des A,
bentmals Chriſti Jeſu (das iſt mein Leib) an Johan,
nem Ecolampadion geſchrieben, von newem durch
Johannem Agricolam verdeutſcht. Aigentlicher be,
richt D. Martin Luthers den Rrthumb des Sacra,
mento

*) iſt bey Chriſtoph Froſchover gedruckt, und beſteht
aus 19 Bogen.

*) In dieſer deutſchen Ueberſetzung iſt das Syngramm
nicht ganz abgedruckt. Oecolampadius ſagt es in der
Vorrede ſelbſt, daß er in dieſer Schrift nicht auf das
ganze Syngramm antworten werde, wie er in Laſein
gethan. Sie beträgt auch nur 9 Bogen.]

mento betreffend. Hagenau 1526. 4. Lutheri Vorrede
ist auch in seinen gesammelten Werken, z. E. im dritten Al-
tenburgischen Theil, Bl. 473, im zweiten Wittenberger,
p. 100. im dritten Jenaischen, p. 340. und in der Leipziger
Ausgabe 1733. im 19. Band S. 386 ic. nebst noch einer
andern, zu lesen.

Clare vnd Christliche antwortung etlicher hochge-
lerten dienern deß Euangeliumo vnd predicanten so
zu Hall in schwaben versamlet gewest, auf D. J.
Oecolampadi biechlin So er hat lassen außgon, über
die wort deß nachtmalo des herren verteutscht durch
G. R. christlicher ainigkayt zu gut 15. Bögen. *)

Noch wird eine lateinische Ausgabe zu Franksurt 1561.
bey Peter Brubach, S. in Pfaffii prodromo oder commenta-
rio de actis etc. p. 4. not. (b) und eine vom Jahr 1591. R. in
Feuerlini bibliotheca symbolica ed. Riederer, Norimb. 1768.

Lit. Misc. 3. Samml.   L   p. 244.

*) Ich habe noch eine andere teutsche Uebersetzung vor mir,
die von der des Agricola ganz verschieden ist, und ohne
Zweifel von Johann Bugenhagen verfertiget worden.
Der weitläuftige Titel derselben lautet also:

Genötigter vnd fremdt eingetragener schrifft auch
mißlichens deutens der wort des abentmals Christi.
Syngramma (das ist) Versammelte schriffte vnd ein-
hellige verlegung der achtbarn manner predigere vnn
Schwaben, so sich darüber zu Schwebischen Hall be-
sprochen, zu dem vormerten Oecolampadio, prediger zu
Basel. Wittemberg, durch Joseph Klug, 1526. 8. fünf
Bögen sehr klein gedruckt, mit einer sehr kurzen Vor-
rede D. Luthers, in der er sagt: er habe das seine büch-
lein Syngramma von seinen lieben herrn vnd freunden
ynn schwaben gemacht vnter vill außzubreiten vn zum
andernmal helfen vns deudtsch fodern.]

p. 244. angeführt. Pfaff selbst aber hat es auch wieder abdrucken laſſen in den actis et ſcriptis publicis ecclesiae Wirtembergicae Tubing. 1720. 4. p. 153 — 198. nachdem er vorher Oecolampadii Buch, ſo dazu Gelegenheit gegeben S. 41 — 152. geliefert hatte. Teutſch findet man es auch im 20ſten Theil der Walchiſchen oder Halliſchen Ausgabe der Schriften Lutheri 1747. 4. S. 35. ꝛc. nebſt verſchiedenen andern dazu gehörigen Schriften.

Mein Exemplar, deſſen auch Schwindel im theſauro bibliothecali Tom. IV. p. 363. und Beyſchlag in ſeiner Sylloge S. 855. gedenket, das aber Pfaff mit Stillſchweigen übergehet, hat folgenden Titul: Syngramma clarissimo-rum qui Halae Sueuorum conuenerunt virorum, ſuper uerbis Coenae Dominicae et pium et eruditum ad Iohannem Oeco-lampadion, Baſileenſem Eccleſiaſten. Iam denuo hanc ob cauſam hoc potiſſimum tempore aeditum, quod certamina vetera de coena Domini recrudeſcere incipiunt. Quae vero huic aeditioni acceſſerunt ſequens pagina indicabit. Norim-bergae Ex officina Gabriel. Hayn. M. D. LVI. Auf der erſten Seite des zweiten Blats werden zwar vier Stücke genennet, die in dieſer Ausgabe hinzugekommen ſind: es ſind aber eigentlich ſechs, die alſo auf einander folgen:

1. *Epiſtola Hiob Gaſt ad Iohannem Stiglerium, ſuper controuerſia rei ſacramentariae. d. 27. Nov.*

2. *Reſponſio Mart. Lutheri ad miniſtros verbi Dei apud Argentinam, per G. Caſelium legatam de verbis coenae domini-cae. Dominica poſt omnium ſanctorum 1525.*

3. *Andreae Althameri Brentii Epiſtola ad Conradum Som (Vlmenſium concionatorem) qua reſpondet quatenus proſit cor-*

pora-

poralis Christi praesentia in mensa Domini. Nerimbergae VItima Ianuarii Anno 1527.

4. *Epistola Ioannis Brentii de verbis Domini, hoc est corpus meum, opinionem quorundam de Eucharistia refellens. Ad Mart. Burzerum, ex Hala Sueuorum 3. Octobris anno XXV.*

5. *Contra nouum errorem de sacramento corporis et sanguinis Domini nostri Iesu Christi, Epistola Iohan. Bugenhagii Pomerani. Doctissimo Doctori Hesso Vratislauiensis Ecclesiae Pastori etc.*

Darunter stehet zwar finis. Doch folget noch

6. ein kurzer Anhang, in welchem Bugenhagen über eine Meß-ordnung eifert, die man damahls verkaufte, als wenn die Wittenberger solche hielten und geordnet hätten.

Alles zusammen beträgt 8. Bogen in 8vo. Nun kein Wort mehr von diesem Buche, als dieses einige, daß es bey Zeiten in die Register der verbottenen Bücher gekommen ist, und in sehr vielen derselben unter dem lächerlichen Namen Syncrama, oder gar Syncratima gelesen wird. M. s. I. G. Schelhornii epistolam ad A. M. Cardinalem Quirinum de consilio de emendanda ecclesia auspiciis Pauli III. R. P. conscripto ac a Paulo IV. damnato. Tiguri 1748. p. 47. 48.

Die Namen derer, die das Syngramma unterschrieben haben, stehen in meiner Ausgabe vor dem Anfange der Schrift selbst, und sind folgende:

1. Iohan. Lachmannus Heylpronnensis. Gleich dieser erste Name ist in der gelehrten Welt unverdienter Weise fast ganz unbekannt. Nirgends fand sich Nachricht von ihm,

biß endlich der Herr Rector Schlegel in Heilbronn*) aus der dasigen Bibliotheck dem Herrn Carl Büttringhausen in Heidelberg einen Brief Melanchthons an denselben mitgetheilt hat, welchen dieser letztere im zweiten Stück des ersten

*) Ich lasse hier drey Briefe an Lachmann abdrucken, die ich der Gütigkeit des Herrn Rector Schlegels zu danken habe, und die verdienen aufbewahrt zu werden.] Der erste hat die Aufschrift:

I.

Egregie docto et pio viro D. Iohanni Lachman Doctori Theologiae Euangelium docenti in ecclesia Heilbronnensi, suo amico.

S. D. Etsi sciebam tibi hunc Baldasarum et notum et satis commendatum esse, tamen dedi ei has literas, ut mea causa adderes erga cum aliquid studii atque officii. Est enim homo probus et pollicetur se diligentiam adhibiturum esse, si quam condidunculam nactus fuerit. Nam hic negat se valetudinis causa manere posse. Et chalcographici labores quibus hactenus sustentauit se et familiam suam, ita hebetant eius oculos, ut non possit eos perferre diutius. Commendo igitur tibi iuuandum hominem, quantum recte et honeste poteris Ego nunc recudo et locos communes et Apologiam, et spero me plerisque disputationibus plus luminis allaturum esse. Bene vale et saluta meis verbis meum affinem et sororem meam. Dominica Cantate 1535.

Philippus Melanchthon.

II.

Clarissimo Viro D. Ioh. Lachmanno ecclesiastae Heilbrunnensi suo in Christo fratri amicissimo.

S. in Christo. Tametsi, frater in Christo dilectissime, sciam, caritatem tuam pauperum adiuuandorum onere nimis grauatam, promptissime enim et te et tua in pauperes profundis, ut iuxta Salomonis dictum Domino foeneres, tamen

ersten Bandes seiner Beyträge zur Pfälzischen Geschichte
S. 136—143. nebst Herrn Schlegels Anmerkungen von
dem Lachmann hat abdrucken laßen. Er enthält das deut-
lichste Zeugniß, daß Melanchthon damals der Meinung

L 3 Oeco-

tamen non potui committere, ne hunc Michaelem Tanner
praelentium latorem tuae caritati commendarom, partim,
quod ob euangelii confeſſionem in exilium eiectus ſit,
partim quod venera-do ſenio praeditus, dignus ſit,
quem iuuent pii. Nam et mihi commendatus fuit a D.
Dominico Schleupner ecclefiaſta apud Sebaldum Nürn-
bergae, quemadmodum ex litteris eius ad me datis, quas
his adieci, intelligere potes. Facies itaque Chriſto Do-
mino noſtro rem gratiſſimam, ſi hominem vel auxilio vel
confilio adiuueris, ut experiatur, Chriſtum adhuc paupe-
rum ſuorum curam habere. Caeterum audio Martinum
Fürteldianum profectura eſſe ad Zwinglium, ut confirme-
tur in philoſophia ſua ſacramentaria. O hominem ſtultum,
et decipi volentem, fiet enim ei, quod ſcriptum eſt in Eze-
chiele cap. 14. homo, qui pofuerit idola in corde ſuo,
et caetera, nam notus eſt tibi locus. Vale in domino,
et ora, ut nos conſtantes in verbi diuini ſimplicitate per-
duremus, etiamſi martinus redeat plauſtris nugarum ſacra-
mentariarum onuſtus. 3 die Maij Anno XXIX.

Saluta nomine meo   Brentius tuus.
familiam tuam.

III.

Clariſſimo Viro D. Iohanni Lachmanno apud Heilbrunen-
ſes ecclefiaſtae fidelimo ſuo in domino *Patri maiori.*

S. in Chriſto. Ego vero, optime in Chriſto frater,
maxima animi promptitudine vos Heilbrunnae conueni-
rem, niſi hoc anno toties ab ecclefia mea abfuiſſem. Ex-
pecto praeterea quotidie a patre meo literas, quibus me
ad patriam vocabit cum ipſo negotia quaedam ad con-

ſer-

Oecolampadii und Zwinglii vom h. Abendmahl gar nicht günstig gewesen ist. Unter den bey Gelegenheit dieses Briefes gemeldeten Umständen Lachmanns sind folgende die wichtigsten. Er war ein gebohrner Heilbronner, hat vermuthlich mit Melanchthon zu Heidelberg studirt und ist im Februario 1510. inscribirt worden. In dem planctu in Keyserspergii mortem Oppenheim 1510. sieht unter den epicediis ein Distichon Ioannis Lachmanni Heylpronnens.*) Er war einer der ersten, welche die

seruandam familiae nostrae famam, quam senatus Wilensis ob euangelii confessionem foedare conatur, pertinentia tractaturum. Et parenti tam serio me vocanti non obsequi, impium puto. Itaque obsecro, mi frater, ut apud fratres me nunc excuses. Spero post hos dies, me opportunitatem nacturum, ut vos inuisere liceat. Et quaecunque occasio vos conueniendi sese obtulerit, de ea re te certiorem reddam. De conuentu Vlmensi nihil a quoquam, praeterquam e tuis literis accepi. Hoc scio, congregationem magistratuum euangelicorum nunc in francofordia esse. Ita enim ad me scripsit Spenglerus. Significauit quoque mihi Cancellarius Onolzbacensis, se a principe suo literas ex Praga accepisse, in quibus scribit, Angliae regem cursum Euangelii non solum non impedire in Anglia, verum etiam suo fauore adiuuare. Praeterea Veneciis quendam Euangelium praedicare magno hominum praesertim principum eius urbis concursu. Quae si vera sunt, habemus, unde Domino gratias agamus. Vale ex Hala, Dominica Trinitatis Anno XXXI.

Saluta ecclesiam tuam
domesticam et fratres   Brentius tuus.
in Christo.

*) das auch in N. Reusneri iconibus auf dem Blat B 4 und in Herrn von Rieggers Amoenitt.litter.Friburg. Fasc. I. p. 54. 55. ju finden ist.]

die Reformation zu Heilbronn öffentlich befördert, und seit
1525. das Evangelium geprediget hat. Im Jahr 1526. hat
er sich verheirathet. Im Jahr 1532. bestund das Ministe-
rium daselbst aus dem Lachmann, Erhard Schnepf und
Jacob Ehinger. Sein Todes Jahr ist unbekannt. Von
seinen Schriften ist nichts bekannt, als: Catechesis oder
Unterricht der Kinder, wie er zu Heilbronn gelehrt
und gehalten wird, auf 5. Bögen in 12. vermuthlich 1528.
gedruckt. Ohne Zweifel aber hat er noch mehr geschrieben,
indem sein Name in den Verzeichnissen von verbothenen Bü-
chern, obwohl in den meisten falsch, Joh. Lachmann
siehet.

Mit dem Johann Secerius muß Lachmann wohl be-
kannt gewesen seyn. Denn er hat ihm folgende Schrift
Melanchthons dedicirt: In Psalmos aliquot Dauidicos Phil.
Melanchthonis enarrationes doctissimae. Hagan. 1528. 8.

Daß Lachmann der erste gewesen ist, der das Syn-
gramma unterschrieben hat, davon meldet weder Herr
Schlegel noch Herr Büttinghausen etwas. So wenig
ich von ihm sagen kan, desto mehr könnte ich von dem zwei-
ten sagen. Es ist solcher:

II. Erhardus Schnepsius, Wimpinens. Allein er ist
zu bekannt, als daß ich hier bey seinem Namen zu weitläuf-
tig werden sollte. Ich will daher nur einiges merkwürdige
von ihm anführen, zuvor aber einige Bücher nennen, wo
diejenigen, die ihn näher kennen lernen wollen, Nachricht
genug von ihm finden können: Pantaleons Helden-Buch
der teutschen Nation III. Theil S. 236. Adami vitae The-
ologorum p. 320. I. C. Zeumeri vitae professorum Ienen-
sium p. 30. Tikmanni vitae professorum Marburgensium

p. 28. Fischlini memoria Theologorum Wirtembergensium
p. 8. 13. 19. supplem. p. 8. 14. 15. 45. 49. 59. Eerpilii Epi-
taphia S. 96. Liebe Lebensbeschreibungen der vornehmsten
Theologen, die 1530. auf dem Reichstag zu Augspurg gewe-
sen, p. 37 — 40. und Erh. Celling, der Leyen in einer
Leichenrede beschrieben hat, welche im J. 1587 zu Tübingen
gedruckt ist. Georg Conrad Pregizer in seiner Diss. de Lu-
thero de Ecclesia Wirtenb. et Reutlingensi optime merito
führt verschiedenes von unserm Schnepf an, und p. 5, in
der Note schreibt er: Plura de Erh. Schnepfio habet oratio
Dominorum a Gemmingen in Gymnasio Oeringensi a. 1619.
de initio reformationis in dynastiis Gemmingianis habita et
typis impressa. Diese Rede könnte vielleicht in manchem
Licht geben, und vermuthlich kommt auch Bernhard Gried-
ler und andere, die das Syngramma unterschrieben haben,
darinnen vor. Allein, wo ist sie anzutreffen?

Ehe Erhard Schnepf die wichtigen Stellen eines Hof-
predigers und Professors erlangt hat, predigte er das Evan-
gelium an geringen Orten, Anfangs zu Weinsberg im
Würtenbergischen, dann auf Verlangen Dietrichs von
Gemmingen zu Guttenberg im Craichgow, nicht, wie einige
sagen, zu Creichgau und Guttenberg, und darauf zu Wim-
pfen. Hier befand er sich im Jahre 1525. als er mit andern
nach Halle kam und das Syngramma unterschrieb. Von
dieser Unterschrift ist meistens bey denienigen, die sein Leben
beschrieben haben, ein tiefes Stillschweigen. Unstreitig ist
es, daß Brentius auf Verlangen der versammelten Predi-
ger in der Verfassung dieser Schrifft die Feder geführt hat.
Doch wollen einige behaupten, es habe auch Schnepf ei-
nigen

nigen Antheil daran gehabt. Man ſehe den Fiſchlin am angezogenen Ort, in den Supplementen pag. 3.

Daß er auch zu Heilbronn im J. 1532. im Miniſterio geweſen iſt, iſt eine Anecdote, von der in allen ſeinen Lebensbeſchreibungen nichts vorkommt und die erſt Herr Schlegel entdeckt hat. Man ſ. Büttinghauſen l. c. p. 140.

Von ſeinen Büchern will ich hier keins anführen, als ſein Bekenntniß vom heiligen Abendmahl, das er im Jahre 1556. lateiniſch herausgegeben hat und öfters aufgelegt worden und auch deutſch herausgekommen iſt. So oft diß Buch gedruckt iſt, ſo iſt es doch ſehr ſelten. Die Zwinglianer hatten ein eben ſo großes Mißfallen daran, als an dem Syngramma. Deſto mehr iſt es würdig, geleſen zu werden. Es iſt nach dem Urtheile der Kenner zwar eifrig, doch nett und vortreflich geſchrieben. Sonſt findet man auch ſechs Briefe von ihm an den Jacob Andreä in der ſama Andreana refloreſcente Argent. 1630. 12.

Sein Sohn, der eben ſo berühmt, als er ſelbſt worden iſt und deſſen Leben Fiſchlin l. c. p. 89. beſchreibet, Theodoricus, heirathete Brentii Tochter Barbara, und ſeine Tochter Blandina gab er dem bekannten Victorin Strigelius zur Ehe. Noch ſollte ich anführen, was David Chytraus zu ſeinem Ruhme ſagt: ich will es aber zu dem folgenden verſparen.

III. Bernhardus Grieblerus Gemmingenſis. Andre nennen ihn Grubler. Die Herren von Gemmingen gehören unter den damahligen Edelleuten mit zu den erſten Beförderern des Evangelii. Brentius dedicirte ſeine Erklärung Hiobs, welche Johann Secerius im J. 1527. zu Hagenau mit der Aufſchrift druckte: Hiob cum piis et eruditis Iohannis

hannis

hannis Brentii commentariis, ad Hebraicam veritatem ita
translatus, ut nulla porro obscuritas Lectorem possit offen-
dere. Eximiae pietatis viro, Theodoricho a Gemmingen,
apud Guttenbergam Necchari Regulo, Suo in Christo pa-
trono. In der Dedication schreibt er zuletzt: si et his, stu-
dia fratrum meorum, quos in Kreichgoia tua habeo ami-
cissimos, adiuuero, suo munere satis defunctae erunt. Vale
in Christo Domino nostro. Ex Hala Sueuorum, tertio De-
cembris. Anno M. D. XXVI. Unter diesen geliebten Brü-
dern versteht er niemand anders, als die Prediger, die sich
im vorhergehenden Jahre bey ihm versammlet hatten, folg-
lich auch diesen Bernhard Griebler. Martin Bucerus
war im Jahre 1525. mit Oecolampadio ziemlich überein-
stimmend gesinnt. Er suchte auch in Briefen nicht nur den
Brentium, sondern auch unsern Griebler, aber umsonst,
zur Einstimmung zu bereden. Man siehet dieses aus Bren-
tii Antwort an ihn vom 3. Octobr. 1525. welche, wie ich
oben angeführt habe, nicht nur bey der Edition des Epi-
grammia, Nürnberg 1556. sich findet, sondern auch in Pfaf-
fii actis et scriptis publicis ecclesiae Wirtembergicae pag.
198. ꝛc. Da schreibet Brentius p. 204. gegen das Ende
des Briefes also: Et interim patere, mi Butzere, vt a te
tuaque Ecclesia impetremus, quod tantopere a nobis efla-
gitas. Quid hoc? vt a verbis abstineatis in verbum Chri-
sti, nedum dicam blasphemiis. Quorsum enim hoc? cre-
disne tu impanatum Deum? Esne tu σαρκοφαγος?
Sic enim de vestris multi fratres ex Argentina ad nos re-
feruut. Sed forte illi nos fallunt. Age, accipimus, nihil
mali suspicamur. A nobis iam impetratum est, ut neminem
proscindamus. Vellem, vt et a te impetratum esset. Noui
. enim

enim quid nuper ad Bernhardum Gemmyngensem fratrem
nostrum scripseris. Quam ibi rides Theobaldum Billica-
num, ac veluti ex alto despicis etc. Dieser Bernh. Gem-
mingens. ist niemand anders, als Griebler, der zu Gem-
mingen Prediger war. Er mag ohne Zweifel, da ihn Bu-
cerus zu verführen suchte, am meisten zur Versammlung der
Prediger bey Brentio Anleitung gegeben haben. Sonst
habe ich nirgends einige Nachricht von ihm antreffen kön-
nen, als in David. Chytraei oratione de Creichgouia Witte-
berg. 1562. 8vo und Francof. apud Io. Wechelum 1583. fol-
gende Stelle: Singulari pietate et fide pii gubernatores pas-
sim in tota illa regione ecclesias constituerunt. Lucet enim
Dei beneficio in omnibus fere ecclesiis Creichgaeae pura lux
doctrinae euangelii repurgatae ab omnibus tenebris, errori-
bus et idolis pontificiis : quae omnium primo, voce euan-
gelii taxare et abolere in Creichgaea coepit reuerendus vir
Erhard Snepsius, qui in oppido Guttenberga, sub ditione et
patrocinio Theod. a Gemmingen, et postea Wimpinae, se-
mina verae Euangelii doctrinae sparsit, et collegas huius
sanctissimi muneris habuit M. Bernh. Grublerum Gemmin-
gae et M. Martinum Germanum Furfeldae, et Io. Gallum,
qui iam quadraginta annis Solisfeldiae et in tota vicinia ec-
clesiam Dei voce salutaris doctrinae et fidei constantia .e
zelo et omnium virtutum exemplis gubernauit et sua aucto-
ritate atque etiam sumtibus ac liberalitate studia doctrinae
ac scholasticos, quorum ingenia litteris exculta sperabat
ecclesiae vsui fore, benigne adiuuit et prouexit. Hi qua-
tuor viri eodem fere tempore circa annum 1521. et 22. pri-
ma sincerioris religionis fundamenta in ea regione iecerunt.
Hos secuti sunt Wolfgangus Busius, Gemmingensis ecclesiae

pasto-

paſtor — — Docuerunt eodem tempore in vicinis oppidis
M. Ioh. Rudolphi. — — Paſtores ipſi, viri graues, docti
et eloquentes ſingulari diligentia et ſide eccleſias ſibi commiſſas voce euangelii docent et regunt, et aduerſus lupos
tuentur. Cumque diabolus accenſam euangelii lucem ſubinde ſparſis opinionibus fanaticis et haereſibus excitatis
extinguere conetur: crebro conueniunt in ſynodis, et de
propoſitis controuerſiis doctrinae et aliis rebus ad eccleſiae
ſalutem pertinentibus pie, amanter et placide, ſine vlla ambitione et rixis, ſententias conferunt et operam dant, ne
vllae ſectae in iis locis graſſentur et ne puritas verae doctrinae adulterinis opinionibus corrumpatur. De controuerſiis diicilioribus plerumque ſententiam et iudicium D.
Brentii ſciſcitati ſunt, cuius excellentem eruditionem ac ſapientiam ſpiritualem reuerenter coluerunt et ad eius auctoritatem et conſilia verbo Dei contentanea ſemper ſe aggregarunt. Die Wichtigkeit dieſer Nachricht wird ihre Weitläufftigkeit und mich entſchuldigen. Man ſiehet daraus,
daß einige Prediger, die das Syngramma unterſchrieben
haben, öftere Zuſammenkünfte gehalten und ſich über wichtige und ſtrittige Materien unterredet haben. Auch iſt ſie
ein Zeugniß, wie groß das verdiente Anſehen des theuren
Brentius geweſen iſt. Wie Luther und Melanchthon in
Sachſen die Zuflucht aller derer waren, die guten Rath
brauchten, ſo wer es Brentius in Schwaben. Brentius
ehrte dieſe Prediger als ſeine Brüder und rühmte ihre Treue
und Beſtändigkeit. Dieſes beweiſet ſein Buch: In diui Iohannis Euangelion Io. Brentii exegeſis per autorem iam
primum diligenter reuiſa ac multis in locis locupletata. Ad
fratres

fratres suos in Creichgoia Christum sinceriter et constanter praedicantes Hagen. 1530. 8.

IV. Iohannes Gaylingius Ulsfeldensis, oder Ilsfeldensis. Das Leben dieses verdienten, sonst aber ziemlich unbekannten, Mannes hat L. M. Fischlin in memoria Theologorum Wirtembergensium bipartita gleich im Anfang beschrieben, auch seiner nochmahls p. 69. und in den Supplementen p. 49. und 59. gedacht.   Ich will es ihm nach erzehlen, zugleich aber auch hinzufügen, was ich sonst von ihm gefunden habe.   Sein Geburtsort war Ilsfeld in der Brackenheimischen Dioeces.   Das Jahr seiner Geburt ist unbekannt.   Er studirte zuerst zu Erfurt und alsdann zu Wittenberg, wo er mit Luthero bekannt wurde.   Diß beweißet ein eigenhändiger Brief Lutheri an ihn im Jahre 1518. Von Luthero in der Wahrheit unterwiesen, kehrte er ungefehr im J. 1520. in sein Vaterland Ilsfeld zurück und war der erste evangelische Prediger im Herzogthum Würtemberg. Als aber solches ruchbar wurde, so wurde ihm im Namen des Erzherzogs Ferdinand, nachmaligen Römischen Königes, der damals nach Vertreibung des Herzogs Ulrich von Würtenberg dieses Land innen hatte, nicht nur das Stillschweigen auferlegt, sondern auch der Tod gedrohet, wenn er nicht gehorchen würde. Als solches der Herzog Ulrich, der sich damals zu Solothurn in der Schweitz befand, erfuhr, nahm er ihn auf Empfehlung der vorhin gedachten Herren von Gemmingen zu seinem Hofprediger an. Als aber der Herzog zum Landgrafen Philipp von Heßen reisete, ließ er den Gayling von sich, welcher sodann von dem Churfürsten Ludwig nach Heidelberg berufen wurde. Als er das Syngramma im Octobr. 1525. unterschrieb, war er schon Prediger in

Heidel-

Heidelberg. Denn der s. Beyschlag besaß von ihm die Abschrift eines Briefes, den er an den Rath zu Frankfurt 1525. Dominica Cantate aus Heidelberg geschrieben, unter welchen er sich unterschrieben hat: williger Diener Meyster Hanß Geyling Prediger zu Heidelberg zu Hof. Man sehe desselben Leben Johannis Brentii p. 415. Er muß also von Heidelberg nach Halle gekommen seyn, da das Syngramma abgefaßt und unterschrieben wurde, und wenn er sich in der Unterschrifft Vlsfeldensis nennet, so zeiget solches seinen Geburtsort an, dahingegen die übrigen alle sich von dem Orte nannten, da sie damals Prediger waren. Auch besaß Beyschlag noch einen Brief ebenfalls an den Magistrat zu Frankfurt, von ihm, den er am Dienstag nach dem Sonntag Mitfasten 1526. mit der Unterschrifft abgelassen hatte: Meyster Hanns Geyling Burger zu Hall. Diesen Ausdruck weiß ich nicht zu erklären, indem sich Gayling in diesem Jahre ohne Zweifel noch zu Heidelberg befunden hat. Beyschlag verspricht zwar, bey dem Jahre 1525. weiter von ihm zu reden. Allein er hat leider! Brentii Leben nur biß auf das Jahr 1522. gebracht und ist gestorben, ehe er biß dahin und noch weiter gekommen ist.

Nachdem er einige Jahre zu Heidelberg geblieben war, kam er auf Verlangen Marggraf Georgs zu Brandenburg, nach Anspach, und einige Zeit hernach nach Feuchtwang. Ungefehr im Jahre 1531. gieng er wieder in sein Vaterland zurück und war 17. Jahre lang Prediger zu Weinsberg, biß er bey der Einführung des Interims wieder von dort entweichen mußte. Als er daselbst war, correspondirte Buccerus mit ihm, wie sich dann in den unschuldigen Nachrichten vom Jahre 1715. pag. 21. ein von dem sel. Uffenbach mitgetheilt theilter Brief Buceri an ihn findet ; mit der Ueberschrifft: Eximio viro et fideli Christi ministro M. Ioanni Geylingo, pastori ecclesiae Weinsburgensis etc. pridie Calend. Septembr. 1547. Nachdem er das zweitemal aus seinem Vaterlande hatte gehen müßen, begab er sich nach Löwenstein. Da aber das Interim wieder aufgehoben wurde, berufte ihn der Herzog Christoph von Würtenberg im Jahre 1552. zuerst nach Beilstein und sodann nach Bottwar, wo er biß an sein Ende blieb, und einen zweifachen auswärtigen Beruf, nämlich von dem Marggrafen Georg Friedrich zu Brandenburg zur Hofprediger-Stelle, und von dem Grafen zu Hohenloh nach Oehringen, wegen seines Alters und aus Liebe zu seinem Vaterlande ausschlug. Er starb den 27. Februar. 1559. und sein Collega und Diaconus, Johann Esthofer hielte ihm die Leichenrede über Daniel. 12. Er hinterließ den Ruhm eines reinen und heldenmüthigen Lehrers, der überall beliebt war und von vielen Kirchen verlangt wurde. Mit seiner Frau, Anna Maria Erhardin von Ulm, zeugte er einen Sohn gleiches Namens, der Prediger zu Ilsfeld wurde, und eine Tochter Sara, welche den berühmten Hohenlohischen Superintendenten, Johann Aßum, dessen Leben Fischlin p. 296. x. beschreibet, heirathete. Seine Wittib verehligte sich mit dem General-Superint. und Abt zu Adelberg, Christoph Binder, von welchem ebenfalls Fischlin p. 68. nachzusehen ist. Ein Johann Christoph Gayling hat die Formulam Concordiä unterschrieben, welcher ohne allen Zweifel sein Enkel seyn wird.

V. Martinus Germanus Firueldensis. Fürselben soll ein Städtlein, den Herrn von Gemmingen gehörig seyn. Ich finde es bald Fuhrfeld, bald Fürfeld oder Firfeld geschrieben.

ben. Myconius in seiner historia reformationis p. 67. nennet es gar Fritfeld, so aber vielleicht nur ein Druckfehler ist. Chyträus rühmet ihn in der oben angeführten Stelle unter den ersten Beförderern der Lehre des Evangelii im Creichgau. Ausser diesem, daß er das Syngramma unterschrieben hat, weiß ich sonst keine Merkwürdigkeit von ihm, als diese, daß er im J. 1536. die bekante Wittenbergische Concordie mit hat aufrichten helfen und auch selbst unterschrieben hat. Wie Salig im ersten Bande seiner Augsburgisch. Confeßions-Historie S. 420. meldet, so wurde auf dem Tag zu Straßburg 1536. beschlossen, nebst andern auch den Martin Germanus von Fürfeld an Lutherum abzufertigen. Er kam mit den übrigen Predigern zuerst nach Gotha zu Myconio, sodann nach Grimma, und endlich am 21sten Mai nach Wittenberg zu Luthern. Am 29sten Mai wurde endlich die Concordie unterschrieben, wie Löscher l. c. p. 214. und Junk in der Reformations-Historie S. 426. und 433. meldet. Chyträus hat in seiner Historie der Augsburgischen Confeßion Frankfurt 1577. p. CCXI. solche aus Lutheri eigner Handschrift abdrucken lassen und Germanus ist also unterschrieben: M. Martinus Germani, Furfeldensis ecclesiae minister. Er muß in ziemlichen Ansehen gestanden seyn, da man ihn in einer so wichtigen Sache zu einem Abgesandten gebraucht hat. Um so viel mehr bedaure ich, daß ich von seinem Leben sonst nichts habe finden können.

VI. Iohann Gallus, Sulcefeldensis. Es gibt mehr als ein Sulzfeld, so mit dem gegenwärtigen das im Creichgau, wo ich nicht irre, im Gemmingischen Gebiete liegt, nicht zu verwechseln ist. Es ist mir auch mehr als ein Iohann Gallus vorgekommen, z. E. in Salthenii libris rario-

ribus, steht num. 1424. ein Buch eines Gelehrten dieses
Namens vom Jahr 1570. welcher ein Jurist gewesen zu seyn
scheinet. In Feuerlini bibliotheca symbolica, edit. Riede-
rer. Part. II. p. 127. ist Johann Gallens Layen-Predigt
vom heil. Abendmahl, Erfurt 1577. befindlich. Unserm
Johann Gallus giebt Chyträus, in der oben angeführten
Stelle aus seiner Rede vom Creichgau das vortrefflichste
Zeugniß. Vierzig Jahre lang, und also ungefehr vom Jahr
1522. an, war er damahls schon Pfarrer in Sulzfeld, ein
Beförderer der Gelehrsamkeit, der arme Studenten unter-
stützte. Chyträus stund auch mit ihm in Correspondenz.
Unter seinen Briefen p. 468. sq. findet sich einer an den Jo-
hann Gallus vom 18ten Hornung des Jahrs 1556. mit
welchem er diesem verdienten Manne seine enarrationem in
Exodum zum Zeugniß seiner Liebe und Dankbarkeit dediciret
hat. Er rühmet von ihm, daß er ihm von Jugend auf
väterliche Liebe erwiesen und ihn durch seinen Rath und
Ansehen unterstützet habe, daß er in Wittenberg den Unter-
richt der vortrefflichsten Lehrer habe genießen können. Er
danket ihm öffentlich für seine Wachsamkeit, Treue und
Standhaftigkeit, mit welcher er durch die Predigt des Evan-
gelii im Creichau eine reine Kirche gesammlet habe und sie
unter den größten Gefahren, sowohl unter den Tyrannen,
als unter den Schwärmern ruhig und rein erhalten habe,
so daß er, diß sind seine eignen Worte: puritate doctrinae
et sacramentorum, seueritate disciplinae, grauitate rituum,
et populi obedientia, attentione et frequentia in ornando
ministerio, andern Kirchen zum Exempel dienen könne. Er
rühmet seinen löblichen und einem Kirchendiener anständi-
gen Character. Sollte ein solcher Mann nicht verdienen,

Lit. Miscell. 3. Samml.　　　M　　　　iu

in beständigem Andenken zu bleiben? und doch ist er so sehr vergessen worden, daß ich nichts mehr von ihm zu sagen weiß. Er hat dem Ansehen nach nicht nur in Sulzfeld sein Amt treu und fleißig versehen, sondern auch in der Nachbarschaft, vermuthlich an solchen Orten, die noch keine Prediger hatten, den Saamen des Evangelii ausgestreuet.

VII. Vlricus Vuissacensis Suigerus, oder vielmehr Vlr. Schwiger de Weissach, oder Vlr. Suigerus, Wissacensis, oder, wie ihn Löscher nennet: Ulr. Schwiger von Weißach. So verschieden finde ich seinen Namen geschrieben. Alle meine Bemühung, in den zur Reformationsgeschichte gehörigen Büchern, auch nur das geringste von ihm zu entdecken, ist ganz vergebens gewesen. Hätte er nicht das Syngramma unterschrieben, so würden wir nicht einmahl wissen, daß iemahls ein Ulrich Schwiger, oder Schweiger*) Prediger zu Weißach gewesen ist.

VIII. Iohannes Valdensis. Bey diesem muß ich die vorige Klage wiederholen. Ohne Zweifel war er Prediger zu Walda, so über Gemünd, Aalen gegen über liegt, oder gar noch an einem unbekanntern Orte. Seinen Zunamen hat er dem Ansehen nach gar verschwiegen.

IX. Wolfgangus Taurus Orendelsali, oder von Orendsal. Fast muß ich bey diesem meine Klage, daß ich nichts von ihm habe finden können, abermal anstimmen. Nicht nur ich bin sehr aufmerksam auf ihn gewesen, sondern auch der
                                        seel.

*) Vielleicht war Salomo Schweigger, gebürtig aus Sulz im Würtembergischen, nachher Prediger zu Nürnberg an der Frauenkirche, der sich durch seine Reisebeschreibung und Uebersetzung des Alkorans bekannt gemacht, ein Sohn oder Enkel von ihm.

seel. D. Riederer in Altdorf, der gewiß in der Kenntniß der
Reformationsgeschichte wenige seines gleichen gehabt hat.
Die Ursache, warum er etwas von ihm zu erfahren wünsch-
te, war diese: Ein Wolfgang Ochsner oder Oechßner
ist eine Zeitlang zu Nürnberg Caplan bey der Kirche S. Lo-
renz gewesen und Riederer vermuthete fast, es möchte eben
dieser Wolfgang Taurus seyn. Man hat noch von ihm:
Ein kurzer Unterricht Wolfgang Oechßners zu Nürn-
berg bey S. Laurenzen Capellan, von dem Geplerre
und Mißbrauch der Seelmessen, Vigilien und Jahr-
tägen ꝛc. aus Schrifften gezogen, an Hannsen Hen-
nen, Schneider daselbst gethan. Ohne Zeit und Ort
des Druckes, in 4. (vielleicht 1524.) Ob dieser W. Oechß-
ner in Nürnberg geblieben, oder weggekommen ist, ist un-
bekannt. Unmöglich wäre es nicht, daß er von dort aus in
Schwäbische Dienste gegangen wäre und seinen teutschen
Namen mit einem lateinischen vertauscht hätte. Doch diß
ist eine Vermuthung, die sich mit nichts beweisen lässet.
Sonst sind mir wohl auch in der Geschichte der damahligen
Zeiten ein Johann Taurinus, ein Hanß Ochßlin, ein
Ludwig Oexlein, und ein Eusebius Taurus vorge-
kommen, aber nirgends etwas vom Wolfgang Taurus.

X. Iohannes Heroldius. Löscher und Fischlin haben
seinen Namen unter denen, die das Syngramma unterschrie-
ben haben, gar ausgelassen. Er selbst hat den Ort nicht
beygefügt, wo er Prediger gewesen ist, und also läßt sich
von ihm noch weniger, als von andern sagen. Fast halte
ich ihn für denienigen, von welchem sich in bibliothecae
Vffenbachianae uniuersalis Tomo III. p. 333. folgendes Ma-
nuscript findet: Chronica der löbl. Stadt Schwäbi-

schen

schen Hall und derselben Landschaften Bürgern und
Gebäuen, auch in = und umsizenden Adels, und von
Stifftung der Klöster Murhardt und Comburg, durch
M. Johann Heroldt, Pfarrherrn zu Reinsperg,
anno 1541. Es gab damals verschiedene Geleyrte die=
ses Namens. Zum Ex. in der bibliotheca Gesnero-Simleria-
na siehet ein Johann Herold, der um das Jahr 1551. ge=
lebt, und viel geschrieben hat.   In Herrn. von der Hardt
autographus Lutheri et coaetaneorum sind auch verschiede=
ne Schriften, meistens Uebersetzungen, eines J. Herold,
z. E. Tom. I. p. 395. 456. T. II. p. 264. 265. T. III. p. 319.
Anderer gleiches Namens nicht zu gedenken.   Von diesem
Johann Herold weiß ich eben so wenig, als von dem
folgenden: •

XI. Iohann Rudolphi Orengiacensis, oder Oeringensis.
Salig gedenket seiner im ersten Bande S. 63. unter den er=
sten Predigern des Evangelii, und Chyträus nennt ihn in
der öfter angezogenen Stelle ebenfalls. Im Jahr 1544.
kam Caspar Huberinus von Augsburg nach Oeringen,
wie ich aus Beyschlagii sylloge var. opusc. T. I. p. 549. er=
sehe.   Vermuthlich ist also J. Rudolphi damals entweder
gestorben, oder an einen andern Ort gekommen.

XII. Iohannes Isenmannus, oder M. Johann Eisen=
mann. Dieser verdiente Mann war zu Halle in Schwaben
im Jahr 1494. oder 1495. gebohren. Den Grund seines
Studirens legte er in seiner Vaterstadt. Alsdann begab er sich
auf die Academie zu Heidelberg. Ohne Zweifel wohnte er da=
selbst nebst dem Brentius im Jahr 1518. der Disputation Lu=
theri bey. Im Jahr 1522. recommendirte er den erstgemeld=
ten Brentius auf das nachdrücklichste an den Rath zu Halle,

und

und mit deſſen Erlaubniß begleitete er ihn dahin. Er gieng
noch einmal nach Heidelberg zurück, und ſetzte ſeine Studien
fort, biß er im gleichfolgenden Jahr 1523. nach Halle zu
einer Prediger Stelle zurück beruſen wurde. Hier fieng er
an, die päbſtlichen Cärimonien ernſtlicher, als bißher ge.
ſchehen war, abzuſchaffen. Brentius und Iſenman wa-
ren einander treue Gehülfen, in der Reformation. Theo-
bald Billican ſchrieb, wie er ſelbſt in einem Briefe an den
Urbanus Regius von Nördlingen nach Augsburg 1525. be-
richtet, an den Brenz und Iſenmann wegen Oecolampads
Brief an die Geiſtlichen in Schwaben. Allein ſie waren ſei-
nen Wünſchen durch die Verfertigung des Syngrammatis
ſchon zuvorgekommen. Zwinglius war ſehr übel damit zu-
frieden und ſeine Antwort von Zürich aus im Jahr 1526.
(in ſeinen operibus Tom. II. fol. 168 etc.) lautet ziemlich
ſpöttiſch: Brentii cuiusdam ac Ilemanni ſacrum cum tantope-
re commendas, refricas hoc Ciceronis: da mihi mutuum te-
ſtimonium. —— Iam ut illorum halitus ſatanam ubique ſpi-
ret, quid refert dicere, cum praeter hanc calumniam, ut
ſatan nobis imponat, qui ab eis diſſentimus, totus liber fer-
me nihil habeat etc. Allein Brentius und Iſenmann lieſen
ſich durch ſolche grobe Spöttereyen nicht in der reinen Pre-
digt des Evangelii irre machen. Als ſich iener im J. 1530.
auf dem Reichstag zu Augsburg befand, correſpondirte er
mit dieſem, wie denn Beyſchlag in ſeiner Syllege p. 839.
einen ſolchen Brief anführet. Ihre collegialiſche Freund-
ſchaft und gemeinſchaftlicher Fleiß in der Ausbreitung der
reinen Lehre dauerte beſtändig fort. Brentii commentario-
lus in epiſtolam Pauli ad Philemonem in gvo hat eine Dedi-
cation, welche beide mit einander im Jenner 1543. zu Halle

M 3   unter-

unterschrieben haben. Ungefehr um diese Zeit finde ich,
daß Isenmann, als Pfarrer zu S. Michael in Halle,
auch den Titul eines Superattendentz der jährlichen Kir-
chen- Visitation und Synodi geführt haben soll. Beide
Collegen widersetzten sich im Jahr 1548. dem Interim nach-
drücklich: doch kan ich nicht gewiß sagen, ob es Isen-
mann eben so wie Brentius, auch schriftlich widerlegt
hat, oder nicht? Brentius mußte schnell entweichen,
wenn er nicht den Spaniern in die Hände fallen wollte,
und Isenmann soll es gewesen seyn, der ihn vor der
Gefahr gewarnet, und ihm den Zettul eines Rathsherrn,
darinnen er ihn zur schleunigen Flucht ermahnte, überlie-
fert hat. Beide eilten mit einander zur Stadt hinaus.
Isenmann wurde Pfarrer zu Aurach und Brentius soll
sich eine Zeitlang heimlich bey ihm aufgehalten haben.
Wie lang er da geblieben ist, weiß ich nicht. Im Jahr
1552. aber finde ich ihn als General-Superintendenten in
Tübingen, welche Stelle nach ihm Theodor Schnepf be-
gleitet hat. Schon im Jahr 1551. war er mit auf der
Versammlung der Theologen zu Stutgard wegen Andreas
Osianders, und in den actis Osiandrinis. Königsberg, 1553.
stehen zwey Consilia derselben, welche er als parochus
Tubingensis unterschrieben hat, den 5. Dec. 1551. und den
1. Jun. 1552. Seine Tochter Catharina, (nicht Eisen-
mengerin, wie sie von Einem im Leben Brentii p. 42.
falsch nennet,) heirathete im Jahr 1551. oder wie andere
sagen, den 7. Sept. 1550. den Brentius, wodurch die
Freundschaft dieser beiden würdigen Männer noch fester
wurde. Aus dieser Ehe erlebte er zwölf Enkel. Was
Fischlin p. 54. von ihm schreibet: Anno 1551. d. 4. Au-
gust.

guſt. Salzam cum Beuerlino confeſſionis euangelicae cauſa proficiſci iuſſit, das kan ich nicht erklären. Im Leben des Canzlers Keuerlin p. 82. gedenket er nichts davon. Im Auguſt 1557. aber nahm ihn der Herzog Chriſtoph von Würtenberg mit dem Jacob Andreä mit auf den Frankfurter Tag, um ſich mit andern Gottesgelehrten wegen des Geſprächs zu Worms zu unterreden. Im Jahr 1558. wurde er Abt des Cloſters zu Anhauſen, und im folgenden Jahr ſoll Daniel Toſſanuo, der nachher zu den Calviniſten ſich gewendet, ſein Hausgenoſſe geweſen ſeyn. Er wird daher als der erſte Evangeliſche Abt, aber ohne weitere Nachricht von ihm zu geben, genennet, in eines Ungenannten Geſchichte des Cloſters Anhauſen in Schwaben Ulm 1775. 8. pag. 18. Er lebte daſelbſt biß in das Jahr/ 1574 in welchem er in einem Alter von faſt 80. Jahren ſtarb, mit dem Ruhm eines frommen, geduldigen und gelehrten Mannes. So rühmet ihn Nicol. Friſchlin im vierten Buch ſeiner Elegien. M. ſ. davon Pregizeri Sueuia et Würtembergia ſacra p. 325. *M. G. Liebler in den oratio de vita M. Gerhardi p. 20.*

Von ihm iſt mir nicht mehr als eine einzige, aber wichtige Schrift bekannt worden. Petrus a Soto, ein Dominicaner, widerlegte die Würtenbergiſche Confeſſion, welche Brentius im Jahr 1551 verfertigt hatte, daß ſie dem Tridentiniſchen Concilio übergeben werden ſollte und ließ die Widerlegung zu Dillingen unter dem Titul: aſſertio catholicae fidei circa articulos confeſſionis Wirtembergicae drucken. Brentius ſetzte ihm eine Apologie entgegen, welche zu Frankfurt in zwey Theilen 1555. und 1556. in 4. gedruckt iſt. Petrus a Soto beantwortete dieſelbige in ſeiner defenſione catholicae confeſſionis et ſcho-

liorum

liorum circa confessionem Wirtembergicam. Diese Defen-
sion widerlegten Jacob Beurlin, Jacob Heerbrand,
Johann Isenmann und Theodoricus Schnepf. Diese
Schriften, so die Würtenbergische confession angehen,
stehen im achten Bande der gesammelten Werke Brentii,
und sind vorher zu Frankfurt 1651. in zwey Folio-Bän-
den gedruckt worden. Fischlin führt daher die Isenmannische
Schrift also an: Refutatio tertiae partis Sotici scripti,
cui titulum fecit de utilitate et necessitate aliorum iudicio
sine suo proprio credendi Francof. 1561. in fol. und mel-
det S. 54. man muthmasse von diesem großen Werke, das
die vier genannte Gelehrte geliefert haben, sey das Sprüch-
wort entstanden: das große Buch von Tübingen. An
statt des Th. Schnepfs oder nennet er den Johann Bren-
tius selbst, worinnen er sich vermuthlich irret.

In der Hamburgischen Bibliothek befinden sich viele
Briefe unsers Johann Isenmanns, die aus der Welfi-
schen in dieselbe gekommen sind, nach der Anzeige I. C.
Wolfii in supellectile epistolica p. 123. Vol. 45. Viel-
leicht wären aus denselben noch manche Merkwürdigkei-
ten von dem verdienten Isenmann zu entdecken.

Noch muß ich zum Beschluß anmerken, daß ein M.
Johann Eisenmann, und ein Samuel Isenmann die
formulam concordiae unterschrieben haben. Es ist möglich,
daß sie des Johann Isenmanno Söhne gewesen sind.

XIII. Michael Gretters. Da sich derselbe zwischen den
Isenmann und Brentius unterschrieben hat, so muß er
auch zu Halle, wie sie, Prediger gewesen seyn. Und das
beweiset auch ein Brief von Brentio an ihn, den er bald
hernach, nachdem er das erstemal von Halle fliehen mußte,

geschrieben hat. Herr Hummel hat denselben erst vor
kurzen geliefert, in der Semicenturia epistolarum histori-
co - ecclesiasticarum Seculo XVI. a celeberrimis uiris
scriptarum, Hal. 1772. p. 9. etc. Denn die Ueberschrift
heißt: venerabili viro D. Michaeli Grettero, pastori eccle-
siae Catharinensis apud Halam Sueuicam, affini suo amicissi-
mo, salutem in Christo. Allein was soll ich weiter von
ihm sagen? Ich weiß nichts. Eine ganze Menge Gretter
sind mir vorgekommen, und von ihnen allen könnte ich
mehr sagen, als von diesem Michael. Jacob, Johann
Jacob, Georg, Caspar und sein Sohn Philipp Grä-
ter oder Gretter, sind weit bekannter, als unser Michael.
Zwar finde ich auch einen Michael Gretter, der nebst dem
Jacob Gretter Brentii pericopas euangeliorum heraus-
gegeben hat. Allein da solche erst im Jahr 1588. heraus-
gekommen sind, so zweifle ich fast, ob dieser Michael nicht
jünger ist, als derjenige, von dem ich hier reden sollte. Caspar
Gräter ist am bekanntesten darunter, und Fischlin liefert
sein Leben, im ersten Theil S. 40. 41. Da Brentii erste Frau, *Margareta,*
die er im Jahr 1531. geheiratet hat, eine gebohrne Gret- *die mittlere*
terin war, so vermuthe ich fast, sie sey eine Schwester *Gretheriana*
dieses Caspars, und Michael Gretter sey vielleicht ein
Bruder von beiden gewesen. Doch kan ich meine Muth-
massung mit nichts beweisen, als etwa mit der Zeit, zu
welcher alle drey, nemlich Caspar, und Michael, und
Brentii Frau gelebet haben, und mit dem eben gemeldeten
Briefe, darinnen Brentius den Michael Gretter seinen
Schwager nennet. Auch kan ich nicht sagen, ob Fischlin
Recht hat, wenn er saget, Caspar Gräter sey von Schwä-

M 5   bisch-

bisch-Hall gewesen, da ihn alle andere Gundelsheimer
nennen.

XIV. Iohannes Brentius. Von diesem höchstverdienten
Manne könnte ich sehr viele Schriften anführen, die von
ihm handeln; allein ich will es nur bey wenigen bewen-
den lassen. Er verdiente es, daß ein Gelehrter sein Leben
eben so beschriebe, als Camerarius ehemahls das Le-
ben Melanchthons beschrieben hat. Der seelige Bey-
schlag zu Schwäbisch-Hall hat zwar einen Anfang
dazu gemacht, allein er hat so weitläuftig angefangen,
daß er nur biß auf das Jahr 1522. gekommen ist, und
wenn er fortgefahren wäre, die übrigen 48. Lebens-Jahre
Brentii, die weit wichtiger waren, als die ersten, au,
die Art, wie er angefangen hatte, biß zu seinem Tode
zu beschreiben, der im Jahr 1570 erfolgte, so würde
ein ungeheuer grosses Werk aus dieser Lebensbeschreibung
geworden seyn. Fischlin beschreibt es nach seiner Art,
kurz, doch weitläuftiger, als er andere beschrieben hat,
im ersten Theil S. 23 — 38. in den Supplementen aber
liefert er noch manches merkwürdige von Brentio p. 8.
15. 19. 49. 50. 53. 62. 66. 90. 101. 104. 106. Etwas
weitläuftiger, aber doch in vielen Stücken sehr kahl und
schlecht, hat es Joh. Just von Einem, Magdeb. und
Leipz. 1733. 8. beschrieben. Die Nachricht, die er von sei-
nen Schriften gegeben hat, ist fast noch das beste dar-
an. In Serpili Epitaphiis S. 123 — 131. findet
man theils sein Lob, theils viele Bücher, die von ihm
handeln, wie auch in Fabricii centifolio Lutherano p.
396. etc. Cap. 135. D. Lutherus et D. Ioh. Brentius
inter se comparati. Sein Bildniß steht in den un-
schuldi-

schuldigen Nachrichten 1720. vor p. 720. und in Reuß-
neri iconibus Bl. Vv.

Daß er der vornehmste Verfasser des Epigramma-
gewesen, habe ich schon oben bemerkt. Einige behaupten,
er habe sich in demselben zwar rein, aber nicht vorsichtig
genug ausgedruckt. Diß gieng natürlich zu. Damahls
im Jahr 1525. waren noch nicht alle die Spitzfindigkei-
ten und Sophistereyen ausgedacht, mit welchen viele in
den folgenden Zeiten die Abendmahls-Lehre zu verdre-
hen und nach ihrem Kopfe zu deuten suchten. Brentius
antwortete bloß dem Oecolampad, ohne voraussehen
zu können, daß nachher Leute kommen würden, die seine
Worte anders auslegen und sich mit ihnen, als mit ei-
nem Schilde bedecken würden. In der Würtenbergischen
Confeßion hat Brentius daher vorsichtiger geredet und
sich von der Allgegenwart des Leibes Christi deutlicher
erkläret, wie Pfaff in dem commentario de actis publicis
ecclesiae Wirtemb p. 17. und 27. angemerkt hat. So rein
auch Brentius lehrte, so fehlte es doch nicht an Leuten,
die ihn zu einen Calvinisten machen wollten. Seine Ehre
aber ist hinlänglich gerettet worden in Johann Magei-
ri gründlicher Widerlegung des unwahrhaftigen Zwing-
lischen Buches, welches M. Ambrosius Wolfius unter
dem Titul: Historia der Augsburgischen Confeßion, in öf-
fent-

fentlichem Druck ausgehen lassen: in der sogenannten refu-
tatione solida compilationis Cinglianae wider die Zürcher
Theologen, Tübingen 1593. p. 303. ꝛc. und in seines
Sohnes, Johann Brentii, responsione ad calumnias sa-
cramentariorum, quibus Ioh. Brentii Patris autoritate et
scriptis errorem suum de coena Domini tueri et propa-
gare conantur, Tub. 1582. Man sehe auch von seiner
Orthodoxie von *Einem Leben Brentii* S. 105—114.
und des seel. *Walchs Historische Einleitung in die Strei-
tigkeiten Lutheri mit den Sacramentirern,* welche er dem
20sten Theil der Schriften Lutheri vorgesetzt hat S. 11.
§. 17. 18. (Herrn D. Ernesti theolog. Bibliotheck VIten
Band, S. 753.) Noch will ich eine seltne Schrift, Bren-
tii Meinung vom heiligen Abendmahl betreffend, aus
Herrn Büttinghausen *Ergötzlichkeiten aus der Pfälzi-
schen und Schweitzerischen Geschichte und Literatur,* II. Stück,
S. 7. anführen: *Joh. Brentii Confeßion, Lehr und
Bekanntnuß vom Streit über den Worten des heil.
Nachtmals Christi, die er samt andern Theologen in
Schwaben wider Zwinglium, Oecolampadium und
Carlstadten im Jar 25. und 29. geschrieben und ge-
führt. —— Auß dem Brief Syngramma genannt, und
der Exegesi, so Brentius in Johannem geschrieben, mit
Fleiß zusammen gezogen und getrewlich verteutscht.
Item D. Pauli Eberi, Wittenbergischen Pfarrherrns,* er-

ste

ste Confeßion und Erklärung, so er für sich und an-
dre Theologos daselbst, von wegen obbemeldten
Streits gestellet, und im Decemb. 1561. zu Dreßden
übergeben. Heydelberg bey Johann Mayer, im Ver-
lag Matth. Harnisch 1576. in 4.

Brentii Schriften, die selbst Lutherus sehr hoch ge-
schätzt und gerühmet hat, sind zwar ehemahls zu Tübingen
im Jahr 1576 — 1590. in 8 Bänden gesammlet heraus ge-
kommen, allein eben so unvollständig, als Melanchthons
Schriften in seinen operibus. Es sollten noch zween Bän-
de dazu kommen, welches aber unterblieben ist. Diese bei-
de unsterbliche Männer erwarten noch immer einen Gelehr-
ten, der so viel Fleiß auf ihre Bücher wende, als Walch
auf Lutheri Schriften gewendet hat. Doch so etwas ist
in unsern witzigen Zeiten nicht zu hoffen; obgleich ein Er-
nesti selbst die Bücher dieser und anderer alten Theologen
noch immer auf das nachdrücklichste empfielt.

Eben so sehr wäre auch eine Sammlung der Briefe
Brentii zu wünschen, die meistentheils sehr wichtig sind.
Beyschlag besaß viele derselben, die noch nicht gedruckt
waren. Sein früher Tod aber hat die Bekanntmachung
derselben eben so wohl, als die Fortsetzung seiner Lebens-
Beschreibung, verhindert. Sehr viele sind in verschiedenen
Büchern, wo man sie oft nicht suchet, zerstreut anzutreffen.

Ich

Ich selbst habe einen, der ebenfalls Calvinische Lehrsätze vom
heil. Abendmahl betrift, in dem zweyten Stück der vermisch-
ten Beyträge zu der alten und neuen allgemeinen, besonders
aber Schwäbischen Kirchen- und Gelehrten Geschichte,
Franck. und Leipzig 1765. S. 83 ꝛc. abdrucken laſſen, und
von einigen andern kurze Nachricht gegeben.   Ich behalte
mir vor, bey anderer Gelegenheit von den hin und her zer-
streuten Briefen Brentii zu reden, und alle, die mir be-
kannt ſind, anzuzeigen.   Man kan aus denſelben manches
zur Geſchichte des Augsburger Reichstags 1530. des In-
terims, des Sacrament-Streites u. ſ. w. lernen.

Brentius unterſchreibt ſich bey dem Syngramma: Io-
hann Brentius et alii Halae Sueorum congregati Eccleſia-
ſtae. Folglich ſind auſſer den 14. Gelehrten, die ſich unter-
ſchrieben haben, auch noch andere Prediger bey dieſer Ver-
ſammlung geweſen, die ſich nicht genennt haben. Wer ſind
denn aber wohl dieſe alii? Das wird ſich ſchwerlich erra-
then laſſen. Vermuthlich waren es unberühmte Namen.
Darf ich eine Muthmaſſung wagen, ſo glaube ich faſt,
Matth. aus Chyträus, deſſen Leben Fiſchlin im erſten
Theil S. 38. ꝛc. beſchreibet, möchte dabey geweſen ſeyn. Er
war 1495. gebohren, ſtudirte 5. Jahr zu Tübingen, und dann
hielt er ſich bey Brentio auf. Dieſer ſchickte ihn nach In-
gelfingen, wo er über 5. Jahr predigte, biß er im Jahr 1530.
wieder von dort weg mußte. Folglich war er im Jahr 1525.
ungefehr nach Ingelfingen gekommen. Sollte wohl Bren-
tius einen ſo lieben Hausgenoſſen und geſchickten Schüler,
der ſich unter ſeiner Anweiſung zum Prediger gebildet hatte,
nicht auch zur Verſammlung der Geiſtlichen in ſeinem Hauſe
eingeladen haben? Der Zeit nach könnte wohl Matthäus
                                                    Alber,

Alber, oder Aulber von Reutlingen, deſſen Leben ebenfalls
Fiſchlin S. 50. geliefert hat , auch dabey geweſen ſeyn. Al-
lein das iſt mir ſchon nicht ſo wahrſcheinlich.   Zwinglius
correſpondirte freilich ſchon im Jahr 1524. wegen der Abend-
mahls-Lehre mit ihm , und die Reutlinger ſchrieben im Jahr
1527. wegen eben derſelben an den Brentius.   Allein dieſer
gedenkt in ſeiner Antwort vom 13ten April dieſes Jahres
in Pfaffii actis etc. p. 36—41. nichts vom Syngramma, wel-
ches er doch vermuthlich gethan haben würde, wann Alber
dabey geweſen wäre.   Vielleicht aber ſind Johann Wim-
pinenſis und Martin Röſer , an die Melanchthon 1529.
geſchrieben hat (Pfaff l. c. p. 31.) da geweſen ? Doch ich
will aufhören zu muthmaſſen. Dagegen will ich zum Be-
ſchluß noch einen Fehler verbeſſern, der in Abſicht auf die
Zeit, da die Verſammlung der Prediger zu Schwäbiſch-
Hall gehalten wurde, begangen worden iſt, damit ihn nicht
andere nachſchreiben, wie ihn ſchon J. A. Fabricius in ſei-
nem centifolio Lutherano nachgeſchrieben hat.   Derſelbe
liefert nemlich S. 608. u. f. ein Verzeichniß der Religions-
Handlungen, Conventen und Colloquien, von dem Jahr
Chriſti 1523. biß auf das Jahr 1586. aus Petri Ebertz
Synopſi analytica Syngrammatis Anti-Cingliani Ien. 1603. 4.
p. 174 etc. und da heißt es S. 609: Convent zu Hall in
Schwaben, im October 1526.   Es iſt zu verwundern,
daß Fabricius bey ſeiner großen Kenntniß der Geſchichte
der damaligen Zeiten nicht gemerkt hat, daß es 1525. heiſ-
ſen muß.

Doch ich kan nicht umhin, noch etwas Anmerkungs-
würdiges beyzufügen. Der oben bey dem Michael Gret-
ter gemeldete Brief Brentii, den er in ſeinem Exilio ge-
ſchrieben

schrieben hat, gibt mir dazu Gelegenheit. Es ist nemlich zu
merken, daß Brentius zweymahl von Halle hat weichen
müssen, sowohl 1546. (nicht 1547. wie von Einem S. 32.
falsch schreibet,) als 1548. Diesen Brief schrieb er, da er sich
das erstemahl von Halle entfernte, wovon Sleidano Com-
mentarii S. 630. nachzusehen sind. Er kam aber hernach bald
zurück, weil sich der Kaiser gnädig bezeigte, biß er wegen des
Interims im Jahr 1548. wieder entfliehen mußte, davon
Sleidan auf der gleich folgenden Seite 631. redet. Hiebey
findet sich nun in einigen Ausgaben in 8vo eine sehr bittere
Randglosse: Ingratitudo Hallensium in Brentium et suos
tacite perstringitur. So heist es z. E. in der Ausgabe 1576.
in der vom Jahr 1621. aber: Ingratitudo Hallensium, qui
Brentium et suos in exilium eiiciunt. J. J. von Einem ver-
theidiget die Hallenser gegen diesen empfindlichen Vorwurf
l. c. p. 40. 41. wo er auch von dieser Randglosse redet, die,
wie alle andere, nicht den Sleidan selbst zum Urheber hat.
Die Umstände selbst zeigen, daß man ihnen damahls Unrecht
gethan hat. Allein in dem Jahr 1546. verdienten sie den
Vorwurf weit eher. Aus allzugrosser Furcht nöthigten sie
Brentium die Stadt zu verlassen, ohne daß es noth war. Er
sagt es deutlich in erwähntem Briefe, den man nicht ohne
Mitleiden lesen kan. Ich will nichts davon abschreiben: denn
er ist würdig, ganz gelesen zu werden.

VII.

VII.
Beſchluß
des Beytrags
zur
Geſchichte des Reichstags
zu Augsburg.
1 5 3 0.

Ich liefere hier den Beschluß des zu Anfang der zwooten Sammlung dieser Miscellaneen abgedruckten wichtigen Beytrags zur Geschichte des Augsburgischen Reichstags im Jahr 1530. der Auszüge von Briefen der damaligen Nürnbergischen Gesandten auf diesem merkwürdigen Convent enthält. Der Leser wird es aber mit mir sehr bedauren, daß nicht von allen Schreiben Auszüge vorhanden sind. Es fehlen nemlich in meiner Copie alle Auszüge von Briefen, welche die Gesandten an den Magistrat nach dem 12. Julius bis zum 7. September abgeschickt haben. Aller Mühe ungeachtet, konnte ich diese Lücke nicht ersetzen. Je wichtigere Auftritte während dieses Zeitraums zu Augsburg in den Berathschlagungen der Evangelischen mit den Catholischen vorfielen, und ie glaubwürdiger und unverdächtiger diese Schreiben sind, desto unangenehmer fällt es dem Frund der Geschichte, sie zu missen. Doch will ich einigermassen das fehlende zu ergänzen suchen, und einiges, so von Seiten Nürnbergs gegen die vorgeschlagenen Compositionsmittel geäussert worden, beyfügen.

VII.

Beſchluß des Beytrags zur Geſchichte des Reichs, tags zu Augſpurg, 1530.

Den 7. Sept. ſchicken ſie Copkn 2. Schreiben Landgraf Philipps ꝛc. *)

13. Sept.

*) Das eine Schreiben hievon habe ich bereits unter den Documenten zu Camerars Leben Melanchthons p. 411. abdrucken laſſen, das andere eben ſo merkwürdige und bisher noch unbekannte folget hier:

Lieben Räte und getrewen, Wir haben ewr Schreiben am Datum zu Augſpurgth vigilie Bartholomei haltend zuſampt den Copien, was ſich von unſerm Abraiten biſs dahin Inn der Evangeliſchen Sachen verlauſſen, empfangen, alles Inxhalts nach der lenge verleſen. Und als wir der Sachen geſtalt ſein daraus befunden, Sehen wir es bey uns genßlich dafür an, das von Ihenem teil Inn der ſachen anderſt nichts, dann Argliſtigkeit und betrug geſucht werde, vnd das von etlichen vnſers teils ſo viel darinnen nachgelaſſen würde, vnd Ir gemüt ſo vngewiß vnd vngericht ſteen, hören wir nicht gern. Zweyffeln nit, weil der Gegentail die leut ſo weych findet, vnd ſie ſich lencken laſſen, ſie werden weiter mit ernſt nachſuchen vnd anhalten, vnd ſie Inn weiter Ire meinungen zu füren vnderſteen. Dann was man ins weichen kumpt, kan man nit genug weichen. Und iſt daroff unſere meinung vnd beſelh, das Ir dem Churfürſten zu Sachſen vnd den andern vnſern Mitverwandten der Sachen ſolich unſer gemüt uff die fürgeſchlagene Mittel anzeiget, das wir unſers tails in die fürgeſchlagene Mittel zu verfolgen nit ge-

13. Sept. Die Kaiſ. Maj. hab bey dem Churf. vnd
Marggrafen hart vnd betrehlichen laſſen anhalten, die Mit-
tel

meinet ſind. Daß obſchon wir durch Nachlaſſung vnd
verwilligung derſelben Articul vns in vnſern landen
fride ſchuffen, ſo müſſen wir doch, wo wir Chriſten ſein
wollen, nit allein vnſern nutz vnd vertail ſonder auch
vilmer aller armen betrübten vnd beſchwerten gewiſſen
Hayl vnd troſt zu ſuchen, die on zweiffel, wo wir Inen
ſoliche geſtellte Mittel bewilligten Aus ſollicher be-
ſchwerd weyl Inen das wort gottes enthogen vnd nit
verkündiget würde, nymmermer erlöſt, ſonder vilmer
beſchwerdt vnd an vns geergert würden.

Wo aber beim Gegentail zu erhalten were, das ſie
das h. Evangelion vnd ewig wort gottes nach der bi-
bliſchen Schrifft lautter vnd rayn Iren Vnderthanen
In Iren landen vnd gebiet predigen vnd verkünden,
auch vns das Sacrament beeder geſtalt zu empfahen,
darzu die Cloſter, daraus vnd darein zu gehen frey, vnd
den Prieſtern die Ee zulieſſen, dadurch wir vnd menniglich
lich ſpüren mochten, das ſie die ware rechte Gottes Ere
ſuchten, vnd wir dann aus liebe vnd mitleyden etwas
das hiernächſt durch vfleiſſige verkündung des worts
Gottes bey Inen ſich ſelbſt endern mocht, als mit
dem Fleiſcheſſen, Feyertagen, vnd dergleichen Ine ver-
folgten vnd ſie damit zum evangelio fuerrten. lieſſen
wir vns nit mißfallen.

Aber das ſie ſagen vnd haben wollen, Sie wolten
vns In Sachen zweyerley geſtalt des Sacraments zu
nemen die Coniugatos vnd Cloſtergelübd rc. belangen-
de bis vff ein gemein künfftig concilium toleriren, dann
ſolt es zu erkenntnus ſteen, gleich ſie ſagen wolten, wir
hetten des vnfuge, vnd wir ſolten ſie in allem andern tole-
riren, gleich ſie Recht hetten, auch Ir Faſten vnd Feyern
widerumb annemen, vfrichten, vnd alſo vns In ir
gepott verſtricken, vnd wir daſſelb als dadurch recht ap-
probiren

tel in glaubensſachen einzugehen, wie dann Churf. vnd
Marggraf nicht hart darwider. Lüneburg vnd Heſſen aber
haben

probiren vnd ſie wollten vns in keinem Artickel weder
das Sacrament in beeder Geſtalt zu empfahen, der Or‐
densperſonen vnd Prieſter Ee, noch das Wort Gottes
In Jren landen verkünden zu laſſen, verfolgen, obſchon
dazu geſetzt ſey, aus chriſtlicher lieb. So iſt doch ſol‐
lichs keinswegs anzunemen noch zu bewilligen, dann
was Chriſtliche liebe ſoll man den erzaigen, oder was
Beſſerung iſt ſich bey Jnen zu vermuten, weil ſie das
Wort gottes, das ſie zu Beſſerung bringen vnd vmb
deßwillen wir Jhne lieb erzaigen ſolten, nit annemen
wolten.

Darzu weil ſie kein rechte Biſchoffen ſeyn, vielweni‐
ger nach dem wort Gottes, das doch Jr Richtſcheit
ſein ſoll, richten, wie kan oder mag man dann Jnen
on treffentliche vnd merckliche Beſchwerd die Jurisdi‐
ction oder vnſer gaiſtlichen laſſen? Dann on allen
Zweivel verhaſſen ſie das Wort Gottes vnd weil ſie
vns erzelter Artickel nit verfolgen wollen, die doch im
Wort Gottes clärlich ergrundt vnd mit warheit vnd
gutem gewiſſen nimmermer zu widerlegen ſein.

Und ſo wurd geſcheen, das der Allmechtig verhute,
das die Prediger von vns genommen würden, vnd wir
Jnen dieſer fürgeſchlagnen Mittel verfolgten, das das
Evangelium niedergedruckt, die alten Mißpreüch wider‐
umb auffgericht, vnd die letzt ſich erger dann die erſte
wurd. Aber wir haben euch mit vnſer Handt ein Ver‐
zaichnus darinn, was Jr des Evangelii halber handeln
ſolt, genugſam vermeldt iſt, gelaſſen. Demſelben ſollt
Jr alſo nachkommen, vnd euch daraus oder wider nicht
laſſen bringen, ſonder darauff beſteen, vnd kein anders,
es wer dann dem gantz vnd gar gleich, annemen oder
bewilligen.

Wo

haben ſolchs ganz nicht bewilligen wollen, dieweil ſolche
Mittel Jrer vbergebenen Confeſſion zuwider, das Jnen
dann die Stett auch gefallen laſſen vnd ſey Jnen abgeſchlagen worden ꝛc. Hertzog Hans Friedrich ſey mit dem Grafen
von Mansfeld mit wenigen Pferden. hinweg, dem Churfürſten hab Jr Maj. als dem Principalen nicht erlauben
wollen.

18. Sept. Hertzog Ernſt von Lüneburg hab die Heſſi
ſchen, vnd ſie vmb 10. Uhr in der Nacht zu ſich fordern laſ
ſen, vnd im vertrauen gemeldet, dieweil ſich nichts anders
denn eines böſen Abſchids zu verſehen, ſo wäre der Churfürſt in willens, ſich nach Haus zu machen, mit dem er auch
wolte, ſie weren aber bede geſinnt, ſtandthafft zu bleiben,
vnd die Mittel der Febſiſchen nit anzunemen, wie ſie dañ
Jren Rethen beuelhen wolten, leib vnd gut darüber aufzu
ſetzen ꝛc.

19. Sept. Der Churfürſt hab ſich auf des Marggraf
erſuchen, dieweil die kaiſ. Maj. ſo hart anhalt, des Ab
ſchids zu erwarten, noch vff 6. Tag auffhalten laſſen, wie
ſie dañ für ir Maj. derhalben erfordert worden ꝛc.

21. Sept. Herr Jorg Truchſeß, vnd der Badiſche
Cantzler *) haben ferner fürſchleg vnd artickel durch Marggraf

Wo aber der Churfürſt oder die andern hierinnen
etwas nier oder weitter ſich begeben wurden, daroff
ſolt ir anzeigen, das jr darein zu willigen von vns
keinen beuelh habt, anders dañ an vns zu pringen, vnd
weitter euch deßhalb nit verſtricken. Das iſt alſo vnſer
beuelh vnd wir wollen vns des zu euch gentzlich ver
ſeen. Datum Friedewaldten Mondtag nach Bartholomei 1530.

*) Dieſer hieß Hieronymus Behus.

graf Georgen dem Churfürsten von Sachsen vnd Mitver-
wandten gebracht, darüber die Räth vnd Theologi zu rat-
schlagen gesessen, haben sich hergegen anderer artickel ver-
glichen, Ine wieder zu vbergeben entschlossen, welche in
Summa dahin gestelt, das hinfüran kein neue ler, die zu
neuen Secten, als den Wiedertäufern, Schwurmern, vnd
andern dinstlich mittlerzeit des concilii fürgenommen solten
werden, damit man andern, so mittlerzeit desselben concilii
zu vnser christlichen Meinung kommen möchten, durch vnsre
bewilligung nicht gewehrt wurd, wie es denn aus Jren
Verzeichnissen, die gar ingemein des Puncts halben gestell-
ten auch vnzweiffenlich In des widertails gemuet ist, möcht
verstanden werden &c.

22. Sept. Haben sich dahin erclert, mit Rhat Herrn
Philippi das man die zween letzten Punct, darvon oben
vermeldt, gar heraussen gelassen, vnd allein die friedens-
puncten hinein gebracht wurden, welche sie Herr Georg
Truchseß, in dessen Herbrig die Gesandten erschinen, er-
poten, bey der Kais. Maj. bestes vleises zu tractiren.

25. Sept. Die Kais. Maj. hab die Evangelischen Stett
ausserhalb Sachsen Churf. Marggraf Jergen vnd Landgraf
von Hessen Rhäten auff das Rathhaus erfordert vnd lassen
anzaigen, 1.) das seine Bottschafft von den Erbern freyen
vnd Reichsstetten von hinnen bis zu end des Reichstags
verrucken, sondern Kais. Maj. fernern bescheids erwarten,
2.) vnd weil die Statt Straspurg, Costnitz, Memmingen
vnd Lindaw der Kais. Maj. Ihres glaubens halben ein son-
dern bericht gethan, so wolt Jr Kais. Maj. Ine darauf ir
gemuet auch Insonderheit eroffnen, mochten aber dißmal
wol abtretten, 3.) Nachdem der Churf. von Sachsen sampt

N 4   andern

andern Fürsten vnd Mitverwandten, so mit namen benent
worden, gestern Kais. Maj. Abschid vnd gemuet gehort
vnd vernommen, so were ferner Kais. Maj. beuelh, das
sich die Stett dem Churfürsten anhengig weiter handlungen
wolten enthalten vnd erwarten.   Die andern aber solten
ietzund da bleiben, vnd kais. Maj. gemuet wie Jnen das
solt angezaigt werden, ferner verneinen rc. soll Jnen der
Abschid wie vns fürgelegt vnd fürgehalten sein worden,
das kais. Maj. wolt wissen, welche vnter Jnen denselbigen
annemen wolten, dieweil sich Jr Mai. mit dem Churf. Für-
sten vnd Stetten verglichen rc.

25. Sept. Die Sachen lassen sich schwer vnd weitleuffi-
tig ansehen, Gott woll nunmehr gnad vnd bestendigkeit
verleihen, den wie sie besorgen, möcht der Marggraf, der
sonst hierin cleinmüthig auß forcht sich etwas bereden lassen,
dann fürwar vil von Stetten, sonderlich auch die von
Augspurg dieses Abschids nicht wenig erschrocken, verhoff
Jedermann, wie wir auch nicht zweiffelten E. W. ein Rat
werdt bestendig, darumb auch, wie ich in gehaimb bericht,
etliche dapfere Burger dem Evangelio anhengig sich aus diser
Statt von hinnen zu E. W. thun wollen.

Die von Augspurg wissen kaum, hinter wem sie sitzen,
nemen sie den Abschid an, vnd wollen beim Kaiser bleiben,
so haben sie vor dem gemeinen Mann, der Jtzo mit vil vn
geschickten Reden zu rebeln anhebt, nit wenig gefhar zu
gewarten, Sollen sie dann den Abschid nicht annemen, vnd
kais. Maj. vnd jre nachbaurn vff sich laden, achten sie nicht
weniger für eine hohe beschwerung, die vrsachen vnd sorg-
feltigkeiten wohnen den andern Stetten als Frankfurt, Nörd-
lingen, Hall vnd andern nit wenig bey, dann warlich es
sicht

sieht dem gleich, als woll man ein Spiell anheben, darob
das gantz Reich empor vnd zu trümmern gehn soll. Der
Kaiser ist fast hitzig im handel, hat sich gestern hören lassen,
man woll Jhn jhe einen neuen glauben lernen, Nun werde
es nit mit der lehre außgericht sein, es gehöre die Faust
datzu, da woll er sehn, wer stercker ist.

28. Sept. Wird erzelt, was sich mit den Sebstischen
Stetten negstens zugetragen, vnd was Jnen sey fürgehalten
worden, sollen sich eins teils als Vberlingen vnd Rotweil
vnd andere verneuen haben lassen, als ob sie zu Ausreutung
dieser Ketzerey leib vnd gut darthun wolten.

Gestern weren alle Stett vor die Kaif. Maj. erfordert,
wenn die, so dem Churfürsten anhengig vnd die zwinglisch,
auch beruffen worden, welches aber aus Jrrthumb beschehen,
darumb man sie beede wieder abtretten lassen. Den andern
Stetten aber were gesagt worden, sie solten für Kaif. Maj.
kommen, auffer die so den Speyerischen Abschid nicht an-
genommen, die möchten heraus verziehen. Also weren
alle Stett hinein gegangen, aufferhalb Ulm, die were allein
auffen plieben. Den hett Hertzog Friderich angezeigt, die
Kaif. Maj. hett wissens, wie etliche aus den Stetten dem
Edict zu Worms gehorsamlich gelebt, welches kaif. Maj.
zu sundern gnaden verstünden, was aber die andern in etli-
chen Stücken darwider gehandelt, das wolt ir Maj. als ein
gütiger Kaiser dieser Zeit auf im selbs beruhen lassen, vnd
sich endlich zu Jnen versehen, sie würden sich von Jr Kaif.
Maj. nicht trennen, sonder gehorsamlich erzeigen, vnd die-
weil sie bis auf heut bedacht hetten, solten sie sollichs fürter-
lich thun, damit andere Reichssachen nicht aufzuhalten,
darauf sie sich erpotten, vnverweislich zu halten, Nach-

N 5   volgend

volgend ſey Vlm auch hinein gefordert worden, dem König
Ferdinand zugeſprochen, ob er allein proteſtirt, vnd ob er
nicht von mehr Stetten gewalt hette, darauf vermeldt, er
hette nur von Biberach gewalt, die hetten aber nicht pro⸗
teſtirt, wern auch nicht zu Speyer auf dem Reichstag ge⸗
weſt, ꝛc. Hertzog Fridrich hett Jnen vermeldt, Kaiſ. Maj.
hett nicht wenig beſchwerung, das die von Vlm den negſten
Speyriſchen Reichsabſchid nit angenommen, wolt ſich doch
verſehen, ein Rath zu Vlm wurde ſich von Jr Maj. wie
ire VorEltern auch gethan, keineswegs abſondern ꝛc. zu
welchem der Schleicher, Geſandter von Vlm geſagt, ſeine
Herren würdten ſich vngezweiffelt gegen Kaiſ. Maj. als ein
gehorſam Statt des Reichs vnverweißlich gehorſamblich
erzeigen ꝛc. Schicken der Stett Antwort, was ſie ſich gegen
Kaiſ. Maj. erpotten ꝛc.

5. Octob. Den 4. Octob. die Franciſci hat Kaiſ. Maj.
die Barfüſſer Mönche widerumb reſtituiren vnd einſetzen
laſſen, Es hab ein Monich ein Predig gethan, daß Chriſtus
alleine für vnſer ſünden genug gethan, vnd wir one zuthun
vnſerer werck mögen ſeelig werden, daran haben die andern
prediger gelogen, als die verzweiffelten Böswichte. Jtem
es ſein 2 weg zur Seligkeit, der erſt ſey der gemein weg, ſo
einem Jeden offen ſey, als wiltu eingeen in das leben, ſo
halte die gebott. Der ander weg ſey der vollkummenheit, davon
geſchriben: wiltu vollkommen ſeyn, ſo gehe vnd verkaufe
alles was du haſt, das ſey aber der geiſtliche ſtand ꝛc. Nach
der predig haben die monch die penck vnd ſtüll abgebrochen
mit groſſem gedummel darüber ſich von den buben ein geraiff
erhoben, hernach hab man die meß angefangen, mit des
Kaiſers Sengern, Organiſten vnd Trummetern ꝛc. Nach
Vollew

Vollendung derselben hab der Prediger die Tagmeß angefan-
gen, da hab sich ein Spanier vnterstanden, auch ein Panck
abzubrechen, das Ime ein handwercksmann nit gestatten
wollen, darüber ein geraiff vnd schlagen von stüllen vnd
pencken entstanden, bis der stadtvogt kummen mit seinen
knechten vnd friden gemacht ꝛc.

5. Octob. sind die Stett alle auf das Rathhaus gefor-
dert, vnd denselbigen, nachdem die Chur- vnd Fürsten ab-
getretten, den Stetten durch den Mayntzischen Cantzler an-
getzeigt worden, wie sich die Chur vnd Fürsten einer beharr-
lichen hülff wider den Türken verglichen, desgleichen der
Monten, Monopolien vnd Policey ꝛc. zu rathschlagen vn-
terfangen. Das zeigt man den Stetten an, sich auch dar-
nach haben zu richten vnd darauff zu gedenken.

Aber wie die Stett Strasburg, Costnitz, Memmingen,
Nürnberg vnd andere anhengige abgetretten, hat ermeldter
Cantzler den andern Stetten 4. libel lateinisch vnd teutsch
vbergeben, darinnen die beschwerden der weltlichen wider
den stul zu Rom vnd dann die Beschwerung der Geistlichen
wider die weltlichen sampt der Fürsten vnd Stette Ratschlag
darauff mit begeren solches in guter geheim zu halten, vnd
dieweil es vil schreibens geprauchet, solten sie 12. fl. darumb
geben.

Es weren die Evangelischen wieder zusammen gebracht
worden, vnd angemutet, ob man nicht noch zu vergleichung
weg finden möchte, darauff sie auf dise weg handeln wol-
len, ob weg zu treffen, damit vor allen dingen Frid erhal-
ten werde, dann vil zu bewilligen, Contributionen zu geben,
vnd darneben in gefahr zu sitzen, vnd zu gewarten, sey nicht
zu rathen. Man wolle sagen, man hab Ir Maj. zu eilen-

der

der hülff in beratſchlagung von 40000. Mann zu Fues, vnd 8000. zu Roß, das were der doppelte Römerzug ꝛc.

7. Octob. betreffend die Türkenhülf haben ſie 20000. Mann zu Fues, vnd 4000. zu Roß auf 3. Jar lang bewilligt, vnd da die not erfordere, die eilende hilf auf 40000. zu Fueß vnd 8000. zu Roß erpotten. Marggraf Ernſt von Baden haben Jnen wieder mittel *) fürgelegt in Glaubens-ſachen, dieweil aber ſolchs gantz vnnütz, haben ſie Jhme abgedankt, vnd dahin gewieſen, dieweil die Stende ingemein, ſich vnterwunden, Mittel fürzuſchlagen, wolten ſie dieſelbige gewarten ꝛc. Jſt beigelegt Marggraf Ernſt Für-ſchlag vnd dann Copey abſchids in glaubensſachen, wie ſolches vorgeleſen ꝛc.

8. Octob. Herr Jacob Sturm von Straßburg hab weger der Erbern Stett im Reichsrath geredt vnd dahin ge-ſchloſſen, das die Stett ſich in kein bewilligung thuunen einlaſſen, ſie ſein denn eines fridens im Reich verſichert ꝛc. vnd obwol mit Straßpurg des Glaubens halben nichts gehandelt, ſo werde ſie doch der keines annemen ꝛc.

11. Octob. Marggraf Ernſt hab wider mittel des Chur-fürſten Geſandten in der nacht zugeſchickt, die ſie zufrue in Berathſchlagung gezogen ꝛc. Sie khumen in Erfarung, das die kaiſ. Maj. allerley Gewerb vorhab, ſo wohl König Ferdinand ꝛc. meinen eins teil, er rüſte ſich Römiſcher Kenig zu werden, andere, er wolls in Bugarn gebrauchen, Andere, man werde den Evangeliſchen ein Raigen ſchenken ꝛc.

13. Octob.

*) Dieſe vom Marggraf von Baden fürgeſchlagene Mit-tel befinden ſich beim Müller p. 941. und 943. wird ge-ſagt, daß die Sächſiſchen hierüber mit den Brandenbur-giſchen und Heßiſchen Räthen, wie auch der Stadt Nürnberg Deputirten conferirten und ſie überlegten.

13. Octob. Die von Strasburg communiciren Juen, waß sie haben, Schicken derer Stett Namen, so sich gegen der Kaif. Maj. des gehorsams erpotten, vnd obwol vil darunter, so gern den friden sehen, so sind doch etliche so vngeschickt im Reden, das sie die Evangelischen erger als die Türken halten, vnd das sie gantz ausgerottet werden möchten, darzu alle hülff leisten wollten rc. Sind das die Stett: Coln, Regenspurg, Augspurg, Colmar, Eßlingen, Nordlingen, Vberlingen, Rotweil, Rauenspurg, Kaufbeuern, Schweinfurt, Goßlar, Verdt. *)

14. Octob. Gestern hat man vmb 4. Vhr Nachmittag allen Stenden des Reichs vnd Reicheßtetten ausserhalb der, so dem Churfürsten zu Sachsen verwandt, auch Strasburg, Costnitz, vnd Lindaw,lagen ausgenommen, auf das Rathaus erfordert, alda durch den Cantzler, als die Stett hinein gelassen werden, denselben angezeigt worden, die Kaif. Maj. hette sich mit Churf. Fürsten vnd andern Stenden in sachen den h. christlichen glauben betreffend, eines Abschieds vereinigt vnd vergleicht, den würden sie hören lesen guter Zuversicht; sie die Stette werden sich von Kaif. Maj. Churf. rc. dißfalls nit sondern, sondern denselbigen also bewilligen, vnd annemen, welcher alsobald durch den maynzischen Secretarium verlesen worden, der denn gantz auff die alten päbstischen gebräuch, vnd das Pfaffenwerck zu erhalten, auch etwas noch raucher als die negste schrifft, so E. W. zugeschickt, gestellt vnd sonderlich ist ein Anhang daran gemacht, das Kaif. Maj. diesen Abschied, one allen Appellation, Reduction oder Supplication bewilligt vnd gehalten haben will,

*) Das ist ohne Zweifel Donauwörd.

will, sampt der poen der Acht vnd procedirung des fiscals darein verleibt.

Die Stett haben Abschrifft begert, sey Inen aber ab-geschlagen worden. Werden zusammen kommen vnd rettig werden, ob sie den annemen wollen oder nicht. Vberlingen, Rotweil vnd derselbige faule hauff hab alsobalden bewilli-gen, etliche aber von den andern habens nit tun wollen, Augspurg sey in grosser schwermüthigkeit, wissen nicht, wohe sie hinaus wollen; aber es geschee Inen schier recht, weil sie hierinnen allein was zu Nutz vnd aufnemen vnd das so got-tes Ehre vnd der seelen Hayl dienstlich gar nicht bedencken.*)

Die von Straspurg haben gestern abermal von Iren Herren Post gehabt vnd bevelh daß sie sich zu des Churfür-sten von Sachsen vnd Landgraf auch vns vnd der von Vlm Gesandten verfügen vnd anzeigen sollen, dieweil sich der Handel mit Genff so gar weidtleufftig erzaig, wie auch nicht anderst, denn das ein lang practirte sach wider das Evangel. rc. das sich die Itzbemelde Stend vnd Stett vnan-gesehen der Irrungen vnd Zwispalts des Sacraments, darinn doch beeder theil Confeßion so widerwertig vnd vn-gleich nit sey, nit irren, sonder keinesswegs nit von einan-der zertrennen lassen,**) denn derselb handel schick sich war-lichen

*) Gewiß, diese Worte sind die deutlichsten Beweise eines ausserordentlichen Glaubens und Heldenmuths, womit diese Nürnbergische Gesandten, trotz aller androhenden Gefahr, kräftigst ausgerüstet waren.

**) Es wäre allerdings sehr gut gewesen, und würde der Evangelischen Religion grossen Vortheil gebracht ha-ben, wenn man sich dieses Puncts wegen in Liebe ver-tra

lichen, daß es nicht allein der Aidgenoſſen, ſondern aller
chriſtlichen Stende ſach ſey ꝛc. Die von Strasburg haben
auch für gut angeſehen, daß alle Chriſtliche Stende bey die-
ſen geſchwinden leuſften entweder alle auff einen Platz zu-
ſammen

tragen, und ungeachtet dieſer Verſchiedenheit als Brü-
der ſich bezeiget hätte. Allein dieſe geſuchte Brüderſchaft
wurde den Zwinglianern ſchon auf dem Marpurgiſchen
Geſpräch 1529. vom Luther abgeſchlagen. Auf dem
Reichstag zu Augſpurg 1530. ſuchte der Landgraf von
Heſſen, Philipp, aufs neue, die Lutheriſchen dahin zu
vermögen, aber umſonſt. Melanchthons und Brentii
Antwort auf dieß Verlangen des Landgrafens lautet
alſo: Quod ad fraternitatem attinet, fortaſſis Chriſtia-
ni, qui aliquo errore implicti ſunt, nec tamen pertina-
citer errorem defendunt, ut fratres tolerari poſſunt, ut
et ipſe Seruator Chriſtus diſcipulos ſuos tolerabat? At
qui doctrinam falſam non modo introducunt in eccle-
ſiam, ſed etiam defendunt, pro fratribus non ſunt
agnoſcendi: nullo enim modo falſae doctrinae aſſen-
tiendum eſt. Quare quae in eo ſcripto, quod nobis
redditum eſt, de tolerandis infirmis prolixe agitantur,
de iis demum infirmis intelligenda ſunt, qui incerta
dogmata ſua non defendunt, ſicut Paulus Galatas ſuſ-
cepit et tn. de iis, qui falſam doctrinam defendebant,
dixit: Vtinam abſcindantur, qui uos labefactant. Des
Landgrafens Antwort verdient gleichfalls hieher geſetzt
zu werden: Quod ad ſcriptum de fraternitate cum
Zwinglianis ineunda breuiter reſpondetis, non eſſe
pro fratribus agnoſcendos, qui falſam doctrinam de-
fendunt, et Pauli dictum allegatis, neſcio ſane, an ex
eo dicto confirmari poſſit, quod uos inde deducitis.
Iudico enim errorem illum de circumciſione rem longe
diuerſam eſſe a caſu praeſenti. Iudaei enim ſentiebant
circumciſionem neceſſariam eſſe ad ſalutem. Ideo eos
repre-

ſammen oder der Churfürſt ſampt Nürnberg ſampt der
negſtgeſeſſenen, vnd dann Straßpurg neben den Aidgenoſſen
vnd andern Jren Mitverwandten ſonderlich zuſammen ver-
fügten zu rathſchlagen, ob ſich zu wehren, vnd wie man ſich
in dieſen handel ſchicken ſolt. ꝛc.

Die Sechſiſchen Geſandten haben Jnen angezeigt, die-
weil der Hertzog Heinrich von Braunſchweig in Reuterwer-
bung ſtehe, vnd gutt auffſehen vonnöten, obwol ſein Chur-
fürſtl. Gn. ein Zeitlaug her etwa vil Reuter im wartgeld
vnd beſtallung hab, ſo hielte ſie doch für gut, das Nürnberg
ein bis 2000. fl. ſpendiren, ſie ſolten auch ein 1000. fl. Reu-
ter in beſtallung bekhumen, dazu Jnen der Churfürſt wolte
beförderlich ſein, dorfft mans nit, ſo were es ein wol aus-
geben gelt, da mans aber bedorfft, ſo were es wol gethan.

Etwas

reprehendit Paulus, inquiens, uelim ut abſcindantur.
Non dicit: uos Diaboli eſtis, et non amplius tolerandi.
Praeterea haec de Sacramento diſſenſio illi longe diſſi-
milis eſt. Siquidem nos unanimiter unum Criſtum cre-
dimus et coufitemur, et per hunc ſolum ſaluari inten-
dimus.   Illi etiam quos errare dicitis, uerbum Dei in
omnibus uerum eſſe credunt.   Tantum de intellectu
uerborum coenae aliud ſentiunt.   Itaque mihi uidetur
cum in omnibus aliis articulis uobiscum conſentiant et
Chriſtum eadem ratione, qua uos confiteantur, conce-
dant etiam Chriſtum in coena per fidem manducari —
ſententia et reſponſio ueſtra durior et non neceſ-
ſaria eſſe.   Spero etiam Deo dante uos diligentius
cogitaturos et rectiorem ſententiam ſequuturos eſſe. —
Ganz iſt dieſer Brief zu finden in Chytraei Hiſt. Aug.
Conſ. (Franc. ad M. 1578. 4.) p. 651 — 655.

Etwas von Nürnbergs Unzufriedenheit über Melanchthons Gelindigkeit.

Melanchthon muste während seines Aufenthalts zu Augspurg viele bittere Vorwürfe leiden, die ihm selbst seine eigene Glaubensgenossen machten. Man beschuldigte ihn, daß er bey den Unterhandlungen mit den Papisten zum Nachtheil der Wahrheit zu viel nachgebe, daß er durch die falschen Liebkosungen und Schmeicheleyen der Gegner sich verführen lasse, daß er mit den Feinden sträflichen Umgang und Briefwechsel führe, daß er viel zu furchtsam zur standhaften Vertheidigung der Wahrheit sey — —

Am meisten aber bezeugten ihre Unzufriedenheit hierüber die Hessischen, Lüneburgischen und Nürnbergischen Gesandten. Melanchthon, der dieß gar wol muste, beklagte sich daher über die Nürnberger fast in allen damals geschriebenen Briefen. L. I. Epp. p. 30. schreibt er an Luthern: Non credis, quanto in odio sim Noricis et nescio quibus aliis propter restitutam Episcopis iurisdictionem: ita dimicant de suo regno, non de Euangelio socii nostri. L. III. p. 260. an Veit Dietrich: Ciues tui ex Norico ualde succensent nobis, quod reddidimus iurisdictionem Episcopis. Fremunt et alii socii, et indignantur regnum Episcopis restitui. An eben denselben Tomo Lugd. p. 435. Tui ciues mirifice criminantur me propter restitutam Episcopis iurisdictionem. Interim dissimulant, quid doleat ipsis, et cauillantur in nostris actionibus quaedam alia de Sanctis.

Schon hieraus siehet man, daß den Nürnbergischen Gesandten unter andern Artickeln dieß äusserst bedenklich und gefährlich schien, daß Melanchthon auch sogar den Bischöfen die Jurisdiction eingeräumt habe. Sie glaubten, daß

Lit. Miscell. 3. Samml.   O   hier

hierdurch die Reinigkeit der Lehre auf einmal wieder fallen,
und ſie aufs neue das harte, und kaum abgeſchüttelte Joch
der Biſchöffe wieder empfinden würden. Sie konnten ſich
nicht bereden, daß die vom Melanchthon geſetzte Bedingnis,
wenn die Biſchöffe die Lehre des Evangelii frey und unge=
fränkt laſſen würden, in Erfüllung kommen ſolte. Sie be=
richteten daher auch dieſes nach Hauſe, und erkundigten ſich,
was ſie hiebey zu thun hätten.

Melanchthons Abſicht aber war hier gewiß ſehr gut.
Er ſahe auf die Zukunft, und er ſchien hier ein Prophet zu
ſeyn. Ich will ihn ſelbſt reden und ſich vertheidigen laſſen.
Er ſchreibt an ſeinen Herzensfreund Camerarius nach Nürn=
berg: Hoc male habet quosdam immoderatiores, reddi iu-
risdictionem, reſtitui πολιτειαν eccleſiaſticam : hoc inter-
pretantur reſtitutionem dominationis Pontificiae. Neque
ignoro, cur tantum abhorreant ab hoc conſilio. Aegre pa-
tiuntur ciuitates reduci in urbes illam Epiſcoporum domina-
tionem. Et ſapiunt, ſed quo ore eripiemus eis, ſi nobis per-
miſerint doctrinam? Quid? quod omnia, quae largiti ſumus,
habent eiusmodi exceptiones, ut hoc metuam, ne Epiſcopi
exiſtiment offerri ρηματα αντι αλφιτων. Sed quid po-
tuimus aliud ? Quanquam ut ego, quod ſentio, dicam. Vti-
nam, utinam poſſim non quidem dominationem confirmare,
ſed adminiſtrationem reſtituere Epiſcoporum. Video enim,
qualem ſimus habituri Eccleſiam diſſoluta πολιτεια
eccleſiaſtica. Video poſtea multo intolerabiliorem futuram
tyrannidem, quam unquam antea fuit. Semper ita ſenſit
ipſe Lutherus, *) quem nulla de cauſa quidam, ut uideo,

amant,

―――――――――――
*) Ju Chytraei Hiſt. Aug. Conf. (Franc. ad M. 1578. 4.)
p. 280. ſchreibt Luther: Si noſtram doctrinam pati et
non

amant, nisi quia beneficio eius sentiunt se Episcopos excus-
sisse, et adeptos libertatem minime utilem ad posteritatem.
Qualis enim cedo futurus est status ad posteros in Ecclesiis,
si omnes ueteres mores sint aboliti, si nulli certi sint prae-
sides? Mel. Epp. ad Camer. p. 148. 151. Eben so dachte
und schrieb Melanchthon auch in spätern Zeiten. Er begehr-
te die Bischöffe an ihrer Macht und Hoheit nicht zu räumen,
und hielte vielmehr die Erhaltung derselben für eine der Kir-
che sehr heilsame Einrichtung, wenn sie ihr Amt recht ver-
richteten, und sich die Sorge für die Kirche und Reinigkeit
der Lehre angelegen seyn ließen.　　Daher rührt auch seine,
den Schmalkaldischen Artickeln beygefügte sehr merkwürdige
Unterschrift: Ich Philipp Melanchthon halte diese obgestell-
te Artickel auch für recht und christlich. Vom Pabst (und so
auch von einem ieden Bischof) aber halte ich, so er das Evan-
gelium wolte zulassen, daß ihm um Friedens und gemeiner
Einigkeit willen derienigen Christen, so auch unter ihm sind,
und künftig seyn möchten, seine Superiorität über die Bi-
schöffe, die er sonst hat iure humano, auch von uns zuzulas-
sen sey. *)

So schrieb er 1548. an den Churfürstlichen Rath Chri-
stoph Carlewitz: Politiam Ecclesiasticam, ut Episcopis et
summo Episcopo tribuatur autoritas, conseruari opto. For-
ma uetus collegiorum magno consilio constituta est ad ex-

　　　　　　　　　emplum

non amplius persequi uellent, tunc prorsus inuiolatam
ipsis suam iurisdictionem, dignitatem aut quomodo-
cunque nominent, relinqueremus.

*) C. A. Heumanns Gedanken über diese Unterschrift befin-
den sich im XVII. Stück der Heßischen Hebopfer S.
624 ff.

emplum Eccleſiae quae in populo Iſraëlis fuerat, ut ibi
ctrinae cuſtodes et teſtes eſſent: et ſunt in collegiis illis
enbi docti uiri: nec exiſtimandum eſt ad diuturnitatem
las Principum illiteratorum futuras eſſe in cuſtodienda
ctrina diligentiore:. *Tom. Lugd. Epp. p.* 24.

Ja noch 1559. ſchrieb er an D. Ulrich Morbei[...]
Churf. Rath libro V. Epp. p. 202. Quae fuerint ſem
mea conſilia, norunt multi. Dixi, Ratisbonae me ſa
doctrina optare, ut maneat Politia Eccleſiaſtica. Gratiſſi
uox fult et Carolo Imperatori et Granuelo. Idem poſt
ſenſi et dixi. Et ſcio, idem dixiſſe ſaepe Lutherum.

Doch ich kehre von dieſem kleinen, aber nicht unwi[...]
tigen, Umſchweif wieder zurück, und melde, wie man di[...]
und andere Geſinnungen Melanchthons zu Nürnberg a[...]
genommen habe.

Sobald der Rath daſelbſt durch ſeine Geſandten Na[...]
richt hievon erhalten hatte, ſo ließ er gleich mit Zurath[...]
hung ſeiner Theologen auf die unbeſchließliche und unv[...]
greifliche Antwort der Proteſtanten ein Bedenken verfaſ[...]
und überſchickte daſſelbe ſeinen zu Augſpurg befindlichen [...]
ſandten, daß ſie es den übrigen Proteſtantiſchen Stän[...]
mittheilen ſolten. Lateiniſch ſtehet es in Coeleſtini Hiſt. [...]
mit. Aug. P. III. fol. 81 b. in Chytraei Hiſt. A. C. p. 297 ſ[...]
und deutſch in eben deſſelben deutſcher Ausgabe ſeiner [...]
ſchichte (Roſtock 1577. 4.) Blat 285 ff. Letzterer ſagt h[...]
von: grauiter et neruoſe ſcriptum eſſe. Der Innhalt d[...]
ſelben iſt kürzlich dieſer: Ueberhaubt klagen ſie, daß dem [...]
gentheil von den Evangeliſchen mehr, als billig eingerä[...]
met worden; beſonders, daß die noch übrigen Klöſter b[...]
ihrem Weſen und vermeinten Gottesdienſt ſollen gelaſſ[...]

werde[...]

werden; daß der Buße drey Theile zugeschrieben werden,
wodurch die Papisten Gelegenheit nehmen würden, die Oh-
renbeicht und Genugthuung wiederum einzuschieben, daß
man den Artickel vom Fasten zu nachtheilig gestellt; die
Beicht vor dem h. Abendmal als nöthig erfordert; daß man
nachgegeben, die Heiligen im Himmel bitten für uns ohne
alle Schrift; und daß man den Bischöffen die geistliche Ju-
risdiction weiter bewilliget, als sie hätten vermuthen dür-
fen, welches je der subtileste Weg wäre, daß Evangelium in
kurzem wieder gar zu dämpfen.   Denn die Bischöffe wür-
den keinen rechtschaffnen christlichen Pfarrer zulassen, und
täglich mit erdichteten Excessen auf ihn lügen, citiren, un-
terwegs umbringen, oder sonst so mit ihnen handeln, daß
keiner bleiben könne — — Sie wundern sich auch, daß da
die Chur- und Fürsten im Anfang sich so beständig erzeigt,
sich jetzo ohne Noth so viel begeben sollten.   Bitten daher,
man möchte diesen Handel D. Luthern zuschicken, und seine
Meinung vernehmen 2c.

Melanchthon wußte gar wol, wie unzufrieden man
mit seinem Nachgeben sey, und wie sehr man es durch al-
lerhand erdichtete Zusätze vergrößere.   Er suchte daher sich
zu vertheidigen, und seine Ehre durch Erzehlung der reinen
Wahrheit zu retten, besonders empfindlich mochte es ihm
fallen, daß in Nürnberg Hieronymus Ebner, vorderster
Losinger und Reichsschultheiß, ein um die Beförderung der
gereinigten Religion und Gelehrsamkeit unsterblich verdien-
ter Mann, gleichfalls üble Gedanken von ihm hegte. Dessen
Sohn, Erasmus Ebner, der zu Augsburg in dem Gefolg
der Gesandten war, mußte daher die Unschuld Melanchthons
in einem Schreiben an seinen Vater vertheidigen; dessen

O 3

Ver-

Verfaſſer aber nicht er, ſondern Melanchthon ſelbſt war. Dieſes berichtet er Camerario p. 145. Ebnero ſilius ſcripſit, multo plenius exponens cauſſas meorum conſiliorum. Nam *ego compoſui epiſtolam*, et ſingo illum recitare ſermones non meos tantum, ſed noſtri Neſtoris. (nemlich des Churfürſten Johann zu Sachſen) Der Brief ſelbſt aber befindet ſich beim Chytræus l. c. p. 310. aus dem ich folgendes auszeichne: IIis conſiliis ſcio Philippum uſum eſſe, non tam metu periculi ac publici motus, quam quod perpetuo ita ſenſit, prodeſſe ad poſteritatem, ne diſſoluatur prorſus Eccleſiaſtica politia: Et habet huius opinionis ſuae non ſolum rationes magnas, ſed et grauiſſimos autores. Scio, diligenter hanc rem a Duce Saxoniae deliberatam eſſe ante conuentum: quare quicquid adhuc aduerſariis hic conceſſit, arbitror eum de Lutheri et aliorum prudentum ſententia conceſſiſſe. Certe has conditiones hic non praeſcripſit ſolus. Quare miror, tam iniquos de eo ſermones ſpargi apud uos, quod parum conſtanter defenderit his partes, et quod gratiam apud aduerſarios inire cupiat. — —

Auch ſogar Hieronymus Baumgärtner, Melanchthons vertrauteſter Freund, war mit ſeiner Gelindigkeit in den Unterhandlungen mit den Papiſten gar nicht zufrieden. Salig im erſten Theil ſeiner Geſchichte der A. C. S. 335, hält es für Eiferſucht, welche dieſen Mann bewogen haben ſoll, den Melanchthon zu verkleinern; aber gewiß ohne den geringſten Grund. Er handelte hier bloß nach ſeiner Einſicht, nach welcher er die Vergleichungsmittel für gefährlich hielte, und durch Oſiandern, der dem Melanchthon nicht gut war, ohne Zweifel dazu aufgehetzt. Seine Gedanken hierüber erhellen am beſten aus zween Briefen an den Rathſchreiber

schreiber Lazarus Spengler, die uns am erstem Johann Frie-
derich Mayer in seiner Dissert. de lenitate Phil. Melanchtho-
nis durch den Druck bekannt gemacht hat.   Der eine ist
vom 13, der andere vom 15ten September, beede aber dem
Innhalt nach sehr hart und beleidigend für die Ehre Me-
lanchthons gestellet.   Ich will das hauptsächlichste daraus
beyfügen. Baumgärtner sagt in dem erstern: Philippus ist
kindischer, dann ein Kind worden, Brentius ist nit allein
ungeschickt, sondern auch grob und rauh, Heller ist voll
forchten, und haben diese drey den frommen Marckgrauen
gantz irr und kleinmütig gemacht, bereden jn was sie wol-
len, wiewol ich mercke, daß er gern recht thet.   Der fromm
Vogler muß in seinem abwesen viel von jm reden lassen,
als wa er noch hie wer, het man bißher so viel guts und
friedlichs nit ausgericht, und der Churfürst hat in diesem
Handel niemand verstendigs, dann den einigen Doctor
Brücken, den hat man aber dahin gebracht, daß er nun
auch mit sorgen handelt, dieweil er von niemand keinen Bei-
stand hatt.   Dann die andern Sechsischen Theologi dörffen
wider den Philippum nit offentlich reden, kann er den Kopff
dermassen gestrecket, das er neulich gegen den Lüneburgischen
Cantzler gesagt: Wer sagen darff, daß die nechst ubergebene
mittel nit christlich, der lügts als ein Bößwicht — —
Darneben hört man nit auf, die so sich hierinn christlich
und dapffer erzeigen, in viel weg zu verunglimpffen. Wie
dann den Heßischen, die sich hierinn gantz wol und erberlich
gehalten, offentlich vor uns geschicht, besorg, es werd mit
uns auch dermassen gehalten — — das Wesen hat bisher
stetigs gewäret, als offt die Fürsten bey einander, so kommt
einer zu dem Churfürsten geritten, sagt jm, wie er die Sach

O 4   getreu-

getreulich vnd gut mein, er hab dis oder jens vom Kayser
verstanden, vnd so man allein in diesem oder jenem stück
entwich, so möcht der sachen noch zu helffen seyn. Alsbald
ist Philippus da, stellt Articul, glossirt die ꝛc. Das wird
dann etwan mitler Zeit durch Heller vnd Brentzen auch in
den Marckgrafen getragen. So man vns dann darzu erfor-
dert, vnd wir alsdann den vergekochten Brey nit lassen
wol schmecken, so ist es eins vnwillens, vnd lauffen die
feinen Theologi vmb, sagen wir möchten nit frid erleiden,
gleich als wer gewislich durch vnser nachgeben frid zu er-
halten ꝛc. ꝛc. Der andere Brief ist mit ähnlichen Klagen
angefüllt, und Spengler wird vom Baumgärtner ersucht,
vmb Gottes vnd seins Worts willen, dem D. Martino Lu-
thero zu schreiben, daß er doch dem Philippo mit Gewalt
einrenne, und die frommen Fürsten, sonderlich seinen eigenen
Herrn vor jme warnen vnd zu beständigkeit vermanen,
dann vff diesem reichstag kein Mensch bis vff heutigen tag
dem Euangelio mer schadens gethan, dann Philippus. Er
ist auch in solche Vermessenheit gerathen, daß er nicht allein
niemand will hören anderst davon reden vnd raten, sonder
auch mit vngeschickten fluchen vnd schelten heraus fert, da-
mit er iedermann erschreck, vnd mit seiner estimation vnd
auctoritet dempffe.

Durch diese Klagen, die nun freilich sehr übertrieben
waren, ließ sich auch Spengler bewegen, an Luthern selbst
zu schreiben, und ihm die vermeintliche grosse Gefahr, in
welche die evangelische Lehre durch zu vieles Nachgeben Me-
lanchthons gerathen solte, vorzustellen. Die vom Luther
hierauf ertheilte Antwort findet man deutsch in Hauodorfs
Leben Spenglers S. 57. und lateinisch in dem von Buddeus
besorg-

besorgten dritten Band der Briefe Lutheri p. 199. Die eigene
Meinung und Gesinnung, die Spengler von den Composi-
tionsmitteln hatte, können wir am besten aus seinem hierü-
ber gestellten Bedenken ersehen, dessen Aufbewahrung wir
gleichfalls eben genannten Haußdorf l. c. S. 58 ff. zu dan-
ken haben, das dem oben genannten bey dem Chytraus be-
findlichen Nürnbergischen fast in allem ähnlich, nur in etwas
weitläuftiger ausgefertiget ist. Ich will aus demselben
nichts, als den Beschluß, der Melanchthon betrift, beyfü-
gen: Wider Philippum Melanchthon waiß ich noch kain
grossen Verdacht goiloser oder unchristenlicher Handlung zu
schöpffen, dhweil ich ine bißhero für ain gelerten Theolo-
gum und frommen erbern Man allweg gehalten hab, und
noch: So soll mich auch diese Handlung noch nicht bewegen,
wider ine etwas, das so gantz sträfflich sein sollt, zu suspi-
ciren. Dann ich halte in ye noch zu fromm, das er etwas
mit wissen und wider sein Conscientz, zuuor dem Euangelio
zuwider, solt bewilligen. Dafür acht ichs aber, das Me-
lanchthon, als der, der die erfarnheit noch nit hat, wie Lu-
ther, den man auch noch nit, wie Luthern durch die spieß
gejagt hat, diesen listigen ungewissenhafften Hoffschalcken zu
fromm sey, hat auch den teufel noch nit also erlernt, wie
gegen diesen leuten wol vonnöten sey. Darinne muß man
aber geduldt haben. So mag in auch die liebe gütlichs frids
vielleicht zu allerley nachgeben und bewilligen verursachen,
das Luther oder ain anuder nit thun würd, wenn allain in
den Hauptstücken nit gewichen würd.

Sonst merke ich hier noch an, daß Spengler, aus Liebe zur
Evangelischen Wahrheit getrieben, den damals auf dem
Reichstag befindlichen frommen Markgraf Georg von

O 6   Bran

Brandenburg mit einem herrlichen Trostschreiben aufzurich-
ten und zur standhaften Bekenntniß des Evangelii zu er-
muntern gesucht habe, welches Beyschlag im zweiten Band
seiner sylloge opusculorum p. 135 sqq. am ersten hat ab-
drucken lassen.

Auch Osiander, dessen heftiges Naturell bekannt ge-
nug ist, war mit den Handlungen des sanften und beschei-
denen Melanchthons nicht zufrieden, und vielleicht war er der
Haubtverfasser des oben gemeldeten Nürnbergischen Beden-
kens. Melanchthon beklagt sich über ihn gegen Camerarius
in einem Brief p. 143: Quidam legati mirifice mihi succen-
sent, quod uideor restituere Episcoporum regnum. Sacra-
nus (hierunter wird Osiander verstanden) neutiquam aman-
ter ea de re expostulauit mecum, noua quadam et inusitata
usus uerborum acerbitate. Sic est, ut scribit Thucydides,
τα ἐν μεσω ἀμφωτερωθεν κτεινονται. In einem
Brief an Link und Schleupner, den ich unter den Documen-
ten zu Camerars Leben Melanchthons p. 407. abdrucken ließ,
macht Osiander diese nachtheilige Beschreibung vom Me-
lanchthon: Philippus multis laboribus, uigiliis, curis ma-
ceratus et exhaustus nonnunquam melancholica quadam
tristitia et quasi desperatione uexatur, nulla extante causa,
quae nostros plerosque ualde deiecit. Ego autem statim de-
prehendi ac ab aliis didici, naturalem illud esse sanguinis
melancholici motum. In eiusmodi tamen passione cogitat,
dicit, scribit et facit, quae causam nostram non meliorem
reddunt, eitque obseruandus et obiurgandus, ne admittat,
cuius nos omnes poenitere possit.

Daß Osiander vermuthlich auf Befehl seiner Obrig-
keit die von den Papisten gestellte höchst elende Confutation

der

der Augspurgischen Confeßion widerleget, und also auſſer
Melanchthon gleichfalls eine Apologie der A. E. geſchrieben
habe, war eine lange Zeit faſt ganz unbekannte Sache. Es
ſteht ſelbige unter dem Titel: Apologia Oſiandri contra ar-
ticulos a Pontificiis exhibitos in Coeleſtini Hiſt. Aug. Co-
mit. Tomo III. S. 84 woraus ſie der ſeel. D. Riederer in
ſeinen nützlichen und angenehmen Abhandlungen zur Kir-
chen - Gelehrten - und Bücher Geſchichte S. 188 ꝛc. mit einer
hiſtoriſchen Einleitung wieder hat abdrucken laſſen.

Doch alle Berathſchlagungen blieben fruchtlos , und
der Ausgang dieſes Convents war, wie aller der Religion
wegen nachher angeſtellten, daß kein Theil dem andern wich.
Ein ieder glaubte, Recht zu haben. Es erfolgte ſogar
endlich ein ſehr harter und rauher Abſchied für die Evange-
liſchen. Der Churfürſt zu Sachſen reiſete den 23 Septem-
ber von Augspurg ab, und langte an einem Dienſtag, den
27 Sept. zu Nürnberg glücklich an. Seckendorf in der
Hiſtorie des Lutherthums S. 1194 berichtet, daß der Rath
daſelbſt ſich bey dem Churfürſten habe erkundigen laſſen,
was er bey dem beſchwerlichen Reichsabſchied zu thun ge-
ſinnet wäre? der hierauf die Antwort ertheilet: ob er wol
nicht zweifelte , der Allmächtige würde ſein theiliges Wort,
und die, ſo ſich zu demſelben bekennen, gnädig erhalten, ſo
wäre er doch entſchloſſen, dieſen Handel bey ſeinen Theolo-
gis und Räthen mit berathſchlagen zu laſſen, dergleichen
ſolte der Rath auch thun, und andere Städte, die dem Evan-
gelio anhangen, dazu gleichfalls vermahnen, ſo könnte als-
denn eine Zeit und Malſtatt beſtimmt werden, die Bedenken
zuſammen zu tragen, und was man für das beſte und zuträg-
lichſte hielte, zu ſchlieſen. Zu D. Wenceslaus Lincken, Pre-

digern

bigern in Nürnberg, sagte damals der Churfürst: Lieber Doctor, greift mich meiner Nachbarn einer, oder iemand anders unter dem Schein des Evangelii, und von desselben wegen an, gegen denselben will ich mich wehren, als stark ich bin: kommt aber der Kaiser mich anzugreifen, das ist mein Herr, dem muß ich weichen, und wie kan mir ein ehrlicher Verderben oder Sterben begegnen, denn von des Wortes Gottes wegen.

Noch eine Kleinigkeit zum Beschluß. Melanchthon schrieb von Roth, einer kleinen Anspachischen Stadt zwischen Weissenburg und Nürnberg gelegen, an seinen Herzens-freund Camerarius, daß er noch vor der Ankunft des Churfürsten und dessen Gefolgs, zu Pferd bey ihm einzutreffen gedenke, und bittet ihn, ihm, Johann Rüll, Caspar Müller und Agricola eine Abendmalzeit bereit zu halten, wenn es anderst seiner Frauen nicht beschwerlich fallen würde. cf. *Melanchth. Epp. ad Camer.* p. 153.

Vielleicht wäre auch hier ein schicklicher Ort, von den verschiedenen zu Nürnberg gedruckten Ausgaben der Augspurgischen Confession und derselben Apologie, den andern Erläuterungsschriften, und den daselbst deswegen gefeyerten Jubelfesten, und darauf geprägten Münzen Nachricht zu ertheilen, ich will aber bey einer andern Gelegenheit hievon reden.

VIII.

VIII.

Etwas

von

einem Convent zu Melün

in Frankreich.

1 5 4 4.

Diese Elegie, die ich auf einem einzigen Octavblättlein gedruckt besitze, verdient gewiß durch den Druck aufbewahrt zu werden, da vielleicht schon alle andere Exemplarien längstens verlohren gegangen sind. Ich habe zugleich einige Anmerkungen beygefügt, die diesen Mann, und den nicht viel bekannten und doch sehr merkwürdigen Convent zu Melün betreffen, wovon diese Elegie einen lustigen Auftritt enthält, von dem ich zwar sonst nirgends etwas gelesen zu haben mich erinnere, aber dem ungeachtet an der Wahrheit desselben nicht zweifle.

VIII.

Etwas von einem Convent zu Melún in Frankreich 1544.

Elegia Fraxinei de Gallicis Theologis a Rege conuocatis in oppidum Molinum, Anno 1545.

Vrbs iacet a priscis quaedam adpellata Molinum,
    Gallica qua flauus Sequana rura rigat,
Ordinis huc sacri proceres, clerumque superbum
    In Synodum Dominus Liliger ire iubet.
Dissidii ut fontes et pharmaca mitia quaerant,
    Quo sacra Relligio dilacerata gemit.
Nec mora, conueniunt, strepituque palatia complent,
    Consilio quorum res peragenda fuit.
Dumque caput formant operi quod utrinque mouetur,
    Exoritur tali Fabula digna grege.
Rancidus Ecce uenit Francisci sorte Satelles,
    Fune latus, querno uinctus et orbe pedes,
Irruit hic frendens ad sacri pulpita coetus,
    Insanum quatiens terque quaterque caput,
Se tantis dignum quoque latrat honoribus esse
    De sancta simul ut disserat ipse fide.
Vertice tum raso, saeui Cacodaemonis instar,
    Grandiloquo tumidas intonat ore minas.
Vnus ut hunc dictis uiolentius excipit, illi
    Maxillas colapho tundit utrasque graui,
Lesus at ille furens, ceu concitus imbribus amnis,
    In Monachi uultus unguibus ire parat,
Inde oculum feriens radicitus excutit hosti,
    Robore dum ualidos adiuuat ira manus.
Sic lumen rapuit, media quod fronte gerebas,
    Sisyphides olim trux Polypheme tibi.
Talia Lignipedum noua sunt praeludia fratrum,
    Ad Synodi dum se prelia magna parant.

An

Anmerkungen.

Den Verfasser dieser Elegie nennt Bartenstein oder vielmehr Böcler in der Differtation de Bello Imp. Carolo V. a Mauritio Sax. Elect. illato (Argent. 1710. 4.) p. 10. uirum diu in Germania uersatum et sub aliorum negotiorum praetextu in aula Mauritii Sax. Electoris haerentem, dessen sich auch dieser Churfürst bediente, als er mit Heinrich dem andern, König in Frankreich, ein Bündnis machte, und 1552 den Kayser Carl V. feindlich angrief. Eben dieses wird auch vom Elciban lib. XXIII. bestättiget, der ihn Baionensem Episcopum, hominem iam diu antea uersatum in Germania, nec imperitum linguae tiennet. Er war auch auf dem Convent zu Passau 1552 als Königlich-Französischer Gesandter zugegen, da er eine weitläuftige Rede, deren Innhalt uns Elciban lib. XXIV. erzählet, gehalten hat.

Wie er aber als ein Franzos zur Kenntnis der deutschen Sprache gekommen sey, ersehe ich aus einem Brief Melanchthons an Camerarius vom 12 December, 1542. p. 421. der uns lehret, daß Fraxineus selbst zu Wittenberg den Studien obgelegen sey, und bey Melanchthon viel gegolten habe. Ich will seine eigene Worte anführen: Ante triduum apud nos fuit adolescens *Ioannes Fraxineus*, qui ante triennium in Academia nostra studiis doctrinae christianae et philosophiae operam dedit, ac in proximo conuentu Ratisbonensi in notitiam uenit Legati Gallici, nunc, ut intelligo, in aulam ascitus est. (ob an den Französischen oder Chursächsischen? getraue ich mir nicht zu behaupten) Nam et facundus est, et literis instructus. Der damalige französische Gesandte, in dessen Bekanntschaft Fraxineus gekommen, und vielleicht Secretairs Stelle bey ihm vertretten hat,

hat, war Vergerius, der nachher die Evangelische Religion angenommen hat. Ich ersehe dieses aus einem andern Brief Melanchthons an Veit Dietrich vom 9. Merz 1541. wo er ihm am Ende desselben berichtet: Est apud Vergerium Episcopum Iustinopolitanum, Gallicum Legatum, quispiam Ioannes Fraxineus, Gallus, ad quem mitto epistolam ei inscriptam. *Tom. Lugd.* p. 464. Ich weiß nicht, ob Fraxineus außer dem Apologo belli inter Franciscum, Galliae Regem, et Carolum V. Imp. gesti, welcher in des Goldasti Polit. imperial. P. XX. n. 11. p. 963—968 stehet, sonst etwas in den Druck heraus gegeben habe.

Von dem zu Melûn gehaltenen Convent findet man nirgends genaue Nachricht, auch selbst die Schriften, die eigentlich die Schicksale der Evangelischen Religion in Frankreich beschreiben, lassen uns hier ohne Trost. Sleidan, den fast alle hier abschreiben, sagt lib. XVI. p. m. 459. Theologi Parisini decreta religionis fecerant ante biennium, uti diximus; hoc autem tempore iussu Regis Meloduni conueniunt, quod est decem supra Luteciam milliaribus oppidum, in insula Sequanae positum. Rex erat in arce uicina Fontemblica, et illos conuenire iusserat, ut quia pace iam facta concilium esset futurum, habita deliberatione statuerent omnino de dogmatis ecclesiae necessariis, quae putarent in concilio et publico totius orbis christiani theatro posse defendi. Huius deliberationis hic fuit exitus, ut licet multum esset inter eos altercationis, tamen in iis, quae iam ante promulgauerant Luteciae nihil mutarent. Salig gibt uns im zweiten Theil seiner vollständigen Historie der A. C. S. 252. noch etwas nähere Nachricht. Er sagt: Wie der König 1545 sich zu Fontainebleau aufhielte, ließ er die Theologen

Lit. Misc. 3. Samml.   P   zu

zu Melun zusammen kommen, daß sie gegen das künftige
Concilium die nöthigsten Lehren der Kirche feste setzten. Da
konnten sich nun die Sorbonisten nicht vereinigen. Eini-
ge meynten, man solte die Schlüsse zu Basel und Costniß be-
kräftigen, und die Sanctionem pragmaticam wieder herstel-
len. Andere urtheilten, das würde den König verdriessen,
und waren in der Sorbonne die Theologen von der Natur
der Sacramenten nicht eins, massen einige den Priestern eine
wirkende Kraft haben zueigneten, andere nicht. Darum ließ
mans bey den 25. Artickeln, die bey Gelegenheit des Franc.
Landry und Claudii Espencät aufgesetzt waren, bewenden.
Noch vollständigere Beschreibung ertheilt uns Da-
niel Gerdesius im vierten Band seiner hist. Reformationis,
p. 156. die ich hier gleichfalls abdrucken zu lassen für gut be-
finde. Interea, cum feruente inter Caesarem et Regem Gal-
liae bello concilium interquiesceret, Rex Galliae reducta
pace Crespiaca, Meloduni, quod paruum non procul a Pari-
siis est oppidum, Theologorum Parisiensium conuentum
d. 15. Nouemb. A. 1544. indicit ad consultandum de dogma-
tis fidei christianae necessariis, in Concilio Tridentino pro-
ponendis: Conuocantur illic Theologi numero duodecim,
atque inter eos speciatim Claudius Espencaeus, qui magna
tum apud omnes existimatione florebat, quamuis etiam supe-
riori anno a delatoribus apud facultatem theologicam accu-
satus, quasdam uel emollire uel retractare debuerat theses
atque propositiones imaginum cultui et reliquiarum superfti-
tioni contrarias: At uero, ne haec quidem congregatio una-
nimes fundebat sonos, quin potius coorta contentione satis
graui alii cupiebant ea confirmari, quae Constantiae et Basi-
leae iampridem fuissent decreta, et Sanctionem Pragmaticam

resta-

reſtabiliri, alii metuentes, ne Rex inde offenſionem captet, abrogato ea ratione Concordato inter ipſum et Leonem Pontificem facto, eam quaeſtionem diſceptandam non cenſebant. Deinde quod in Schola Sorbonenſi Theologi de Sacramentorum natura non idem omnes ſentirent; ſed his alii effectiuam miniſterialem uirtutem tribuerent, alii non tribuendam putarent, et ſinguli ſuas opiniones pro dogmate fidei haberi uellent, de iis nihil tum decretum fuit. Hoc tantum ſtatutum, ut in XXV. articulis ante duos annos euulgatis omnes acquieſcerent. Dieſe bisher angeführte Stellen geben uns ſo ziemlich Nachricht von der Beſchaffenheit dieſes Convents. Die beſte und gründlichſte Beſchreibung aber fand ich in einem ſehr ſeltnen Buch, nemlich in *Petri Gallandii Vita Petri Caſtellani, magni Franciae Eleemoſynarii ex rec. et c. n. Steph. Baluzii, Pariſ.* 1674. 8. Da dieß Buch manches bisher ganz unbekannte von dieſem Convent enthält, das, ſo viel ich weiß, noch von niemand benutzt worden iſt, ſo will ich auch dieſe, obwol lange Stelle hier abdrucken laſſen. Seite 83 heiſſ es: Cum Caeſar Regem urgeret, ut in Concilio uniuerſali, quo haereſum ſemina omnia tolli poſſent, ſibi adeſſet, et pro Rege conſiliarii eius principes id iam Caeſari promiſiſſent, Regem monuit Caſtellanus, qui ſe huius legationis principem futurum intelligebat, uideret, quid ſuſciperet, rem non eſſe leuis momenti, et cuius exitus contemnendus eſſet: negotium fore primum cum hominibus iam per annos quinque et uiginti in literis ſacris exercitatiſſimis et in ſua ſententia ita obfirmatis, ut uix ulla ratione ab ea deduci unquam poſſe uiderentur, praeſertim ſi a Theologis ingenia ſua magis acuminibus quaeſtionum aculeatarum, quam eruendo germano ſcripturae ſacrae ſenſu excolere ſolitis oppugnarentur:

rentur: alias adhibendas esse machinas, ut de his victoria reportari possit: antiquitatis et utriusque Ecclesiae rituum, initiorum, progressuumque, nec non exacta linguarum cognitione instructos esse oportere, qui cum his in certaminis huius campum descensuri essent: modestos et aequos potius quam spinosos, litigiosos et pertinaces deligendos esse, quorum iustum numerum reperire non ita procliue esset. Denique in Concilio et Pontificem et Caesarem sua fortasse potius quam Christi commoda procuraturos, et multa ipsi Regi adempturos, quorum hodie iure quodam suo potestatem habere profiteretur; quae retinere et tueri, cum eo descensum esset, neque integrum fore, neque se, quique Regis iussu eo essent profecturi, animi conscientia uictos fortasse defensuros esse. Eam ob rem uideri sibi consultissimum, ut prius quam in hanc arenam descenderetur, docti, pii et pacis amantes iusto numero certum in locum connocarentur, de hisque rebus inter se disceptatores sederent, aliquidque uno consensu statuerent, quo qui ad publicum concilium mitterentur instructi et armati retundere aduersariorum tela, et quae consentanea iudicarentur tueri et retinere possent. Itaque regio iussu cum Theologis iusto numero delectis doctisque aliquot graece et hebraice uiris Meloduni congressus, cum quaecunque extant tum a Graecis tum a Latinis auctoribus de sacris rebus scripta euoluenda diligenter singulis singula attribuisset, et Ecclesiae primitiuae ueterumque annalium memoria replicata rerum omnium controuersarum ueritatem e fontibus ipsis eruisset, quid de his statuendum, sequendum, et omnibus Christianis persuadendum, contraque haereticos pro Ecclesia defendendum esset, summis quibusdam capitibus,

quibus

quibus eo in conseſſu omnes ſubſcripſerant, comprehendiſ-
ſet, omnia ad Regem retulit, et ut cum iis qui ſecum ad
Concilium, quod indictum iri breui uidebatur, ituri eſſent,
communicarentur, perſuaſit.   Magni enim ad incundam,
quam iampridem in Eccleſia quaerimus, concordiam et ad
id, cuius poſtea poenitere non poſſet, ſemel ſtatuendum,
referre putabat, ut rebus controuerſis domi diligenter diſ-
cuſſis et diſceptatis, a certis eiusdem nationis hominibus
eadem ſentientibus in publicum Chriſtianorum omnium uel-
ut theatrum proderetur.

Earum rerum hodie in Eccleſia controuerſarum poſt-
uarias in omnes partes in illo conuentu diſputationes, una
et certa omnium qui aderant manu ſubſcripta uno et qua-
draginta capitibus comprehenſa ſententia eleganter, perſpi-
cue et breuiter ab eo literis mandata eſt.   Cuius ſumma
haec capita ſunt. 1. Quid Eccleſia. 2. Quae nunc uera
Eccleſia. 3. Eadem de re catholica ſententia. 4. Verae
Eccleſiae Poteſtas. 5. De miniſtrorum poteſtate. 6. De an-
tiquorum auctoritate et Conciliorum. 7. De culpa origi-
nali. 8. De peccato originis catholica ſententia. 9. De Iu-
ſtificatione. 10. De iuſtificatione catholica ſententia. 11.
De iuſtificatione in baptiſmo. 12. De intelligentia fidei
apud Paulum. 13. Ordo praeparationis ad iuſtificationem.
14. Quantum ſit fidendum inhaerenti iuſtitiae. 15. Iuſtifi-
catione poſſit eſſe absque praeparatione. 16. Quando quis
debeat ſe credere iuſtificatum. 17. De operibus caritatis.
18. Ea de re catholica ſententia. 19. De ſacramento Baptiſ-
mi. 20. De ſacramento confirmationis. 21. De ſacramento
poenitentiae. 22. Confeſſionis emolumenta. 23. De ſatis-
factionis fructu. 24. De purgatorio. 25. De ieiuniis. 26. De

Sacramento euchariſtiae. 27. De communicatione utrius-
que ſpeciei. 28. De priuata miſſa. 29. Quae in miſſa pri-
uata aguntur. 30. Fruꞔus miſſae ad quos pertineat. 31. De
ueneratione ſanꞔorum. 32. De inuocatione ſanꞔorum. 33.
De reliquiis ſanꞔorum. 34. De imaginibus. 35. De ſacra-
mento ordinis. 36. De coelibatu ſacerdotum. 37. De pri-
mario Petri et ſucceſſorum loco. 38. De indulgentiis. 39.
De Sacramento matrimonii. 40. De extremae unꞔionis ſa-
cramento. 41. Concluſio totius diſputationis.

Quod cum ſummus Pontifex parum approbaret, ut qui
ſedi apoſtolicae et Concilio uniuerſali eiusmodi congreſſi-
bus praeiudicari arbitraretur, eaque de re cum Rege ex-
poſtulaſſet, Pontifici regio nomine graui oratione et lucu-
lenta reſpondit probauitque non modo id publicae Eccle-
ſiae et Concilii dignitati non obſuturum eſſe, uerum etiam
ad controuerſiam tantam tamque longe et late nimis odioſe
graſſatam aliquo ſine circumſcribendam aut decidendam
prorſus neceſſarium. Quid enim boni ab eo hominum e
diuerſis gentibus conuentu ſperandum eſſet, qui et de re-
bus, de quibus ageretur, parum inter ſe fortaſſe conueni-
rent, et uelut tyrones inexercitati in arenam cum iis homi-
nibus deſcenderent, qui iam tot annos continuos ueterani in
eam cauſam incumberent, et quod ſemel ſibi perſuaſiſſent, ut
claudus pilam uelut mordicus ſemper retenturi eſſent. Huc
addebat quod quamquam non omnia a doꞔrina defendendae
Eccleſiae praeſidia petenda eſſent, ſed a praepotenti Deo et
eius Sancto Spiritu, a quo in euangelio monemur, ne ſolli-
citi ſimus, quid regibus et praeſidibus reſpondeamus, cum
ante eorum tribunal ſiſtemur, eam tamen eſſe noſtrae uitae
foeditatem, eam bonorum morum et ueteris diſciplinae diſ-
ſolu-

solutionem, ut nisi antequam in publicae disputationis solum
et puluerem prodiremus, non minus de repurgandis inquinatae uitae sordibus quam de doctrinae praesidiis accersendis inter nos consilium iniremus, frustra diuini numinis auxilium expectaremus.

Noch finde ich eine Stelle vom Convent zu Melun in den
Briefen Calvins, die ich nicht unangezeigt lassen will. Er
berichtet nemlich dem Melanchthon, daß er sich nichts vortheilhaftes für die reine Religion von demselben verspreche,
und redet zugleich von andern heimlichen Berathschlagungen
der Catholicken. Magna Concilii expectatione erecti sunt
omnium animi in Gallia: nec dubium quin Rex ipse, saltem
initio, spem aliquam et uoluntatem Concilii cogendi habuerit. Nam a Caesare reuersus Cardinalis Tornonius illi persuaserat, Caesarem id in animo habere.   Interea consulebat Caesaris nomine, ut duos aut tres ex uobis Rex ad se
accerseret, idque seorsum: quo a singulis aliquid per blanditias eliceret, uel quouis modo extorqueret, quod ab omnibus non posset simul impetrari.   Pollicebatur Caesar idem
se facturum.   Hic porro finis erat, ut illis quasi praeiudiciis
obstricti eo minus possetis cum ad seriam disceptationem
uentum esset.   Nam quia frangi nos in recta et simplici
cauisse actione desperant, nullum uident melius compendium, quam si principes habeant obnoxios, et quasi uinctam
ac alligatam teneant eorum libertatem. Hoc consilium cum
Regi placeret, negauit Castellanus, committendos uobis ad
disputationem Gallos Theologos, nisi bene ante instructi essent ac comparati. Vos homines esse in hoc pugnae genere exercitatos, nec tam facile posse labefactari. Cauendum
esse; ne Rex prodita suorum inscitia totum regnum magno

ludi-

ludibrio exponeret. Ambitio Regis fecit, ut praeualeret
haec sententia. Duodecim sunt delecti, qui Meloduni de
capitibus controuersis disputent, et tandem ad Regem refe-
rant, quid censuerint. Silentium iureiurando promiserunt.
Sed illis tacentibus certo scio, nihil nisi de opprimenda ue-
ritate acturos, se qualemcumque reformationem quaerere
utcumque simulent, certo certius est hoc unum agitare,
qualiter sepulta sanae doctrinae luce suam tyrannidem stabi-
liant. Ego Cardinalis Tornonii consilium a Deo fuisse discus-
sum interpretor, ne quem ex nostris incautum et nihil ta-
le suspicantem irretirent. Meministi iisdem artibus te ten-
tatum fuisse a Langaeo. *Caluini Epist.* p. 147. (Hanouiae
1597. 8.)

IX.

IX.

PHILIPPI MELANCHTHONIS

DECLAMATIVNCVLA

IN D. PAVLI DOCTRINAM.

Da diese Rede Melanchthons weder seinen Werken, noch seinen Declamationen einverleibt, seit 260 Jahren nicht mehr gedruckt worden, und folglich sehr selten ist, so wird den neuen Abdruck derselben niemand für überflüssig halten, vielmehr ein ieder diese herrliche Lobrede auf Paulum mit Vergnügen lesen. Ich besitze drey Ausgaben dieser Rede. Die erste erschien unter dieser Aufschrift: Declamatiuncula in D. Pauli doctrinam. Epistola ad Iohannem Heſſum Theologum, Philippi Melanchthonis. Vuittenbergae, apud Melchiorem Lottherum iuniorem, 1520. 4. 3½ B.

Die zwote von eben diesem Titel, wo am Ende steht: Baſileae apud Andream Cartandrum (an statt Cratandrum) Menſe Iunio, 1520. 4. 4½ B.

Die dritte mit dieser veränderten Aufschrift, ohne Anzeige des Orts und Jahrs: De D. Pauli Theologia et contra perniciosas Theologorum aetatis noſtrae ſcholas Phil. Mel. Declamatiuncula, et alia lectu iucundiſſima. in 4. 4 B.

Melanchthon redet nach seiner Gewohnheit sehr bescheiden von dieser Rede in einem Brief an Johann Heß L. III. Epp. p. 216. Declamationem meam in Paulum una cum longa epiſtola in eodem libello tibi inſcriptam mitto. Orationem tibi dedicaueramus. Sed officii gratiam legatus quidam Caeſareanus intercepit, cui inſcribenda fuit oratio aulae ſtudio, hoc eſt aſſentandi gratia. Sic enim ſenſim et nobis Theologis faciendum uidetur iuuandae publicae cauſae ſtudio. Oratio duriuſcula eſt infeliciter excuſa. Politiorem ſpero uidebis aliam eamque ſolius tuam. Auch Luther gedenket dieser Rede T. I. Epp. f. 232. Hiſpaniarum Legatus apud Principem noſtrum eſt, cum quo heri ego et Philippus certauimus, ſplendide inuitati: orationem heri habitam a Philippo uidebis ſtatim excuſam.

IX.

Philippi Melanchthonis Declamatiuncula in D. Pauli Doctrinam.

D. HIERONYMO BRONNER
Divi Caroli Caef. Aug. a fecretis,
Philipp. Melanchthon. S.

Solennem diui Pauli Apoftoli diem, pro Academiae noftrae ritu, declamatione qualicunque nuper dedicauimus. Quam ad te Hieronyme mittimus, cum, quod poffim de literatis, atque adeo de literis ita meritus praedicaris, vt gratiae loco, quicunque literas profitemur, ftudia tibi noftra debeamus, tum, quod id temporis forte fortuna, quo diximus, Vuittenbergae, apud illuftriss. Principem D. Fridericum, Saxoniae ducem E-lectorem, heroem omnium feculorum memoria dignum, Diui Caroli Caes. Legatum egeris. Quae vel vna ratio hunc tibi fermonem adferat. Nam, cum publico more, et qui iam prope turis vim obtinet, fua Regum legatis ftudia vulgo profeffores literarum commendent, par eft, et nos officium tibi noftrum honefta aliqua ratione teftari. Proinde, declamationem in quam cafu incidifti, tibi adeo literarum amanti infcribimus. In qua fi nihil aliud eruditi probaturi funt, ftudium tu certe noftrum, quae dexteritas, qui candor tuus eft, probabis. Ampliora fane virtus tua merebatur. Sed boni confules, quod fors dedit. Quod ad argumentum attinet, orationi patrono opus eft: diximus. n. de Pauli theologia, adeoque contra pernicicfas Theologorum aetatis noftrae fcholas, aduerfum quas non vno nobis, vt ita dicam Hercule, opus eft. Sufcipies igitur non modo orationis noftrae fed omnino facrarum literarum, quarum cauffam egimus, patrocinium. dignam profecto rem nomine tuo. Nam, et literas tueri preclarum eft, et facras vindicare pium. Martinum Lutherum, virum iuxta pium atque eruditum, vereque theologum, tibi commendo. Vale Vuittenbergae Saxonum M. D. XX.

IN

IN DIVI PAVLI APOSTOLI FESTVM DIEM.

Feſtum diuo Paulo Apoſtolo diem agimus, quem, quo ma-
gis conueniebat, quam feſta illius laude, atque adeo
coeleſtium beneficiorum, quae per illum, nempe organon
electum, in vniuerſum terrarum orbem euolgata ſunt, dedi-
care? Quod eſt. n. Paulo rarius, quod admirabilius diui-
nae bonitatis exemplum? in quem ea nihil non optimarum
rerum largiſſimo ſinu effudit.   Verum, et ſpacia dicendi,
quam pro ratione tam grauis argumenti breuiora ſunt, et:
quae mea eſt imbecillitas, ingentia Pauli decora, facilius
mihi fuerit animo reuerenti ſuſpicere et adorare, quam
explicare oratione.   Video. II. in hoc omnino quiddam au-
guſtius, quam quod humanis queat verbis effingi.   Nam vt
ſint, quae cum alijs communia habet, patriae gratiae, vo-
luptatum, opum, gloriae, contemptus: frigora, ſoles, ca-
lumniae, fames, vulnera, cruciatus, tamen haec, neſcio quo
pacto, in Paulo mihi maiora videntur, atque ſolent in alijs.
Etenim, tam varie multis idem ſe ſpiritus impertit, vt nec
eiuſdem virtutis eadem ſit in omnibus indoles. Et, vt plaeriſ-
que gemmis, alius in auro, alius in argento color eſt, ita ſuus
eſt ſingularum virtutum in quouis habitus.   Proinde ini-
quum cenſeo, Paulum vulgarib. laudib. praedicare, in quo
nihil eſt vulgare deprehendere. Iam haec palam eſt, huic
vni citra exemplum contigiſſe, ſummi vim amoris, quod
ſeſe pro gente ſua deuoueri a Chriſto optauit.   Incompara-
bilem fiduciam, quod negat vlla vi, ſiue hominum ſiue an-
gelorum, ſiue daemonum auelli a Chriſto poſſe. Abditarum
rerum ſcientiam, quod in tertium viſque raptus caelum audi-
uit arcana quaedam, quae ne ipſe quidem eloqui potuit.
Contemptum vitae talem, vt et in lucro mortem numerauc-
rit:

rit: rurfus tamen lucri, quod e morte facturus erat, contemptum, vt quamuis longe mors optabilior vita iam ipfa effet, viuere tamen maluerit, minifterio fuo defuncturus: Doctrinæ maieftatem: qua laude vniuerfum Apoftolorum fenatum anteit; Magnitudinem animi, quod fefe pro adferendæ gratia, vel fummis oppofuit Apoftolis Iacobo et Petro. Quæ decora (nam ex innumeris pauca recenfuimus) quando peculiariter Paulo debentur, quis queat, præter Paulum fortaffis ipfum, oratione æquare? In ijs vero primo, quod arbitror, loco doctrina eft. reliquis enim ornamentis ipfe priuatim fruitur, Doctrinæ vero fructus, nofter eft. Hanc vt pio ftudio complectamini, vifum eit hoc tempore, quando plura non licet, adhortari. Quod vt faciam, cum plæraque alia, tum hoc in cauffa eft, quod cum index fua cuique oratio veriffimus fit, non aliunde propius, quam e fuis literis Paulum cognouerimus. Non decebat quidquam laudum illius, ingenij mei culpa deteri, quare abunde fatisfactum puto folennibus ferijs, fi iuuenturem qualicumque ratione ad meditandam fapientiffi. herois doctrinam inuitauero. Nam in eo fum, vt putem nullius literis, nullius commentarijs propius cognofci poffe Chriftum atque adeo falutis noftræ fummam, quam Paulinis. Qua laude nulla queat Paulum efficacius generi humano commendare. Nam vt vocent ad fua quenque ftudia rationes aliæ, huc certe omnes pariter trahit neceffitas. Artium quædam animi cauffa, nec a quibufuis, difcuntur, quædam comparantur ad quæftum, quas nihil refert ignorare, immo nonnunquam etiam profuerit non didiciffe, fed quæ falutis uiam, quæ rationem abfolutæ fœlicitatis monftrant eae demum ab omnibus expeti iure debent. Philofophiam, et vetuftas hoc nomine
mine

mine in primis complexa est, vt inde vitae melioris formam
peteret, et omnium sapientum consensu, semper hoc opti-
mum disciplinae genus habitum est, quod ad mores, vitæ-
que studia emendanda accommodatissimum fuit.   Qua parte
quid Paulo debeamus, quotquot Christi sanguine abluti su-
mus, ostendam. Vitæ formam par est non ex philosophis,
sed ex diuinis libris Christianos petere : in his Pauli, quæ
partes sint, nisi molestum est audire, docebimus. In nume-
ro diuinorum voluminum, alia leges, alia vitæ morumque
exempla, alia obscura de Christo vaticinia, alia res Christi
gestas memorant.   Beneficium vero, quod sanguine suo
Christus vniuerso peperit orbi, quis grauius ? quis accu-
ratius ? quis copiosius diuo Paulo explicat? Nonnihil est
viuendi leges tenere, vt scias, quid deceat, quid secus, non-
nihil item exempla vitæ ob oculos posita intueri, quæ cal-
car addant complectendæ virtutis, nonnihil et res Christi
gestas meminisse, nempe absolutae virtutis exemplar, sed
multo maximum est, quæ vera est Christi gloria, quare is
in terram delapsus sit, quid mundo sermonis ætherni in-
carnatio conducat, scire : nam in eo summa salutis posita
est. Honesti formam leges præscribunt, exprimunt exempla,
et in primis archetypus ille Christus.   Impertit autem ge-
neri hominum beneficentia Christi, quæ vniuerso orbi per
Pauli Euangelium declarata est.   Virtutem leges et exempla
adumbrant, sed absoluit Christi beneficentia, quam Paulus
prædicat. Iam vt militi satis non est ad vincendum, scire
quibus artibus cum hoste decernendum sit, si fortis animus,
si corporis vires desint, ita nec ad bene beateque viuen-
dum, satis est, leges aut exempla tenere, nisi et animo sis
ad obtemperandum legibus parato. Hunc ipsum animum.

vnde

vnde petas, neque leges, neque exempla commode docent,
fed Paulus docet. Non deerant gentibus omnino ad bene
viuendum leges, non deerant omnino exempla, fed ille dee-
rat, qui doceret, vnde petendus fit animus, quo legibus
conciliarentur. Tantum referebat et legibus per Mofen pro-
mulgatis, et vatum oraculis, et Hiftoriis addi Paulinas epi-
ftolas, in quibus beneficentia Scruatoris noftri defcribitur,
quibus monftratur, vnde femel abfoluta fœlicitas petenda
fit. Hic enim Paulinae fapientiae fcopus, haec fumma eft,
cæterum et Parænefes quafdam legesque viuendi præfcribit,
id quod commune cum aliis facris fcriptoribus habet. Ve-
rum peculiariter e Paulo cognofcimus rationem ac vim be-
neficii Chrifti, eamque illi proprie laudem debemus. Ne-
que vero de rebus humanis vlli fcriptores melius meriti
funt ijs; qui Chrifti liberalitatem literis confecrauerunt, ne
compendium falutis noftrae ignoretur, et bonitatis diuinæ,
et officij fui obliuio immemores mortales capiat. Siqui-
dem Chriftum nouiffe, non modo eft res eius geftas tenere,
fed grato animo beneficium complecti, quod per ipfum cœ-
leftis pater in vniuerfum terrarum orbem effudit, quo folo
inter impias gentes et vere Chriftianos animos internofcitur.
Neque efficacius nobis diuina, ratio vlla commendauerit,
quam huius beneficii multo maximi memoria. Porro, id
quale fit, paucis exponendum videtur, ne quid Chrifto, quid
Paulo Chrifti preconi debeamus, ignoretis. Bonitatem fuam
cum alias varie declarauit deus, vt, et vulgo dicitur, Iouis
omnia plena effe, tum in Chrifto abfolutiffime expreffit, per
quem ftupendis modis hominem e medijs orci faucibus eri-
puit. Quotquot enim ex Adam nafcimur, irae mortisque filij
nafcimur, naturae gratia miferi fic ad vicia rapimur, vt nullo

noftro

noſtro conſilio, nullis noſtris viribus, auocari poſſimus. T
rannidem ſuam exercet in nos multiplex cupiditas, ali
alio, pro libidine quiſque ſua fertur.   Aduerſatur interi
ſiue ratio, ſiue lex, bellum ipſi nobiſcum inſœlices gerim
adſiduum. Ibi quæ conſcientiæ flagra, deinde quæ in mo
te mala inſint, dici poſſit nec ne, nondum ſatis ſcio, cer
eiuſmodi, vt et ſapientes quidam cenſuerint, optimum e
non naſci. Demiſit igitur in terras op. max. deus filiu
carne noſtra, quo et coniunctior et amabilior eſſet, ind
tum, per quem ſemel peccati, mortiſque regnum excind
retur, et in idem lex ſeu ratio, et cupiditas conſentirer
Denique, per quem pax et vita in animos omnium inſer
retur, quotquot ſeſe illi per fidem accommodaturi eſſen
Itaque debemus Chriſto ſpiritum abſolutæ virtutis ac paci
ſeu, vt græce dicam, ἐυθυμίας auctorem, atque adeo a
ſolutam fœlicitatem.   Quæ beneficia quanta ſint, æſtimabi
qui cum generis humani gentilicijs malis conferet. Beat
tudinem et Philoſophi poſuerunt in abſoluta virtute, ac pe
petua animi tranquillitate, et procul dubio in idem omn
humana ratio conſpirat; ſed talem animum vnde peterer
Philoſophi non videbant, atque id ipſum eſt myſterium t
abſconditum ſeculis Chriſti beneficium.   Vnicus humana
miſeriæ portus, Chriſtus eſt, ſiue ſonticus carnis morbus
ſiue conſcientia, ſiue mortis metus ſolicitat, ex huius bene
ficentia praeſens eſt remedium.   Niſi quis fruſtra dictur
ab ipſo putat: Venite ad me omnes, qui laboratis et one
rati eſtis, et ego reficiam vos. Seruator dici gaudet, no
vindex, qui in carnem deſcendit, abiecti homuncionis for
mam induit, a vi peccati, ſeu carnis, tyrannide legis, mor
tis plus quam crudeli regno, ſic adſeruit hominum genus
vt nunquam non adſit omnibus, qui ad ſua ſigna profu
gerint. Norant e ſecretis quibuſdam oraculis hoc Chriſt
beneficium patriarchæ, quotquot ſeruati ſunt, neque. n
niſi liberali Chriſti ope adſerti, ſeruari potuiſſent, Idem
et Prophetæ canunt, hymnum pacis, et noui ſabbati Pæana
Idem docuit Bapuſta ille, quo nemo maior natus eſſe
Chriſto dicitur, qui Seruatorem digito oſtendens agnum
                                                    appel

appellat, in quem congesta sint humani generis mala. Idem
Apostoli praedicarunt, et in primis Paulus noster, quem non
dubium est Christianae gratiae preconem omnibus gentibus
destinatum esse, vt ille quondam Iudaico populo baptista.
Ad Christum vsque, Iudaea publica veniae, condonandique
delicti auctoritate caruit, quae res quam acerba sollicitis
mentibus fuerit, aestimandum vobis relinquo. Veniae aucto-
rem adeoque hostiam, quae deum Opt. Max. nobis conci-
liet, Iohannes palam primus ostendit, cum ait: Ecce agnus
dei ecce qui tollit peccata. Legem hactenus habuerat Iudaea,
sed a quo animos legis amantes, a quo virtutis amorem, pe-
teret, primus ostendit Iohannes, qui cum sese aqua bapti-
sare testetur, Christum ait spiritu sancto baptisaturum. A-
qua baptisat, qui legem praescribit, qui virtutem verbis ad-
umbrat. Sed spiritu sancto baptisat, qui animos nostros
spiritu imbuit, qui omnes omnium virtutum numeros nobis
absoluat. Neque enim leges possunt, quantumvis recta
moneant, hoc in animis nostris efficere, ne malis esse libeat,
ne sit odio virtus. Impias gentes satis constat, scelerum
gratia caruisse, at absolutam virtutem desiderasse, fortasse
negauerint, quibus miraculo sunt philosophi, quos velim
rem ipsam penitius introspicere. Plato in legibus, vbi in
virtute foelicitatem collocat, negat foelicitatem esse, quae
non iucundissima sit, fateturque eam ipsam suauitatem a vir-
tute alienam esse; absoluta virtus esse non potest, nisi ea-
dem iucundiss. sit. Idem alicubi et legem tyrannum vocat,
quae naturae genio captuique aduersetur. Absolutam vir-
tutem vocemus, cum qua non consentit naturae voluptas?
Aut quod exemplum virtutum, poetae, ac philosophi pro-
posuerunt, in quo non liceat reliquam quandam viciorum

ternam deprehendere? Solius ergo Christi beneficium est,
et perpetrati delicti gratia, et spiritus absolutae virtutis ac
pacis auctor, quem obscuris oraculis vates significarunt,
quem gentibus ac Iudaeis olim Paulus praedicauit, quem
nostris temporibus ex vnius Pauli literis cognoscere datum
est. Paucis exposui, quod sit Christi beneficium, cuius pre-
conem Paulus agit. Est enim et pax conscientiae, et abso-
luta virtus tam iudaeis quam gentibus ante Christi incarna-
tionem ignorata. Meminerunt huius beneficii passim et re-
liqui sacri scriptores, sed obscurius, quam vt possent intel-
ligi, nisi vniuersum argumentum tot epistolis, tot disputatio-
nibus illustrasset Paulus. Hic quibus rhetorum figuris, qui-
bus floribus, quibus orationis ornamentis lectorem capiat,
nullis prorsum verbis consequi queam. Socraticis sermo-
nibus raram quandam energeian tribuit Alcibiades, Lysiae
Socrates: Pericli vetus Comoedia, Vlyssi poeta Homerus,
nisi enim coniecturae me fallunt, tale quiddam et Moly, sig-
nificat. Sed hos quo pedibus vincit Paulus noster, quem
et gentes admiratae, Mercurium vocarunt. Apud me sane,
posteaquam animum ei formandum tradidi, satis scio, quid
effecerit. Atque vtinam malint re ipsa experiri omnes, quam
verbis meis fidem habere. Nonnullam animi iacturam, in
Philosophorum literis puer feci, quam, vt spero, foelicior
olim doctrina Pauli farciet. Errant enim meo iudicio tota
via, qui Philosophorum literis inuari vitae Christianae ratio-
nes censent. Sola enim Christiana doctrina efficax est, ad
excitandos inspirandosque animos, id quod Apostoli fate-
bantur, cum aeternae vitae sermonem Christi Philosophiam
vocabant, qui vnus et vita, et veritas, et lux, et via est.
contra, hominum placita, mors, mendacium, tenebrae, et er-
ror.

ror, Proinde, quis furor eſt? quæ cæcitas? cum iter com-
pendiarium ad ſalutem ſolæ Chriſtianæ literæ indicent, iis
exauctoratis aliunde ex Philoſophorum ſcitis, virtutis for-
mam ac hypotypoſin petere? Viuendi leges præſcribit Phi-
loſophia, ſed multo ſanctiores Pater coeleſtis, nempe cum
nondum exacte genium norit hominis Philoſophia, legibus
cauere vicia quomodo poteſt? Docet Philoſophia virtutem
vſu, et aſſuetudine comparari, ſed repugnantibus naturæ affe-
ctibus, nondum videmus vſu quam nihil profectum ſit?
Nam vt ſimia ſemper eſt ſimia, etiamſi purpuram induta, ita
nullo conſilio, nulla arte, animi morbum viceris. A vete-
ribus Philoſophis magna contentione diſputatum eſt, plus-
ne ad virtutem parandam habeat momenti ingenium, an di-
ſciplina vſus atque exercitatio. Neque quisquam hactenus
repertus eſt, qui non adfirmarit, naturam, ſine diſciplina,
multum, Diſciplinam ſine natura parum admodum valuiſſe.
Quare alio quodam animorum magiſtro opus eſt, nempe
coeleſti ſpiritu, qui intima hominum pectora occupet, in-
ſtauret, inſpiret, rapiat, inflammet, atque transformet. Nam,
quæ humana opera paratur virtus, perſonata eſt, planeque
praepoſterum quendam Silenum agit, ſplendida prima fron-
te, cæterum, ſi explices, nihil non ſpurciſſ. affectuum repe-
rias. Eiuſmodi caminina animus hominis eſt, ex omni parte
peſtilentiſſ. quibuſque affectibus exulceratus. Videbant et
Platonici opus eſſe mentibus humanis interiore quadam, vt
ipſi loquuntur, Catharſi, hoc eſt purgatione, citra quam ne-
gabant ſolidam virtutem comparari poſſe. Eam vero Ca-
tharſin vnde petemus? Paulum audi, qui Chriſtum in hoc
in carnem delapſum eſſe ſcribit, vt ſi quis in ipſum ſeſe re-
iiciat, ſpiritum viuacem et virtutis auctorem largiatur. Quid

enim

enim Ille agit aliud ? vbi de antiquata lege differit, quam
nullo vſu noſtro animos emendari atque pacari. Lex tra-
dita eſt, quæ recta moneat, Sed ſpiritum Chriſtus impertit,
qui quod lex imperat, abſoluit, et cœleſti quadam volupta-
te mortales ſic imbuit, et veluti diuino quodam nectare
perfundit, vt amarum, tetrum, et deteſtabile fiat, quidquid
a lege alienum eſt. Quo animo ſi qui ſunt, iis demum legem
poſitam negat Paulus, nempe qui ſua ſponte virtutem ita
complexi ſunt, vt cogere non ſit neceſſe. Neque enim o-
pus eſt admiſſo ſubdere calcar equo. Idem hoc Paulus a-
git, vbi regnum peccati, ac legis, cum regno caritatis com-
parat. Neque enim in arbitrio noſtro eſt, exturbare regno
ſuo affectus peccati, qui penitam animi ſedem, ceu inexpu-
gnabilem arcem tenent, in omnia membra noſtra tyrannidem
ſuam exercentes. Deinde cum ad ſtabiliendam tyrannidem
falſa gratia, nihil neque prius, neque potentius ſit, quibus
non illecebris ventrem, linguam, oculos, denique animum
ipſum capiunt ac fubigunt ? Ex veteribus quidam in ho-
mine rationem aurigæ vice fungi centuerunt, equos vo-
carunt adfectus. Sed vincitur affectu ratio. Et fruſtra re-
ſinacula tendens, fertur equis auriga, neque audit currus
habenas, immo non aliter atque Phaethontem ſolis equi, ra-
tionem affectus excutiunt. Quae peccati vis, ſolius Chriſti
beneficio ſuperatur. Idem Paulus agit, vbi cum ſpiritu timo-
rem, ſpiritui caritatis confert. Seruilis enim animus eſt,
qui officium ſuum metu coactus facit. Quem metum tan-
tum abeſt, vt virtutis materiem vocemus, vt ne vicio quidem
liberare conueniat. Contra, ſummam virtutis recti amori de-
bemus, qui plane guſtus quidam diuinæ bonitatis eſt. Idem,
vbi de litera mortis auctore, deque ſpiritu viuificante diſſe-
                                                      ritur,

ritur. Eſt enim litera, ſciagraphia quædam virtutis , hoc
eſt lex, qua erigi hominum animos, ad virtutis ſtudium et
Philoſophi et Philoſophorum feces, ſcholæ theologicæ huius
ætatis cenſent. O ſomnia. Quanto verius Paulus terreri et
occidi animos humanos lege, ſpiritu autem Chriſti viuificari, docet ? Nam, vt indigne fert hominis genius , quod ardenti libidini laxare frena non licet, ita, cum id lex vetet,
neceſſe eſt et legem odio habeat. Sed ſpiritu Chriſti fit, vt
ne iucundum fit, etiam ſi liceat indulgere cupiditati. Quod
quæſo, quæ hominum Philoſophia ? quis vſus ? quæ gymnaſmata effecerint ? ne oblectet, qui tam gratioſus carni videtur cupiditatis fructus, quo tam iucunda nobis fit virtus,
quam carni vicium eſt. Nouus hic certe mundus eſt, cui amareſcunt, vita, gloria, voluptas, denique quidquid eſt rerum in quas propenſa caro fertur. Talem quemdam mundum, talem ſpiritum, tales animos vnde petamus, Paulus indicat, vbi antiquata lege, exciſo peccati legiſque regno , regnum gratiæ et pacis deſcribit. Sacri libri reliqui fere legibus nos erudiunt. Hic vero, cum conſtet humanos animos
a legibus natura abhorrere, Chriſtum oculis mortalium proponit, a quo ſpiritum virtutum ac pacis auctorem impetremus, Atque haec eſt ad beatitudinem compendiaria via, non,
per Philoſophiam, non per ſacras leges ſed per Chriſtum.
Error eſt Philoſophia, legibus diuinis animi noſtri non ſunt
pares. At ſpiritus Chriſti id exhibet, quod diuinis legibus
iubetur. Proinde ſi vobis ſalus veſtra cordi eſt, ſi Chriſtum,
ſi Chriſti beneficium cognoſcere, cura eſt, diuinos Pauli libellos in manus vel tandem accipite, voſque coeleſti ſapientia oblectate. Adhortetur ad haec iuuentutem cum aetas, nullis non expoſita periculis, tum corruptiſſ. huius ſe-

culi mores, in quo plurimum refert, quibus opinionibus, quibus magiftris rudes animi formentur. Nam, quod vulgo putant, prophanis literis poffe adulefcentes erigi ad amorem virtutis, vereor, ne ipfi nos fruftremur. Côntra, in diuinis admiranda quædam vis ineft, qua rapiuntur, inflammanturque fedulæ mentes, neque vfquam præfentius Deorum manus, quod aiunt, agnoueris, quam in facro fermône. Et Paulus hoc aptior eft ad formandos mores, qui non modo viuendi leges praefcribit, fed et Chriftum exhibet, a quo impetres, e cuius vulneribus haurias fpiritum virtutum. Et hactenus quanta iactura fcholae Theologicæ Paulum neglexerint, horreo dicere. Poftquam enim contempta huius doctrina, Ariftotelem complexae funt, vix Chrifti nomen reliquum eft, certe beneficentia ignoratur, e qua vna, diuinitas proprie cognofci folet. Debebant humanae beneficentiæ dij gentium, in quibus fua cuique claffis, fuus cuique cenfus, fua cuique tribus fcribebatur, et tantus erat quifque, quantum effe ftultis mortalibus videbatur. Cæterum, tale hominum ftudium ingrati dij nullo beneficio penfabant, id quod et inciuile et inhumanum, nedum non diuinum eft. At Chrifti ea eft vere diuina beneficentia, vt cum fua in nos omnia largus effundit, cognofci amet, verius vt commodet, quam vt colatur. O vere inæftimabilem bonitatem. Et quæ gens alia eft vfquam, quæ deos appropinquantes fibi habet, ficut deus nofter adeft cunctis obfecrationibus noftris? Quam Chrifti beneficentiam qui tollit e medio, Chriftum tollit, qua blafphemia nulla poteft dici deteftabilior. Contra, nullus Chrifto gratior cultus eft, quam hanc fuam bonitatem pio ftudio complecti. Hac vna re gentibus ac Iudaeis praeftamus Chriftiani, quod ob oculos pofitum habemus

bemus Chriftum, qui deriuat in fuos fpiritum, tum pignus,
tum auctorem virtutum. Hunc prophanant, qui aliunde trepidis confcientijs folatia, qui robur male affectis animis aliunde parandum docent, atque ij vere funt, qui Spiritum fanctum inceffunt, quae blafphemia neque in hoc, neque in futuro feculo condonabitur. Regnum venturi Chrifti Prophetae plufquam heroicis verbis cecinere futurum, ceu perpetuum quendam inftitiae pacifque triumphum. Quod regnum, quos triumphos ignorant fcholae, quae miferis modis excarnificant afflictas confcientias per fummas fuas, quae adfectibus vitiorum adeo non medentur, friuolis et nugacibus difputationibus, vt et morbo morbum addant, nempe, cum plaerofque viciofos adfectus, virtutum loco habeant. Duo in primis funt beneficia, quae Chriftum orbi commendant, pacata confcientia, et animus compos affectuum fuorum. Vtrumque, id quod palam res ipfa coarguit, a Theologorum aetatis noftrae fcholis, neglectum eft. A Mercurio gentes fraudum fucceffus, a Marte rerum bellicarum fortunam, a Iunone opes, petebant. Nos quo minus a Chrifto proprie quid petendum fit, fciamus, fcholis debemus, quae hunc propemodum inter fcenicos deos numerant, qui corporum morbis medeatur, qui copias familiares augeat, denique qui fortunet ftultiffimas cuique cupiditates, cum carnem induerit in hoc, vt prefto fit confolandis, confirmandifque hominum animis. Sed quid ego hic longius immoror? Inter fcholas et facram Pauli doctrinam, quantum interfit, facile cernent, qui vel hunc a limine falutauerint. Neque iam ago, quale fit in fcholis fermonis genus, quam impura et fordidata docendi differendique ratio, fed hoc moneo, quam his cum Chriftiana doctrina non conueniat, planeque

obfcu-

obfcurari Chrifti beneficentiam. Interim de facramentoru:
vfu, deque alijs coeleftibus myfterijs qualia prodiderin:
non eft huius loci excutere. Vulgo dici folet, potum no
inueniri ex aqua coeno turbata. Ita nec in fcholaftica the:
logia animo fatisfecerit pius quifpiam, tot hominum argu
tijs, nugis, technis, et tradiciunculis confpurcata. Porro
non habeo neceffe hic refellere fententiam nempe friuola;
eorum, qui Pauli doctrinam vnius feculi fpacio metiuntu;
et rudibus adhuc Chriftianis feriptam nugantur, quib
iam adultis, fublimiore theologia opus fit. Floruerunt eni;
illis temporibus in primis cum reliquæ vere Chriftianæ o
pes, tum maxime linguæ, et Prophetia feu fcripturarum :
narratio, quum puris mentibus familiarior effet coeleftis fpi
ritus, qui vnus abdita fcripturæ myfteria reuelat. Fortaf
fubmouet aliquos et abfterret a Paulo difficultas orationis
et ratio differendi impedita, vt videtur, quos velint pericu
lum facere, quanto minore negocio fummam difputationur
Paulinarum adfequi liceat, quam contentiofas et impias ifto
rum quæftiunculas. Et, vt dicam id quod res eft: Quo
Paulina minus intelliguntur, debemus eximijs iftis Magiftri
noftris, qui cum omnis veteris literaturæ, rectæque erudi
tionis imperiti effent, diuinam Pauli orationem, et rhetori
cis vinctam membris, et fuis compactam articulis, primum
nouis interpunctionibus diffecuerunt, deinde diffectam fuo
more fecundum Ariftotelem enarrauerunt. Ita vt nufquam
ne verfus quidem, cum verfu conueniret. Ad hæc non era
vulgaris hominis officium, de quatuor fenfibus in finguli;
prope fyllabis nugari. Nec puduit audaces homines, in re
tam feria ludos agere, atque ibi varijs certare fententijs, vb
nihil tam erat agendum, quam vt certa quædam, eademque

                                                    fimpli

fimpliciſſima iuxta Grammaticorum et rhetorum figuras,
perinde atque ERASMVS in Methodo monet, expediretur,
vel quod græci dicunt, vt vnum ad vnum compararetur.
Neque enim ita prodita eſt ſcriptura, ne intelligatur, immo
hoc agebat benignus dei ſpiritus, qui lux eſt, vt ab omni-
bus pijs communiter intelligeretur. Cedat laus, ſi qua eſt,
obſcuritatis, Philoſophis, hanc ſibi vindicat dei ſpiritus, quod
pariter et teneros rudeſque erudit ac obledat, et acerrimum
quenque exercet. Diuus Auguſtinus, vir et ingenio ſingu-
lari, et magno ſacrarum rerum vſu, non deſiderat, inquit, in-
telledorem acutum Apoſtolus, ſed auditorem ſolum inten-
tum, Non admittit Pauli ſapientiam, qui carnalis Philoſophiæ
opinionibus infectus eſt. Proinde ſexis ad hanc animum af-
feras, primum pium, deinde et a vulgi opinionibus liberum.
Etenim niſi ſyncerum vas fuerit, quidquid infuderis, accicet,
et Antiſthenes grauis in primis Philoſophus aduleſcenti cui-
dam, qui ſe formandum ei tradebat, roganti, quibus rebus
opus eſſet ad Philoſophandum, ſtilo ait et noua tabula, vſum
ſignificans et animum non infectum prauis opinionibus.
Quod conſilium et in diſcendo Paulo ſequendum cenſeo.
Nam ſacræ literæ vt per ſeſe puræ ſunt, ita in puras in-
fundi mentes amant. Requiris autem a Paulo proprie, quod
ante dixi, Chriſti beneficium, hoc eſt ſpiritum virtutum, vn-
de is proficiſcatur, et quid in mortalium animis efficiat.
Neque nihil perfeceris, vſu crebraque meditatione, vbi quæ
inertia eſt, cum tantum laboris in inferioribus diſciplinis
exudes, hic ceſſare, vbi ſalutis negotium agitur? Paulinæ
doctrinae ſummam perſtrinxi, paucioribus quidem, quam
res tanta ferebat, ſed tempori ſeruiendum fuit, alioqui in
votis erat, perſequi hoc argumentum longius. Vos inte-

rim

rim, vt nihil conuenit prius habere Chrifto cognofcendo,
ita modis omnibus adniti decet, vt Chtifti beneficium quam
rectiffime intelligatis. Si quidem Chriftum fcire , non eft
æternæ generationis , aut admirandæ incarnationis modos
fcrutari, Sed beneficia, quibus viam falutis aperuit orbi
terrarum, agnofcere, in terras proprie cur delapfus fit, im-
petrari ab ipfo quid poffit, quarum rerum pignus caro fit,
quam induit, aut crux in qua mortem , noftra procul du-
bio cauffa obijt. Hoc demum ftudium et falutare eft , et
Chriftiana mente dignum, atque hæc eft Philofophia , quam
Paulus profitetur, Gratia Chrifti eft, quam neglectim vni-
uerfa recens Theologia tractat, Paulus vero copiofiffime
perfequitur. differant alij de ventorum ftationibus, de re-
rum formis, de motibus, de fulminibus , Hic de ijs rebus
differit, in quibus folis veram abfolutamque foelicitatem
confiftere liquet. Atque huc accedunt inaditi Philofophis
loci innumeri. Quid in comparanda virtute leges poffint,
unde propagata fit, et quatenus graffetur in animis humanis
vis, qua ad vicia propenfi rapimur, affectibus vt imperare
mortalium captus poffit. In quibus dici non poffit, quan-
to artificio fuis hominem pingat coloribus. Quo vel vno
nomine iucundiffima mihi Pauli doctrina eft. Philofophiam
plærique deamant, quod hominem fibi ipfi ante oculos po-
nat, et veteres aliquot, fructum et colophonem Philofophiæ
cenfuerunt, fefe nouiffe. At quanto foelicius hoc Paulus
praeftitit? in quo ceu in fpeculo eft cernere, quidquid eft
in intimo hominis feceffu pofitum. Nufquam abfolutius
viciorum rationes, nufquam exactius virtutis vim atque fon-
tes contempleris. Hunc pofteaquam aliqua ex parte co-
gnouimus, vifa eft nobis tenebras quafdam offundere oculis

homi-

hominum Philofophia, et in iudicanda hominis natura, Id
quod fere primum agit, difcernendifque viciorum ac virtu-
tum finibus paffim frigere, hallucinari, et excutire. Vulgus
Theologorum craffula et idiotica cenfet, quæ a Paulo pro-
dita funt, et quæ obiter quafi fucceffiuis horis difci queant,
interim totos animos rhapfodiis fuis immergentes. Digni
fane qui ita iudicent, vt ne quid interim afperius dicam,
cæterum huiufmodi, qui ne duos quidem Pauli verfus in-
telligant. Iam quod ad ciuilium rerum conftitutionem,
quod ad confcientiæ cafus attinet, nemo circumfpectius,
nemo prudentius, nemo æquabilius iudicat. Et ex hoc ci-
uitatum leges temperare conueniebat, et petere iudicando-
rum cafuum formulas. Accedunt loci plærique et tro-
pi fcripturæ, quos hic paffim illuftrauit. Inhortetur ita-
que vos primum cura falutis veftræ, quod citra Pauli doctri-
nam, Chriftum, in quo fumma falutis fita eft, exacte co-
gnofcere non licet. Deinde multarum rerum fcientia, quas
et iucundum eft, et vtile cognofcere. Si rerum Theologi-
carum compendiariam rationem defideras, fi cognofcere
animus eft, quae viciorum ac virtutum radices fint, qui
fructus, qui mores Chriftiana mente digni, quid principi-
bus, quid epifcopis, quid populo, quid tibi, quid huma-
nis, quid diuinis legibus debeas, nemo accuratius, nemo
commodius Paulo docet. In humanis literis, in Philofophia
voluptas eft, omnes omnium fchedas euoluere, in facris non
iuuet breuibus Pauli commentariis vacare ? ad quos tam
multæ nos rationes vocant. Confolari vis animum, et Chri-
ftum tuum meditari, nufquam hic propius exprimitur : ob-
lectari vis, oratio eft plena illecebris, pura, neruofa, ele-
gans, nitida, plana; Exerceri cupis, hic argumentum habes,

quod

quod cum Philofophis conferas, in quo accufes Theologos ætatis noftræ, qui abfolutam virtutem citra Chrifti opem, homini tribuunt, id quod vnius, vt mihi videtur, Pauli contemptui debent, habes et de quibus differas relíqua myfteria plæraque. In quo genere exercendorum animorum, quanto maiore cum fructu verfabimini, quam in vulgaribus iftis fcholicis difceptaciúnculis, in quas tam multa ociofa, tam multa friuola incidunt, plæraque etiam odiorum femina. pium eft in facris verfari, in Paulinis etiam iucundum, vbi tam multa mirabili quadam gratia difputata funt. Atque hæc vobis optimi cuiusque exemplo commendata volo. Ex veteribus nemo non plurimi fecit Paulum. Diuus Petrus, ni titulus fallit, in epiftola, certe recepta, huius literas Chriftianis diligenter commendat, Doctorem gentium, communi confenfu vocat ecclefia. Sudarunt in eo enarrando cum alii multi, tum Origenes, Hieronymus, Chryfoftomus, et Auguftinus. Poft, collapfa re Chriftiana, aliquamdiu prope ignoratus, nunc reflorefcit adnitentibus optimis quibusque. Quorum ftudia et vobis calcar addant, quando necceffe eft optimum effe, quod ab optimis quibusque tanto confenfu probari videtis. Interim Deo gratias agamus, qui Chriftum nobis Pauli literis oftendit, precemurque, quem illi cognofcendi Chrifti fpiritum, eundem et nobis benignus impertiat. Amen.

Verbeſſerungen:

Zu den Schriften Thomä Naogeorgi, davon oben S. 134 — 154 gehandelt wird, iſt noch zu ſetzen:

Plutarchi Chaeronenſis, ſummi Philoſophi, Libelli ſeptem, in Latinum conuerſi cum antea uerſi non eſſent: Quorum catalogum uerſa pagina inuenies. Thoma Naogeorgo Straubingenſi interprete. Baſileae per Io. Oporinum. Auf der andern Seite ſiehet: Contenta in hoc uolumine. Septem ſapientum conuiuium. De ſuperſtitione. Quomodo ſe quispiam citra inuidiam laudare poſſit. De fraterno amore. De garrulitate. De ſyllaba ei, apud Delphos. De Socratis daemonio. Zuletzt aber: Baſileae, ex off. Io. Oporini, Anno ſalutis hum. M. D. LVI. Menſe Iulio, in 8. Die Dedication an Hulderich Fugger iſt zu Stuttgard, den 23. Auguſt 1555. unterſchrieben, und er nennet darinnen einen mir unbekannten Freund, Johann Rorer von Eßlingen, der ihm dieſen Fugger ſehr gerühmt habe.

S. 160. lin. 1. iſt ſtatt 1536. 1526. zu leſen.